Schriften des Vereins für Socialpolitik

Gesellschaft für Wirtschafts- und Sozialwissenschaften

Neue Folge Band 258

SCHRIFTEN DES VEREINS FÜR SOCIALPOLITIK
Gesellschaft für Wirtschafts- und Sozialwissenschaften
Neue Folge Band 258

Bildung und Wirtschaftswachstum

Duncker & Humblot · Berlin

Bildung und Wirtschaftswachstum

Von

Hans-Joachim Bodenhöfer, Christian Clermont,
Thomas Gries, Ulrich Hofmann, Stefan Jungblut, Henning Meyer,
Wilhelm Pfähler, Monika Riedel, Axel A. Weber,
Robert K. von Weizsäcker, Berthold U. Wigger

Herausgegeben von

Robert K. von Weizsäcker

Duncker & Humblot · Berlin

Die Deutsche Bibliothek – CIP-Einheitsaufnahme

Bildung und Wirtschaftswachstum / von Hans-Joachim Bodenhöfer
. . . Hrsg. von Robert K. von Weizsäcker. – Berlin : Duncker und
Humblot, 1998
(Schriften des Vereins für Socialpolitik, Gesellschaft für Wirtschafts-
und Sozialwissenschaften ; N.F., Bd. 258)
ISBN 3-428-09461-1

Fremddatenübernahme und Druck:
Berliner Buchdruckerei Union GmbH, Berlin
Printed in Germany

ISSN 0505-2777
ISBN 3-428-09461-1

Gedruckt auf alterungsbeständigem (säurefreiem) Papier
entsprechend ISO 9706 ♾

Vorwort

Das Thema Bildung und Wirtschaftswachstum hat Tradition. Während in den sechziger Jahren die Impulse direkt aus der *Wachstums*theorie kamen, sind es heute zahlreiche Teilströmungen der *Bildungs*ökonomie, die die Klammer zwischen Humanressourcen und Produktivitätswachstum neu beleben.

Die unter der Überschrift „The Economics of Education" in jüngerer Zeit im volkswirtschaftlichen Schrifttum veröffentlichten Papiere unterstreichen in der Tat die Aktualität des schon in der neoklassischen Blütezeit der Wachstumstheorie analysierten Zusammenhangs zwischen Ausbildung, Bildungsfinanzierung und anderen humankapitaltheoretischen Aspekten auf der Mikroebene einerseits und ihren Folgen für das wirtschaftliche Wachstum auf der Makroebene andererseits. War das Thema Wachstum in den sechziger Jahren sowohl unter Ökonomen als auch in der praktischen Wirtschaftspolitik weitgehend auf Aspekte der *Kapital*akkumulation ausgerichtet, so haben neuere Überlegungen zu möglichen Ursachen des technischen Fortschritts die wissenschaftliche Aufmerksamkeit auf Aspekte der *Humankapital*akkumulation gelenkt. Die damit verbundene Genese der sogenannten neuen Wachstumstheorie hat inzwischen auch Einfluß auf die politische Diskussion zu Fragen einer effizienten Gestaltung des Bildungssystems genommen.

Die sich daraus ergebenden multikausalen Interdependenzen haben die analytische Klammer zwischen Bildung und Wachstum verkompliziert. Das Ausbildungssystem ist unbestritten ein wichtiger Wachstumsfaktor eines jeden Landes. Es ist jedoch nicht immer klar, was das für die wirtschaftspolitische Praxis genau bedeutet. Welche Form der Ausbildung trägt zum höchsten Wachstum bei? Ist ein privatfinanziertes System, eine Teilsubventionierung der Bildung oder eine öffentliche Bereitstellung angezeigt? Neben der damit verknüpften Effizienzfrage berührt eine Bereitstellung von Bildung auch verteilungspolitische Aspekte. Hier schimmert das klassische Dilemma einer möglichen Unvereinbarkeit der beiden gesellschaftlichen Ziele durch, einerseits für eine höhere Chancengleichheit und andererseits für eine gerechtere Einkommensverteilung sorgen zu wollen. Aus wohlfahrtstheoretischer Sicht sind neben den Grundbeziehungen zwischen Bildung und Wachstum überdies die mit einer öffentlichen Finanzierung unvermeidbar einhergehenden Zusatzlasten der Besteuerung zu berücksichtigen. Dieser Punkt ist insbesondere dann nicht zu vernachlässigen, wenn man sich Gedanken über die politische Implementierung eines Bildungssystems macht, was Kriterien der Mehrheitsfähigkeit im polit-ökonomischen Kontext auf den Plan ruft.

Führt man sich ferner den Umstand vor Augen, daß letztlich fast alle ökonomischen Vorgänge Auswirkungen auf das Wirtschaftswachstum haben, und dies nicht erst seit der 'endogenous growth'-Welle, dann weitet sich der in Frage kommende bildungsökonomische Erklärungshorizont gewaltig aus. Ob ein betriebswirtschaftlicher Ansatz gewählt wird, ob die Arbeitsmarktökonomie, die Bevölkerungsökonomie oder die klassische Finanzwissenschaft als Plattform dient, ob Aspekte der Systemtransformation oder die Sichtweise der neuen politischen Ökonomie die Brücke bilden, es gibt a priori keine Einschränkung. In der Tat hat die Verbindung zwischen Humankapital und Produktivität in der wirtschaftswissenschaftlichen Literatur einen bisweilen eklektischen Charakter angenommen. Die in diesem Band zusammengefaßten Beiträge unternehmen daher den Versuch, dem Wechselspiel zwischen Bildung und Wirtschaftswachstum durch einige institutionelle, empirische und theoretische Mosaiksteine ein wenig Struktur zu verleihen.

Der Band beginnt mit einem grundlegenden Übersichtsartikel von *Hans-Joachim Bodenhöfer* und *Monika Riedel*. Die Autoren arbeiten nicht nur die sich im Zeitablauf immer wieder wandelnde theoretische Einschätzung der Bedeutung des Faktors Bildung für gesamtwirtschaftliche Zusammenhänge heraus, sondern sie stellen die Theorieentwicklung auch in einen direkten Kontext zur empirischen Wirtschaftsforschung. Während zunächst die Rolle des Humankapitals in der neoklassischen Wachstumstheorie und in Ansätzen des 'growth accounting' diskutiert wird, wenden sich die Autoren anschließend der Rolle der Humanressourcen in der sogenannten neuen Wachstumstheorie zu. Dieser zentrale Abschnitt des Beitrags beschäftigt sich mit Skalenertragsmodellen, Innovationsmodellen, Aspekten eines endogenen Bevölkerungswachstums sowie den empirischen Befunden zur möglichen (oder nicht möglichen) internationalen Konvergenz der Wachstumsraten und ihrer Implikation für die Theorie. Abschließend erörtern Bodenhöfer und Riedel mögliche Konsequenzen der theoretischen und empirischen Erkenntnisse sowohl für die Wachstumspolitik als auch für die Bildungspolitik.

Die im Eröffnungsbeitrag aufgeworfene Konvergenzfrage wird von *Axel A. Weber* in seinem Papier „Humankapital, Schulbildung und Wirtschaftswachstum" aufgegriffen und einer kritischen Prüfung unterzogen. Nach einer detaillierten Diskussion der Datengrundlage, einer Evaluierung der existierenden Literatur sowie der Herausarbeitung gravierender methodischer und ökonometrischer Probleme kommt der Autor zu dem Schluß, daß die vorhandene empirische Evidenz zur Untermauerung des Zusammenhangs zwischen Bildungsniveau und Wirtschaftswachstum nicht sehr robust ist. Weber betont insbesondere die durch Multikollinearität und offene Kausalitätsfragen ausgelösten Schwierigkeiten. Möglicherweise, so Weber, sind neben der Frage einer effizienten Gestaltung des Bildungssystems insbesondere Aspekte der internationalen Handelsintegration sowie Verbesserungen der medizinischen Infrastruktur wirtschaftspolitisch angezeigte Wachstumsmaßnahmen.

Der anschließende Beitrag „Sektorale Produktivitätseffekte der Hochschulbildungs- und Wissenschaftsausgaben in Hamburg" von *Wilhelm Pfähler, Christian*

Clermont und *Ulrich Hofmann* verläßt die bisherige Vogelperspektive und präsentiert eine konkrete Fallstudie. Die Autoren stützen ihre dazu vorgenommenen ökonometrischen Schätzungen auf eine reduzierte Translog-Produktionsfunktion, in die eine aus den laufenden Personal-, Sach- und Investitionsausgaben gebildete öffentliche Forschungskapitalvariable sowie eine Humankapitalvariable eingehen. Diese Aufteilung gestattet interessante lokale Einblicke in das Dachthema des Bandes. Die Autoren können einen signifikanten, zwischen den verschiedenen Sektoren allerdings stark variierenden positiven Produktivitätseffekt des Forschungskapitals nachweisen. Das Humankapital hingegen übe keinen signifikanten Produktivitätseinfluß aus. Ihren Ergebnissen zufolge steht die anhand der durchschnittlichen Hochschulausgaben je Student gemessene Qualität der Hochschulausbildung in keiner Beziehung zur Arbeitsproduktivität im privaten Sektor Hamburgs.

Nachdem in den vorangegangenen drei Papieren empirische Bezüge im Vordergrund standen, folgen abschließend zwei theoretische Untersuchungen. *Thomas Gries*, *Stefan Jungblut* und *Henning Meyer* gehen in ihrem Beitrag „Humankapitalabschreibung, Wachstum und Arbeitslosigkeit" der Frage nach, ob es einen bildungsökonomisch begründeten Zusammenhang zwischen Produktivitätswachstum und Unterbeschäftigung gibt. Dem entworfenen Modell zufolge können Lohnanpassungen allein keine Vollbeschäftigung erzeugen. Der technische Fortschritt hat vielmehr nicht nur wie in traditionellen neoklassischen Wachstumsmodellen eine wachstumsfördernde Wirkung, sondern er hat auch eine Rationalisierungswirkung, die bei fehlender Humankapitalbildung auf dem Arbeitsmarkt Unterbeschäftigung erzeugt. Die Reichweite der Erstausbildung entpuppt sich bei einer hohen Geschwindigkeit des technischen Fortschritts als nicht ausreichend, Arbeitslosigkeit im Alter zu vermeiden. Die Autoren leiten daraus wichtige Aufgabenfelder für die Bildungspolitik ab und diskutieren mögliche Effekte einer berufsbegleitenden Fortbildung.

Im letzten Beitrag des Bandes gehen *Berthold U. Wigger* und *Robert K. von Weizsäcker* auf das Wechselspiel zwischen „Bildungsfinanzierung, Ressourcenausstattung und Produktivitätswachstum" ein. Die Autoren skizzieren in ihrer Untersuchung ein öffentliches Bildungsprogramm, das insbesondere dem Unsicherheitsaspekt privater Ausbildungsinvestitionen Rechnung trägt. Es wird ein Argument für Studiengebühren geliefert, das sich am erwarteten Erfolg der Ausbildung orientiert. Die explizite Berücksichtigung von Unsicherheit erlaubt es, einen Zusammenhang zwischen der individuellen Ausbildungswahl, der volkswirtschaftlichen Ressourcenausstattung und dem Produktivitätswachstum herzustellen. Über die Nebenbedingung der zu Bildungszwecken verfügbaren finanziellen Mittel führt die unter Unsicherheit getroffene individuelle Ausbildungsentscheidung zu einer bisher wenig beachteten Abhängigkeit des gesamtwirtschaftlich optimalen Ausmaßes der Bildungsinvestitionen sowie des Ertrages der öffentlichen Bildungsfinanzierung sowohl von der Ressourcenverteilung als auch vom Wachstum der betrachteten Ökonomie.

Der Herausgeber verbindet mit den hier vorgelegten Studien die Hoffnung, Anregungen zu einem neubelebten Forschungsfeld der Bildungsökonomie geben und möglicherweise neue Mitstreiter für die Durchleuchtung des offensichtlich nie erschöpften Wechselspiels zwischen Bildung und Wirtschaftswachstum gewinnen zu können.

Heidelberg, im Mai 1997 *Robert K. von Weizsäcker*

Inhaltsverzeichnis

Bildung und Wirtschaftswachstum

Alte und neue Ansätze

Von *Hans-Joachim Bodenhöfer* und *Monika Riedel,* Klagenfurt

I. Einleitung

Seit der Renaissance bildungsökonomischer Fragestellungen anfangs der 60er Jahre und seit der Etablierung der Bildungsökonomie als eigenständigem Bereich der angewandten ökonomischen Theorie hat der Zusammenhang von Bildung und Wirtschaftswachstum eine zentrale Rolle in den analytisch-theoretischen Bemühungen, wie auch in den rasch folgenden Versuchen einer praktisch-politischen Umsetzung solcher Forschungsergebnisse für Zwecke der Bildungsplanung gespielt. Die neoklassische Wachstumstheorie, die in den 60er Jahren eine erste ‚Blüte' erlebt hat, bot dabei den geeigneten analytischen Bezugsrahmen für die Untersuchung von Bildung und Wirtschaftswachstum. Mit dem Entstehen der ‚neuen' Wachstumstheorie Ende der 80er Jahre rückt die Bedeutung des Humankapitals für das wirtschaftliche Wachstum neuerlich in den Vordergrund des Interesses.

Der vorliegende Beitrag versucht, diese Entwicklung überblickshaft darzustellen und die wesentlichen theoretischen Konzepte und empirischen Untersuchungen einzuordnen. In einem ersten Abschnitt werden die Rolle des Humankapitals in der neoklassischen Wachstumstheorie und in Ansätzen eines ‚growth accounting' dargestellt sowie die Anwendungen, die hieraus für die Bildungsplanung abgeleitet wurden, skizziert. In einem zweiten Abschnitt wird die Rolle des Humankapitals in den Ansätzen einer ‚neuen' Wachstumstheorie untersucht. Abschließend wird den Implikationen der theoretischen Analysen und der empirischen Befunde für die Wachstumspolitik und für die Bildungspolitik nachgegangen.

II. Bildung, neoklassische Wachstumstheorie und ‚growth accounting'

1. ‚Growth accounting'

Die Wiederentdeckung der wirtschaftlichen Bedeutung von Bildung – nachdem das humankapitaltheoretische Konzept bei Adam Smith[1] praktisch in Vergessenheit geraten war – stand im Zusammenhang empirischer Wirtschaftsforschung: der Frage des wirtschaftlichen Potentials der Zuwanderungsströme aus den ehemaligen Ostgebieten in die Bundesrepublik in den Nachkriegsjahren bei *F. Edding* (1954), oder der Frage der Einflußfaktoren unterschiedlicher Produktivität von Farmern in den USA sowie in Entwicklungsländern bei *Th. Schultz* (1964). Von diesem Denkansatz ausgehend war es naheliegend, auch die Erklärung für den hohen ‚unerklärten Rest' des wirtschaftlichen Wachstums in Solows Versuch, das Wachstum der USA im Zeitraum 1915 - 1955 dem jeweiligen Beitrag der Faktoren Arbeit und Kapital zuzuordnen,[2] vor allem im Faktor Bildung zu suchen.

Die Residualgröße, die sich im Vergleich des Wachstums des Output und des Wachstums der Faktorinputs ergibt, ist als technischer Fortschritt nicht nur ein Maß der totalen Faktorproduktivität, sondern sie schließt zugleich auch alle Meßfehler beim Output, wie bei den Inputs von Arbeit und Kapital ein. Eine korrekte Messung und die vollständige Erfassung von Inputs und Output müßte die Residualgröße auf Null reduzieren. Ein Meßfehler liegt in der Nichtberücksichtigung von Änderungen der Qualität des Arbeitskräftepotentials. Neben Kapital und ‚einfacher' Arbeit, gemessen etwa als Input von Arbeitsstunden, wurde so von *Th. Schultz* der Faktor ‚Humankapital' in die gesamtwirtschaftliche Produktionsfunktion mit einbezogen (1960, 1961a, 1962). Der Bestand an Humankapital, das über die Zahl der absolvierten Schul- und Hochschuljahre, gewichtet mit den Kosten je Schuljahr, ermittelt wurde, hat bei der Erwerbsbevölkerung der USA im Zeitraum 1900 - 1957 weitaus stärker zugenommen als das eingesetzte Sachkapital (auf den Faktor 8,5 bzw. 4,5).[3] Um den Beitrag des Humankapitals zum Wirtschaftswachstum zu ermitteln, geht Schultz von der Zunahme des Humankapitals je Erwerbsperson aus und multipliziert diese Größe mit der Ertragsrate für Humankapital. Damit werden 36 bis 70 Prozent der Zunahme des Pro-Kopf-Einkommens erklärt bzw. 21 bis 40 Prozent des Wachstums des Sozialprodukts der USA im Zeitraum 1929 - 1956 (*Schultz* [1961]). Diese Pionierarbeit über Bildung als Investition und als Wachstumsfaktor weist damit einen erheblichen Anteil des ‚unerklärten Restes' des gesamtwirtschaftlichen Produktions- und Produktivitätswachstums dem Humankapital zu.

---

1 Tatsächlich findet sich A. Smith's Vorstellung zum stehenden Kapital, das auch „die erworbenen nutzbringenden Fähigkeiten aller Einwohner oder Glieder der betreffenden Volkswirtschaft" einschließt bereits 100 Jahre früher in W. Petty's Political Arithmetic von 1676 als der Versuch, Humankapital als Quelle des Volkswohlstandes zu quantifizieren (als kapitalisierter Wert der Erträge des Faktors Arbeit).

2 *Solow* (1957) unterstellt eine linear-homogene Produktionsfunktion vom Cobb-Douglas-Typ. Der technische Fortschritt ist Harrod-neutral, d. h. ohne Einfluß auf die Substitutionsrate von Arbeit und Kapital. Die Outputsteigerung pro Arbeitsstunde kann nur zu 10 Prozent durch den Mehreinsatz von Kapital erklärt werden, sodaß sich eine ‚Restgröße' von 90 Prozent des unerklärten Produktivitätswachstums ergibt.

3 Vgl. auch *Kendrick* (1976) nach dessen Berechnung der gesamte Kapitalstock der USA 1969 zu mehr als der Hälfte aus Humankapital bestand.

Das Konzept von Bildung als Humankapital und die Rolle von Bildung als Faktor wirtschaftlichen Wachstums hat in den frühen 60er Jahren großes Interesse nicht nur in der Wachstumsforschung gefunden, sondern insbesondere auch im Hinblick auf praktische Umsetzungsmöglichkeiten für eine Politik zur Förderung des wirtschaftlichen Wachstums bzw. im Hinblick auf praktische Handlungsanweisungen für die Bildungspolitik. Berechnungen des Beitrags des Humankapitals zum ‚unerklärten Rest' des Wachstums wurden für verschiedene Länder vorgelegt. Einen besonders weitgehenden Versuch, Komponenten des ‚unerklärten Restes' herauszurechnen, um hierdurch zur ‚eigentlichen' Rate des technischen Fortschritts in der gesamtwirtschaftlichen Produktionsfunktion zu kommen, hat *E.F. Denison* (1962) unternommen.

Denisons pragmatischer empirischer Ansatz ohne wachstumstheoretische Fundierung zielt auf ein möglichst umfassendes ‚growth accounting', das nicht nur das Humankapital umfaßt, sondern auch Wachstumsfaktoren wie die Produktivitätseffekte des wirtschaftlichen Strukturwandels, Skalenerträge und anderes mehr. Die Erhöhung der durchschnittlichen Qualität des Faktors Arbeit durch zunehmende formale Bildung ergibt einen Wachstumsbeitrag von 23 Prozent zum Wachstum des gesamten Volkseinkommens 1929 – 1957 bzw. von 42 Prozent des Wachstums pro Beschäftigten, wobei die Einkommensunterschiede nach Bildungsjahren nur zu 60 Prozent dem Faktor Bildung (gegenüber Fähigkeiten und anderen Einflußfaktoren auf Produktivität und Einkommen) zugerechnet wurden.[4] Der Wachstumsbeitrag von Humankapital liegt damit in derselben Größenordnung wie die nicht weiter zurechenbare ‚Restgröße', die Denison als Wachstumsbeitrag des Erkenntnisfortschritts, d. h. als technischen Fortschritt im engeren Sinne interpretiert (*Denison* [1964] und *OECD* [1964]). Der Erkenntnisfortschritt schließt dabei zusätzliche, indirekte Effekte von Bildungsinvestitionen mit ein, die sich in bildungsspezifischen Einkommensdifferenzen nicht niederschlagen. Als ein Ansatzpunkt der Wachstumspolitik wird hiervon u.a. die Möglichkeit einer Verlängerung des durchschnittlichen formalen Bildungsweges (oder einer entsprechenden Qualitätsverbesserung von Bildung, die jedoch in die empirische Analyse nicht miteinbezogen ist) abgeleitet. Als vorläufiger Höhepunkt und Abschluß derartiger Versuche des ‚growth accounting' kann die Studie von *Denison* (1967) betrachtet werden, die sein empirisches Konzept auf den Vergleich des wirtschaftlichen Wachstums verschiedener Länder übertragen hat, um so die Frage beantworten zu können „Why growth rates differ".

Ein Survey von ‚growth accounting'-Studien (*Bowman* [1980]) zeigt für andere Länder als die USA tendenziell geringere Wachstumsbeiträge von Bildung; je höher die Wachstumsrate eines Landes ausgewiesen wird, um so kleiner erscheint zu-

---

4 Spätere Untersuchungen, die für die Bundesrepublik Deutschland den Wachstumseffekt von Bildung über den Zusammenhang von Bildung und Einkommen berechnet haben, folgen im Prinzip dem Vorgehen Denisons. Vgl. *Krelle, Fleck* und *Quinke* (1975) und *Weißhuhn* (1976).

dem der Wachstumsbeitrag von Bildung, während die unerklärte Restgröße zunimmt. Wenn das Wachstum des Humankapitalbestandes etwa in den westeuropäischen Ländern im Vergleich zu den USA weniger stark ausgeprägt war und daher weniger zum wirtschaftlichen Wachstum beigetragen hat, so kann daraus der Schluß gezogen werden, daß sich eine gleiche relative Zunahme der Humankapitalbildung in den europäischen Ländern stärker auf die durchschnittliche Qualität der Arbeitskraft und damit auf die Wachstumsrate auswirken würde als in den USA. Eine fehlende Korrelation mit der Höhe der Wachstumsrate läßt jedoch auch den Schluß zu, daß der Ansatz des ‚growth accounting' die Dynamik von Wachstumsprozessen nicht erklären kann und dem Humankapital nicht die Rolle eines aktiven Wachstumsfaktors zukommt.

Neben dem Ansatz, den Beitrag von Bildung zum wirtschaftlichen Wachstum als Komponente der unspezifizierten Inputs in der gesamtwirtschaftlichen Produktionsfunktion zu bestimmen und so die ‚Restgröße' als „measure of our ignorance" (M. Abramovitz) zu reduzieren, kam in den frühen 60er Jahren dem einfachen Korrelationsansatz einige Bedeutung zu. In Form eines internationalen Querschnittsvergleichs oder als Zeitreihenanalyse wurde hier, über die Korrelation eines Index der Bildungsaktivitäten mit einem Index der ökonomischen Aktivität versucht, den Zusammenhang von Bildung und Wirtschaftswachstum zu erfassen (*Galenson* und *Pyatt* [1964], *Harbison* und *Myers* [1964], *Edding* [1968], *Gaspari* [1973]). Eine mehr oder weniger enge Korrelation von Bildungsindikatoren (wie ‚literacy', relative Quoten des Schul- und Hochschulbesuchs, Bildungsausgaben etc.) mit Variablen des Einkommens- und Produktivitätswachstums sagt jedoch offensichtlich über die Kausalität der Wirkungsbeziehungen nichts aus und schafft damit ein Problem der Interpretation: sind höhere Bildungsausgaben eine Folge des allgemeinen Einkommenswachstums oder induzieren höhere Bildungsausgaben ein höheres Wirtschaftswachstum?

So weist auch eine spätere Untersuchung für 48 Staaten der USA einerseits einen signifikanten Einfluß der Schulausgaben und anderer Variablen für den Bildungsbereich auf das Einkommen der Bundesstaaten nach, wie umgekehrt einen Einfluß von Einkommens- und Vermögensvariablen auf die Bildungsausgaben der Bundesstaaten; als ein Hauptergebnis ihrer Analyse stellen die Autoren fest, „the effect of education expenditures on income is much smaller than the effect of income from unmeasured wealth on education expenditures" (*Tolley* und *Olson* [1971], S. 477).

Von besonderem Interesse bei der Korrelationsbeziehung zwischen Bildung und Wachstum sind die ‚Ausreißer' eines im Vergleich zum Niveau der wirtschaftlichen Aktivität über- bzw. unterdurchschnittlichen Umfangs von Bildungsinvestitionen. Dabei hat in den 60er Jahren die Parallelität von hohem wirtschaftlichen Wachstum und überdurchschnittlichen Indikatoren für den Bildungsbereich im Falle Japans besondere Aufmerksamkeit gefunden und sie wurde – ohne die vertiefende Analyse einer entsprechenden Fallstudie – als Indiz für eine aktive Rolle von Bildungsinvestitionen im Wachstumsprozeß interpretiert, obwohl ‚growth accounting'-Studien für Japan einen relativ geringen Wachstumsbeitrag der Zunahme des Humankapitals ergeben haben (*Bowman* [1980]).

2. Humankapital, Wirtschaftswachstum und Bildungsplanung

Generell war in diesen Jahren die Tendenz sehr ausgeprägt, bildungsökonomische Analysen, speziell zum Zusammenhang von Bildung und Wirtschaftswachstum, rasch und unmittelbar in bildungspolitische Programme und Empfehlungen umzusetzen. So wurde die ‚Angemessenheit' der Höhe der Bildungsinvestitionen, die Frage der Unter- oder Überinvestition in Bildung, über die bildungsspezifischen Einkommensdifferenzen als Ertragsraten-Ansatz der Bildungsplanung zu beantworten versucht; private und gesellschaftliche Ertragsraten sollten die ökonomischen Konsequenzen von Bildung aufzeigen und die Optimierung der gesamtwirtschaftlichen Investitionsstruktur ermöglichen. Analytische und empirische Probleme dieses Konzepts – wie die Beziehung von relativen Löhnen und Grenzproduktivität, das Auftreten von externen Erträgen und nicht-monetären Erträgen bzw. die Bedeutung von konsumtiven und kulturellen Aspekten von Bildung, die Unterscheidung von marginalen und durchschnittlichen Ertragsraten bzw. das Problem der Extrapolation von Ertragsraten – all diese Probleme haben entsprechende, investitionstheoretisch begründete Handlungsempfehlungen für die Bildungspolitik nicht verhindert (*Psacharopoulos* [1975], [1985]).

Neben der eingeschränkten Sicht von Bildung als Investition in ‚produktives' Humankapital und den vielfältigen Problemen der Definition und Messung von Kosten und Erträgen in der Ertragsratenberechnung kamen Planungsprobleme im Hinblick auf Strukturen des Bildungssystems bzw. Inhalte und Qualität von Bildungsprozessen erst gar nicht in den Blick, indem von einem ‚gegebenen' Bildungssystem ausgegangen und Bildungsreformen in die Zuständigkeit anderer Disziplinen delegiert wurden.

Von einer übermäßig vereinfachten, ökonomisch-technisch verengten Sicht des Zusammenhangs von Bildung und Wirtschaftswachstum ging auch das konkurrierende Konzept des sog. Arbeitskräftebedarfsansatzes der Bildungsplanung aus. In der Logik eines Input-Output-Modells mit qualitativ differenzierten Arbeitsinputs wurde hier versucht, den Zusammenhang von Wirtschaftswachstum und Fachkräftebedarf zu erfassen und für die Bildungsplanung nutzbar zu machen. Obwohl das Verständnis der Beziehungen von Bildung und Wirtschaftswachstum von der Einbeziehung des Humankapitals in Ansätze der neoklassischen Wachstumstheorie (mit einer unendlich großen Substitutionselastizität zwischen Arbeitskräften verschiedener Qualifikation) bestimmt war, wurde bei diesem Planungskonzept von limitationalen Faktoreinsatzstrukturen ausgegangen und das Problem von Substitutionselastizitäten zwischen Sachkapital und Humankapital bzw. zwischen verschiedenen Typen von Humankapital (empirisch hierzu vgl. *Bowles* [1970]) damit ausgeklammert.

Bei der Umsetzung bildungsökonomischer Konzepte in derartige Planungsansätze spielte die OECD eine wichtige Rolle (u.a. ‚Mediterranean Regional Project' [1961] und ‚Educational Investment and Planning Programme' [1962]) aber auch im Zusammenhang der Entwicklungsplanung wurden mehr oder weniger ehrgeizige Ziele für die Entwicklung des Bildungswesens festgelegt (vgl. u.a. den Addis-Abeba-Plan 1961, den Karachi-Plan 1961 und den Santiago-de-Chile-Plan 1962 für die Länder Afrikas, Asiens und Lateinamerikas im Rahmen der UNESCO). Obwohl die Analysen zum Zusammenhang von Bildung und Wirtschaftswachstum und darauf basierende Planungsstudien eine intensive und breite Diskussion ausgelöst haben, blieben sie jedoch letztlich ohne wesentliche Bedeutung für die Bildungspolitik. Ihr wichtigster Effekt lag in der Schaffung eines Meinungsklimas, das für höhere Bildungsinvestitionen förderlich war. Über die Funktion eines Auslösers der ‚Bildungsexpansion' in den 60er und 70er Jahren hinaus, kam ihnen keine Bedeutung für die Bildungspolitik zu im Sinne von Richtlinien oder Strategien für eine optimale Struktur und Entwicklung von Humankapitalinvestitionen.

3. Humankapital und neoklassische Wachstumstheorie

In ihrer ökonomischen Logik – der Optimierung der gesamtwirtschaftlichen Investition in Human- und Sachkapital bzw. der effizienten, minimalen Faktoreinsatzstruktur in der Produktion – standen diese Bildungsplanungskonzepte in Konkurrenz zum ‚social demand'-Ansatz, der die Kapazitäten der Bildungsinstitutionen an der Nachfrage nach Bildung ausrichten möchte. Ihre investitionstheoretische bzw. produktionstheoretische Orientierung geht vom Zusammenhang von Bildung und Wirtschaftswachstum aus, wie auch beim ‚Korrelationsansatz' die Möglichkeit einer Planung von Bildungsinvestitionen für das wirtschaftliche Wachstum im Vordergrund stand.

Das Verständnis des Zusammenhangs von Bildung und Wirtschaftswachstum war zugleich noch wenig entwickelt und vor allem durch empirische Arbeiten bestimmt, die der Messung des Humankapitals und dem ‚Gewicht' des Humankapitals in der gesamtwirtschaftlichen Produktionsfunktion galten. Zu Recht hat jedoch R.R. Nelson in einem Aufsatz von 1964 kritisch darauf hingewiesen, daß „it is a mistake to try to introduce into the production function variables such as average years of education without an explicit theory that shows how that variable should be entered" (*Nelson* [1964]).

Der Beitrag von Bildung zum Wirtschaftswachstum ergibt sich über die Produktivität des Arbeitskräftepotentials, doch blieb der genaue Wirkungszusammenhang weitgehend unklar. Eine mangelnde Qualifikation der Arbeitskräfte kann als Engpaßfaktor der Produktivitätsentwicklung und des Wachstums wirken, ob sich jedoch durch mehr Bildung auch ein höheres Wachstum erreichen läßt und welche Mechanismen dies bewirken können, bleibt offen. Daher ist auch die radikal skeptische Sicht von Bildung als ‚screening device', von Bildungsprozessen als Selektionsmechanismus, der keine wesentlichen Produktivitätseffekte entstehen läßt sondern lediglich Individuen nach ihren produktiven Fähigkeiten sortiert (*Spence* [1974], *Arrow* [1973], *Stiglitz* [1975]), kaum durch empirisch testbare Hypothesen gestützt bzw. umgekehrt gegenüber der traditionellen humankapitaltheoretischen Sicht nicht widerlegbar. Der mögliche Ansatz zur ‚Validierung' der Produktivitätseffekte von Humankapital in Form ökonometrischer Produktionsfunktions-Studien (*Griliches* [1967], [1968]) löst die Frage nicht, wenn relative Löhne als Gewichtung verschiedener Kategorien von Arbeitskräften benutzt werden.

Wenn der Ansatz des ‚growth accounting' von der Annahme konstanter bildungsspezifischer Einkommensdifferenzen ausgeht, eine Annahme für die sich einige empirische Evidenz anführen läßt, so bleibt die Frage offen, warum steigende Humankapitalbildung nicht zu sinkenden Ertragsraten führt. Eine Erklärung durch ‚qualifikations-nutzenden' und unqualifizierte Arbeit sparenden technischen Fortschritt (*Welch* [1970]) ist nur eine andere Art die Frage zu stellen, da kein unabhängiges Maß des technischen Fortschritts besteht. Für die empirische Überprüfung eher geeignet ist die Hypothese, daß sich im Wachstum eine Verschiebung der Struktur der Produktion in Richtung auf qualifikationsintensive Aktivitäten vollzieht, die den Ertrag von Humankapitalinvestitionen konstant hält. Ist die Zunahme des Sachkapitals stärker komplementär mit qualifizierter als mit unqualifizierter Arbeit, so führt auch eine steigende Kapitalintensität zu höherer Nachfrage nach qualifizierten Arbeitskräften.

Vom Ansatz des ‚growth accounting' muß daher die Frage ausgehen, warum sich das Wachstum der Input-Faktoren so entwickelt hat, wie die statistischen Verlaufsreihen aufzeigen. Da Sach- und Humankapitalinvestitionen endogene Größen darstellen, ist das eine Frage an die Wachstumstheorie, d. h. es geht um ein vollständiges Modell, durch das das Wachstum von Output und Input erklärt wird. Dabei stellt jedoch bereits die Form der Einbeziehung des Humankapitals in die makroökonomische Produktionsfunktion ein ungeklärtes Problem dar: ob Humankapital als dritter Produktionsfaktor oder als Produktivitätsgewicht des Faktors Arbeit einbezogen werden sollte, ließ sich über empirische Ansätze ebensowenig klären, wie die damit verbundene Frage des Verhältnisses der Faktoren zueinander bzw. zum Faktor ‚technischer Fortschritt'. Für den Faktor Humankapital ist dabei das Verhältnis zum technischen Fortschritt von besonderer Bedeutung, da die Qualifikation von Arbeitskräften zwar auch unmittelbar in die Produktionstätigkeit eingeht, darüber hinaus jedoch vor allem eine Rolle spielt in Aktivitäten, die dem eigentlichen Produktionsprozeß vor- und nachgelagert sind: in Planung, Vorbereitung und Kontrolle der Produktion, in F&E, Unternehmensführung und Informationsverarbeitung oder in der Aufnahme und Verarbeitung neuen Wissens und im Treffen nicht routinisierter Entscheidungen. In das traditionelle Konzept der Produktionsfunktion sind diese Funktionen von Humankapital schwer zu integrieren, soweit es sich im Ergebnis nicht überhaupt um die Veränderung der Produktionsfunktion, d. h. um die Einführung technischen Fortschritts handelt.

Die ‚Blüte' der neoklassischen Wachstumstheorie in den 60er Jahren war demgegenüber durch das Arbeiten mit hochaggregierten Modellen sowie generell als die Ableitung von Implikationen vielfacher Variationen der Modellannahmen und -parameter charakterisiert. Versuche eines Brückenschlages zwischen der Modelltheorie des Wachstums und einer unabhängig hiervon betriebenen, reichhaltigen empirischen Wachstumsforschung sind kaum zu verzeichnen.

Bei den sog. ‚vintage'-Modellen zur Struktur des gesamtwirtschaftlichen Kapitalstocks, bei denen einzelne Jahrgänge der Bruttoinvestitionen den jeweiligen Stand des technischen Wissens in die Produktion einführen, d. h. den technischen Fortschritt als fortlaufende Prozeßinnovationen realisieren (*Solow* [1962]), wäre es naheliegend, von einer Komplementaritätsbeziehung zur Qualifikation der beschäftigten Arbeitskräfte auszugehen. Auch die Beschäftigung in Unternehmen erneuert sich fortlaufend durch das altersbedingte Ausscheiden von Arbeitskräften und die Einstellung von jüngeren Arbeitskräften, vor allem auch von Absolventen allgemeiner und beruflicher Ausbildungsprozesse, die einen ‚moderneren' Stand von Kenntnissen und Fähigkeiten verkörpern.[5] Zudem kann das Unternehmen durch Prozesse des ‚on-the-job training' die Qualifikation der Mitarbeiter an veränderte Bedingungen der Produktionstechnologie und -organisation anpassen. Komplexe Zusammenhänge dieser Art modelltheoretisch zu erfassen, ist offensichtlich schwierig; darüber hinaus müßte ein empirischer Test solcher komplexeren Strukturen angestrebt werden.

Spielen komplementäre Entwicklungen von Sachkapital und Humankapital eine Rolle, so wird man diese Beziehungen allerdings als semi-limitational verstehen müssen, in dem Sinne, daß beide Faktoren in einem relativ engen Bereich substituiert werden können: weicht die Faktoreinsatzrelation stärker vom Optimum ab, so wird der relativ knappe Faktor zur limitierenden Größe der Gesamtleistung des Systems. Aufgrund von Ergebnissen empirischer Untersuchungen zum Zusammenhang von technischem Fortschritt und Qualifikationsstruktur muß darüber hinaus davon ausgegangen werden, daß auch im Hinblick auf die Qualifikationsstruktur der Beschäftigung, d. h. die Struktur des Humankapitals in der Produktion semi-limitationale Beziehungen bestehen, sodaß auch hier Engpaßfaktoren auftreten können. Allerdings belegen international vergleichende Studien zur Qualifikationsstruktur auf mikroökonomischer Ebene (in der Gegenüberstellung vergleichbarer Unternehmen) erhebliche Unterschiede des Qualifikationseinsatzes, die mit unterschiedlichen Organisationsformen der Produktion verbunden sind; die intervenierende Variable ‚Arbeitsorganisation' begründet offensichtlich einen relativ losen

---

[5] *H. Frisch* (1968) wendet das ‚vintage'-Modell auf Ausbildungsjahrgänge qualifizierter Arbeit an. Bei erhöhten Bildungsinvestitionen werden besser ausgebildete jüngere Arbeitskräfte rascher die älteren Arbeiter verdrängen oder, bei flexiblen Löhnen, rascher deren Löhne senken.

Zusammenhang von Produktionstechnologie und Qualifikationsstruktur, der eben nicht ökonomisch-technisch determiniert gesehen werden kann, sondern insbesondere auch die Verfügbarkeit bestimmter Qualifikationen und damit die historische Entwicklung national geprägter Bildungssysteme reflektiert (*Lutz* [1976]). Auch die detaillierte Untersuchung von *Layard* u.a. (1971) auf der Ebene einer Industrie brachte keine signifikanten Resultate für den Zusammenhang der Qualifikation der Beschäftigten mit der Performanz der Betriebe, sodaß die Autoren den Schluß ziehen, daß „occupational data are unlikely to help greatly in forecasting aggregate demands for highly educated people" (S. 115)

Die neoklassische Wachstumstheorie hat jedenfalls deutlich gemacht, daß dem technischen Fortschritt die entscheidende Rolle für das wirtschaftliche Wachstum zukommt; der technische Fortschritt hält über die Rentabilität neuer Investitionen sowohl den Prozeß der Kapitalakkumulation aufrecht, als auch über den Bedarf an qualifizierten Arbeitskräften bzw. die Rentabilität von Bildungsinvestitionen das Wachstum des Humankapitals. Zugleich wird dieser entscheidende Wachstumsfaktor jedoch als eine exogen bestimmte Trendvariable, abhängig von der Zeit, in die Modellanalyse eingeführt, sodaß von einer „Erklärung" des wirtschaftlichen Wachstums nicht gesprochen werden kann. Der Faktor Bildung spielt in der Modellanalyse des Wachstums keine wesentliche Rolle, weder unmittelbar in der makroökonomischen Produktionsfunktion, noch mittelbar in der ‚Metaproduktion' neuen Wissens, die als technischer Fortschritt zur Veränderung der Produktionsfunktion führt.

Ein weiterführender Ansatz liegt vor allem in Arrow's Konzept (1962) des ‚Learning by doing' vor, d. h. in der Vorstellung, daß Wissen und Fähigkeiten, auch neues Wissen, einer der Psychologie entlehnten Lernkurve entsprechend, in der Produktion entstehen. Das Lernen am Arbeitsplatz wird als eine Funktion des Tempos der technologischen Veränderungen in der Produktion gesehen, wie sie als Qualitätsänderungen des Realkapitals über die laufende Bruttoinvestition realisiert werden. Durch das Lernen gewinnt die Produktionsfunktion indirekt zunehmende Niveauerträge; infolge der Produktivitätssteigerung steigen die Löhne (wenn das Lernen allgemeines Humankapital i.S. Beckers erzeugt), sodaß die Investitionen einen positiven externen Effekt bewirken, der den Arbeitern zugute kommt. In dieser Weise wird die Rate des technischen Fortschritts (partiell) ‚endogenisiert' als eine Funktion der Bruttoinvestitionen und des Bestands an Humankapital, wobei jedoch die treibende Kraft der Qualitätsänderungen des Realkapitals unverändert exogen bestimmt bleibt.

Ähnlich gehen *Nelson* und *Phelps* (1966) davon aus, daß dem Humankapital eine zentrale Rolle bei der Einführung, Ausbreitung und Nutzung neuen Wissens in der Produktion zukommt, nicht zuletzt durch die Reduzierung von Innovationswiderständen bzw. von Anpassungskosten. Auch in dieser Weise wird die Rate des technischen Fortschritts partiell endogenisiert, indem der Grad der Ausschöpfung von Wachstumsspielräumen, einer potentiellen Rate des technischen Fortschritts aus der Differenz von ,verfügbarer' und ,genutzter' Technologie, zur Funktion des Humankapitals wird. Wiederum jedoch bleibt die treibende Kraft der Produktion neuen Wissens oder eines potentiellen technischen Fortschritts exogen bestimmt. Über den Einfluß auf die Diffusion des technischen Fortschritts wird die Ertragsrate für Bildung zunehmen, je höher die Rate des technischen Fortschritts ist; die Erträge von F&E-Projekten, die neues nutzbares Wissen schaffen, werden umso höher sein, je höher die Ausbildung derjenigen ist, die die Ergebnisse nutzen können. Neben verfügbarem neuen Wissen als Ergebnis von F&E-Projekten, dem zum Teil der Charakter öffentlicher Güter zukommt, wird es für die Stellung von Unternehmen und Branchen im nationalen und internationalen Wettbewerb vor allem auch auf die Leistungsfähigkeit und die Geschwindigkeit im Innovations- und Diffusionswettbewerb ankommen, die als Funktion des Humankapitals gesehen werden kann.

Auch wenn hiermit Ansatzpunkte gegeben waren, Produktivitätsentwicklungen durch technischen Fortschritt aus Modellzusammenhängen zu erklären, d. h. zu endogenisieren, hat die wachstumstheoretische Analyse erst nach einem Dornröschenschlaf von fast 20 Jahren mit der Entwicklung einer ,neuen' Wachstumstheorie Ende der 80er Jahre wieder neuen Auftrieb erhalten.[6]

III. Humankapital und ,neue' Wachstumstheorie

Der entscheidende Unterschied der ,neuen' Wachstumstheorie zum traditionellen neoklassischen Modell besteht darin, daß die steady state-Wachstumsrate nicht mehr rein exogen bestimmt ist, sondern zumindest zum Teil endogen erklärt wird. Ein exogen bestimmter technischer Fortschritt ist im neoklassischen Modell modelltechnisch notwendig: die sinkenden Skalenerträge als Voraussetzung vollständigen Wettbewerbs lassen keine Mittel zur ,Entlohnung' des technischen Fortschritts übrig. Zugleich ist die Rate des technischen Fortschritts unter neoklassischen Bedingungen (voll mobiles technisches Wissen) in allen Ländern gleich hoch, sodaß sich empirisch eine Konvergenz der pro-Kopf-Wachstumsraten ergeben müßte, während die steady state-Wachstumsrate von der Höhe der Investitionen unabhängig ist. Es ist die Kritik an solchen Implikationen des neoklassischen Standardmodells, die für die Entwicklung der ,neuen' Wachstumstheorie auslösend war.

Bei den Ansätzen zu einer Endogenisierung der Wachstumsrate wird dabei entweder von der Annahme sinkender Grenzerträge beim akkumulierbaren Faktor abgegangen, oder es wird die Rate des technischen Fortschritts durch Investitionen in Forschung und Entwicklung (F & E) bestimmt gesehen, so daß von einem Skalen-

6 „Work on economic growth stopped in the 1960s because economists had nothing new to say" (*N.G. Mankiw,* Foreword zu R.J. Barro und X. Sala-i-Martin [1995] S. XV).

ertragsmodell oder von einem Innovationsmodell gesprochen werden kann. Da zunehmende Skalenerträge mit vollkommenem Wettbewerb nicht kompatibel sind, liegt eine Lösung dieses Problems in der Annahme von im Aggregat steigenden, für die einzelnen Unternehmen jedoch konstanten Skalenerträgen, wobei die Differenz mit positiven Externalitäten oder Spillovers begründet wird (*Romer* 1986). Eine weitere Lösungsstrategie liegt darin, einen konstanten Bestand an nicht reproduzierbaren Produktionsfaktoren zu unterstellen, während den akkumulierbaren Faktoren konstante Returns zugesprochen werden. Diese Modelle generieren endogenes Wachstum, ohne auf Externalitäten zurückgreifen zu müssen: durch exakt konstante Skalenerträge in AK-Modellen wie *Rebelo* (1991), durch zwar sinkende, aber gegen einen Wert größer Null konvergierende Grenzerträge in konvexen Modellen wie *Jones, Manuelli* (1990). Der alternative Weg liegt in der Aufgabe der Annahme vollkommenen Wettbewerbs; Investitionen in F & E bzw. daraus resultierende Innovationen begründen einen monopolistischen Wettbewerb, in dem Erträge auf die Entwicklung neuer Produkte und Produktqualitäten anfallen, sodaß ein Anreiz, F & E zu betreiben, bestehen bleibt und F & E als eigentlicher Wachstumsmotor wirkt.

Einen Überblick über die in diesem Kapitel dargestellen Möglichkeiten endogenen Wachstums gibt Abbildung 1, wobei etliche Modelle mehrere Möglichkeiten kombinieren, wie z. B. *Lucas* (1988) durch ein AK-Modell mit positiven Externalitäten.

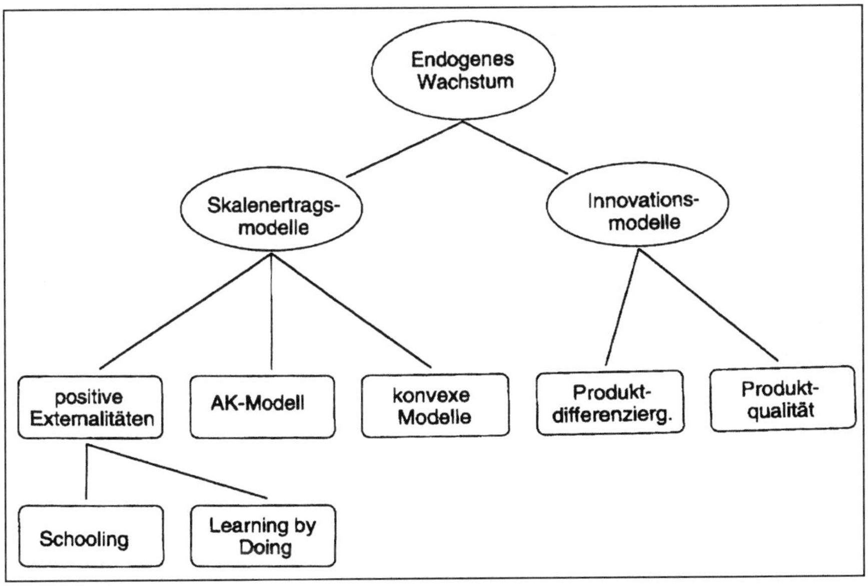

Abbildung 1

1. Skalenertragsmodelle

Romer (1986) folgt den Vorstellungen *Arrows* (1962) dahingehend, daß mit zunehmender Erfahrung zusätzliches Wissen sozusagen als unbeabsichtigtes Nebenprodukt anfällt (*Learning by Doing*). Da der Einsatz neuer Maschinen den Stimulus für Wissenserweiterungen bildet, werden die akkumulierten Investitionen als geeigneter Index für die gesammelten Erfahrungen angesehen. Dieser Erfahrungsindex ist als Funktion der Investitionen aller Firmen modelliert: Die in einer Firma i erzielten neuen Kenntnisse können nicht vollständig geheim gehalten werden, daher profitieren auch andere Firmen von ihnen. Romer unterstellt, daß auch die Einführung von Patenten diese Externalität nicht völlig ausschließen kann, und kommt so zu einer Produktionsfunktion vom Typ:

$$Y_i(t) = K_i(t)^b L_i(t)^{1-b} \left[\Sigma K_i(t)\right]^\eta . \tag{1}$$

Diese Funktion entspricht der Bedingung für endogenes Wachstum, da sie konstante Erträge für K_i und L_i aufweist, wenn man den aggregierten Kapitalstock konstant hält, und steigende Erträge, wenn man alle drei Faktoren gleichzeitig betrachtet. Aus dieser Unterscheidung erklären sich auch die unterschiedlichen Wachstumsraten im sozialen Optimum bzw im Steady State: Firmen ignorieren in ihrer Profitmaximierung den Effekt, den ihre individuelle Kapitalbildung auf den gesamten Kapitalstock ausübt, und investieren daher vom sozialen Optimum aus betrachtet zu wenig. Dieses Verhalten führt zu einer niedrigeren Wachstumsrate und zu niedrigerem Nutzen als bei Lenkung durch einen sozialen Planer. Eine solche Differenz zwischen Steady State und sozialem Optimum bleibt erhalten, solange eine positive Externalität besteht ($\eta > 0$), die zwar in das Optimierungskalkül des Planers, nicht aber in jenes einer Firma Eingang findet. Ob es sich hier jedoch um eine konstante Wachstumsrate handelt, hängt von den Koeffizienten der Produktionsfunktion ab: Romer zeigt, daß eine konstante Wachstumsrate nur für $b + \eta = 1$ erzielt wird, während $b + \eta < 1$ zu einer sinkenden, und $b + \eta > 1$ zu einer steigenden Wachstumsrate führt.

Konvergenz der Wachstumsraten wird durch dieses Modell weder erklärt noch unterstellt.

Einen ähnlichen Grundgedanken, jedoch in einer etwas unterschiedlichen Modellspezifikation verfolgt *Lucas* (1988) in seinem nicht weniger bekannten Learning by Doing Modell. Er geht von einer Wirtschaft aus, in der zwei Konsumgüterarten erzeugt werden, deren Produktion mit unterschiedlich hohen Lernraten verbunden sind. Anders als bei Romer ist hier der Erwerb weiteren Humankapitals jedoch nicht vom Wachstum an physischem Kapital, sondern vom durchschnittlichen Humankapitalniveau der jeweiligen Industrie abhängig[7]. Außerdem kommt

[7] Indem Lucas auf das durchschnittliche Niveau und nicht den Gesamtbestand an Humankapital abstellt, kann er eine sonst eher ungeliebte Modellimplikation vermeiden: Die Wachstumsraten erhöhen sich nicht automatisch mit der Bevölkerungsgröße.

diese Modellvariante ohne die sonst übliche intertemporale Nutzenfunktion der Haushalte aus, da hier die Aufteilung der Produktionsfaktoren auf Produktionszweige mit verschieden hohen Produktivitätsgewinnen die Wachstumsrate bestimmt, und nicht die Bereitschaft zum Konsumverzicht in der Gegenwart zugunsten späterer Produktivitätsvorteile. Dementsprechend kommt auch der Substituierbarkeit zwischen den beiden Güterarten eine hohe Bedeutung zu: In der Autarkie-Variante des Modells führt nur der laut Lucas weniger interessante Fall schlechter Substitution ($s < 1$ oder $s = 1$) zu einer stabilen Lösung für Güterpreise und Aufteilung der Beschäftigung auf die beiden Sektoren, und damit letztendlich zu einer stabilen Wachstumsrate. Im interessanteren Fall guter Substitution ($s > 1$) existiert zwar eine Gleichgewichtslösung; jedoch führen bereits geringfügige Abweichungen vom Gleichgewicht auf einen Anpassungspfad, der je nach Richtung der Abweichung in der Spezialisierung des Landes auf die Produktion nur einer Güterart resultiert. Eine Spezialisierung der Länder entweder auf High Tech oder auf Low Tech Güter ist auch in der Modellvariante mit Handel das wahrscheinlichste Ergebnis, wobei durch das Einsetzen des Handels die durch die Anfangsausstattung mit Humankapital gegebenen komparativen Vorteile noch ausgebaut werden. Eine Konvergenz der Wachstumsraten wird durch die sich verstärkenden komparativen Vorteile unterbunden.

Auf einen anderen Aspekt in der Beziehung zwischen Learning by Doing und Wachstum konzentriert sich *Stokey* (1988). Sie verweist darauf, daß Wachstum nicht nur ein quantitatives Phänomen darstellt, sondern mit ständigen Veränderungen in der Struktur des erzeugten Güterbündels einhergeht. Sie konstruiert ein dynamisches allgemeines Gleichgewichtsmodell mit der Akkumulation von Wissen als einziger Wachstumsquelle. Durch ständiges Learning on the Job erlangen die Arbeiter sukzessive die Fähigkeit, qualitativ höherwertige Produkte zu erzeugen (in ihrer Diktion: Güter mit einer größeren Anzahl Lancaster-Charakteristika), sodaß nicht nur die Menge, sondern auch das Spektrum der erzeugten Produkte bei sinkenden Preisen stetig wächst, während gleichzeitig geringerwertige Güter an Nachfrage verlieren und schließlich nicht mehr erzeugt werden.

Wie Lucas und Romer baut sie auf einer Technologie mit konstanten Skalenerträgen (des einzigen Produktionsfaktors Arbeit) auf, im Unterschied zu ihnen unterstellt sie jedoch explizit einen Lernprozeß mit vollständigen Spillovers zwischen Gütern bzw Industrien (ohne diesen Prozeß näher zu spezifizieren). Die vollständigen Spillovers verhindern ein Interesse der Firmen an einer aktiven Unterstützung des Lernprozesses, auch hier ist Lernen demnach ein unvermeidliches Nebenprodukt der Güterproduktion, das aber Produkt- und nicht wie sonst meist unterstellt Prozeßinnovationen initiiert. Ein weiterer nicht unwesentlicher Unterschied zeigt sich in der um einen ‚traditionellen‘ Sektor (dh ohne Lernpotential, z. B. Landwirtschaft im Gegensatz zur Industrie) erweiterten Modellvariante: Das Modell weist zwar einen Gleichgewichtspfad mit Nullwachstum auf, es zeigt sich aber, daß ein (ausreichend großer) Schock die Ökonomie auf einen Pfad fortgesetzten Wachstums bringt. Ein ausreichend großer Schock ist dann gegeben, wenn das Land ‚irgendwie' zu so großen Produktionserfahrungen kommt, daß ein Lernprozeß in Gang gesetzt wird. Sobald aber Wissen akkumuliert wird, sinken die Preise der Industriegüter, und es treten Substitutions- und Einkommenseffekte auf, deren Nettoeffekt ohne genauere Modellspezifikation nicht abgeschätzt werden kann. Fortgesetztes Wachstum, ausgelöst durch ständiges Lernen und die Einführung besserer Produkte ist also möglich, der Beweis oder Bedingungen für die Existenz eines derartigen Wachstumspfades werden jedoch nicht geliefert.

Auch die klassische Variante intendierter Humankapitalbildung durch *Schulbildung* wird in der Arbeit von *Lucas* (1988) in einer eigenen Modellvariante abgebildet. Der Unterschied zu Learning by Doing besteht in der alternativen Verwendung der Arbeitszeit für Ausbildung *oder* Produktion, modelliert in der Weise, daß im Schooling Modell das individuelle Humankapital umso größer ist, je *weniger* Zeit in der ersten Periode für die Güterproduktion aufgewandt wurde, während im Learning by Doing Modell das Humankapital mit der für Güterproduktion verwendeten Zeit steigt: Die Produktion von Gütern und jene von Humankapital sind wie schon bei *Uzawa* (1965) als voneinander getrennte Produktionsprozesse modelliert, wobei der Humankapitalbestand in erster Linie durch den Einsatz weiteren Humankapitals aufgestockt werden kann. Im Produktionsprozeß sind die Größen physisches Kapital K und effektive Arbeit uhL von Bedeutung, wobei u den für Produktion (im Gegensatz zu Bildung) verwendeten Zeitanteil, und h das erreichte Humankapitalniveau bezeichnet:

$$(2) \qquad Y(t) = AK(t)^b \left[uhL(t)\right]^{1-b} .$$

Humankapital ist durch Ausbildung akkumulierbar, und im Prinzip liegt eine Variante des AK-Modells nach *Rebelo* (1991) vor, in dem physisches und Humankapital zu einem breiter aufgefaßten Kapitalbegriff verbunden werden. Die Erträge der Humankapitalbildung sinken im Zeitablauf bzw mit steigendem Humankapitalbestand nicht, damit auch nicht der Anreiz zur Humankapitalbildung (wenn Empiriker mit steigendem Alter sinkende Bildungsbereitschaft diagnostizieren, so liegt das an der – bei Lucas nicht unterstellten – endlichen Lebenserwartung der Individuen, aber nicht an sinkenden Returns), sondern wachsen mit steigendem Humankapitalbestand proportional zur eingesetzten Bildungszeit. Die unterstellte Abhängigkeit des Bildungswachstums vom Humankapitalbestand (von klugen Lehrern lernt man mehr als von weniger klugen) führt auch in diesem Modell zu externen Effekten der gewählten Humankapitalbildung des einzelnen, die zum gleichzeitigen Auftreten privater und sozialer Erträge der Bildung führen.[8] Ausgedrückt wird dieser externe Effekt, der zur Generierung von endogenem Wachstum eigentlich

[8] Vgl. auch das Modell von *Prescott* und *Boyd* (1987) in dem die Produktivität von Arbeitskräften nicht nur von dem Humankapital abhängt, das sie selbst verkörpern, sondern auch von dem Humankapital ihrer Arbeitsgefährten, sodaß externe Effekte für das gesamte Produktionsergebnis wirksam werden.

nicht mehr benötigt würde (die unterstellten konstanten Erträge des akkumulierbaren Faktors Humankapital reichen ja aus), durch einen zusätzlichen Faktor h_a^ψ in der Produktionsfunktion:

(3) $$Y(t) = AK(t)^b [uhL(t)]^{1-b} h_a^\psi \,.$$

Die privaten Erträge werden vom einzelnen in der Optimierung der Bildungswahl als höherer zu erwartender Lohn berücksichtigt, soziale Erträge werden erst im Aggregat spürbar und würden demnach lediglich im Bildungsplan eines sozialen Planers Berücksichtigung finden. Somit weist auch das Bildungsmodell eine Differenz zwischen sozialem Optimum und Marktgleichgewicht auf, die jedoch Spielraum für politische Eingriffe läßt.

Das oben geschilderte Modell führt noch nicht zur Konvergenz der Wachstumsraten, über eine entsprechende Modifikation läßt sich Konvergenz aber leicht einbauen (vgl. *Lucas* 1993): Man erweitert das Modell in der Weise, daß nicht nur das Bildungsniveau der näheren Umgebung, sondern die relative Humankapitalausstattung (relativ zum weltweiten Niveau) für den Humankapitalbildungsprozeß von Bedeutung ist, und man hält die Annahme gleicher Bildungsintensität u aufrecht. Die Annahme von Kapitalmobilität hingegen hebt die landesspezifische Verbindung zwischen Sparquote und Investitionsrate auf und ermöglicht auf Dauer differierende Wachstumsraten.

Auch diese Variante der Humankapitalakkumulierung wurde von *Stokey* (1991) als Voraussetzung für steigende Produktqualität in ein Wachstumsmodell eingebaut. Sie formuliert Bildung ebenfalls als eine zu wählende Zeitspanne der Wissensakkumulation zu Beginn des individuellen Arbeitslebens, der aktuelle Wissensbestand wirkt positiv auf die Humankapitalbildung. Stokey unterstellt jedoch nicht, daß ein einheitliches optimales Bildungsniveau für alle Arbeiter resultiert, sondern geht von einer Verteilung über unterschiedliche Bildungsniveaus aus, die gleichzeitig die Verteilung der Güterarten nach ihrer Bildungsanforderung in der Produktion darstellt (Güterqualität und Präferenzen der Haushalte beziehen sich auf Lancaster-Charakteristika; erst die Erreichung eines höheren Bildungsstandes befähigt zur Produktion besserer Güter). Ähnlich wie in *Stokey* (1988) führt die Wissensakkumulation zur ständigen Einführung besserer Güter, die den alten Produkten vorgezogen werden und sie schließlich verdrängen. Es werden Bedingungen für die Existenz eines stationären Wachstumspfades abgeleitet und die bereits bekannte Diskrepanz zwischen sozialem Optimum und Gleichgewichtspfad aufgezeigt, die hier durch den externen Effekt des allgemeinen Bildungsniveaus auf die Bildung des einzelnen ausgelöst wird. Nur bei einem ‚kleinen' externen Effekt ist das Gleichgewicht eindeutig, ansonsten können mehrere Gleichgewichte bestehen.

Lucas schätzt jedoch Learning by Doing als Wachstumsquelle im Vergleich zu Schooling als das praktisch relevantere ein, und stützt sich dabei einerseits auf die Entwicklung in den asiatischen Ländern (schnell wachsende Länder weisen im allgemeinen keine höhere Bildungsraten auf als langsam wachsende) und andererseits, mit Verweis auf Stokey, auf das theoretische Argument, daß Ausbildung auf Dauer nur dann zur Steigerung der Durchschnittsbildung beitragen kann, wenn entweder die Bildungszeit pro Person steigt (was nur über einen begrenzten Zeitraum möglich ist), oder aber die Bildungsqualität zunimmt (für die nach Lucas' Einschätzung gegenwärtig weder geeignete Daten noch geeignete Modelle zur Verfügung stehen).

Eine andere Möglichkeit, im Rahmen eines Skalenertragsmodelles endogenes Wachstum zu erzielen, kommt ohne Externalitäten aus: Notwendig für eine positive Steady State Wachstumsrate sind schließlich nicht steigende Skalenerträge, sondern lediglich konstante Erträge des reproduzierbaren und damit auch akkumulierbaren Faktors, wie *Rebelo* (1991) mit seinem sogenannten AK-Modell zeigt. Hier werden im Produktionsfaktor K die akkumulierbaren Produktionsfaktoren zusammengefaßt, was zu einer Produktionsfunktion vom Typ $Y = AK$ führt. Dieses Modell ist nicht so zu verstehen, daß Produktionsfaktoren mit exogen vorgegebenem Bestand wie Arbeit und Land keinerlei Bedeutung beigemessen wird, sondern vielmehr in der Weise, daß nicht Arbeit an sich, sondern ‚quality adjusted labor' als Humankapital im Produktionsprozeß eingesetzt wird und somit auf das Wachstumspotential wirkt: Wird neben physischem Kapital auch Humankapital als akkumulierbarer Produktionsfaktor begriffen, findet Arbeit in der Produktionsfunktion wieder Berücksichtigung, und es läßt sich zeigen, daß Konsum, Kapital und gesamter Output mit derselben Rate wachsen.

Ebenfalls zur Gruppe der AK-Modelle gehört ein neuerer Ansatz von *Homburg* (1995), der sich auf die eigentliche Bedeutung des Wortes ‚Humankapital' besinnt. Homburg modelliert diesen Produktionsfaktor einerseits als human durch eine Bindung an die Zahl der Erwerbstätigen[9] verbunden mit der vollständigen Abschreibung des Humankapitals am Ende ihrer Lebenszeit, und andererseits als Kapital, sodaß Entscheidungen über Investitionen in Kapital und Humankapital simultan und in gegenseitiger Abhängigkeit getroffen werden. Produktion findet demnach nicht durch den Einsatz von Arbeitsstunden und Kapital, sondern von Humankapital und physischem Kapital statt; beide Faktoren sind somit akkumulierbar. Unter den Annahmen, daß das Inlandsprodukt 1 : 1 in Konsum- oder Kapitalgüter, aber auch in Humankapital umgewandelt werden kann, und daß das Vermögen einen konstanten Anteil des Inlandsprodukts ausmacht, erhält Homburg ein einfaches Modell, in dem Inlandsprodukt, Humankapital und Sachkapitalbestand endogen mit derselben konstanten Rate wachsen, und das mit erstaunlich vielen der bekannten stylized facts in Übereinstimmung steht. Eine explizite Ausformulierung wie es zur Bildung von Humankapital kommt, unterbleibt in diesem Modell; eine Übertragung der Modellstruktur auf das Diamond-Modell überlappender Generationen legt aber die Interpretation als Schulbildung nahe.

---

[9] Die Bindung des Humankapitals an die Zahl der Arbeiter klingt zwar selbstverständlich, wird aber von vielen Modellen vernachlässigt, vgl z. B. *Romer* (1990), *Mankiw, Romer, Weil* (1992), *Gould* und *Ruffin* (1995).

Durch die Anwendung eines konvexen Modells beschreiben *Jones* und *Manuelli* (1990) endogenes Wachstum, und erläutern ihren Ansatz anhand des optimalen Sparverhaltens: Entspricht der Realzinssatz genau dem inversen Diskontfaktor, so wählt der repräsentative Haushalt einen geglätteten Konsumstrom; Wachstum ist ausgeschlossen. Dauerhaft höhere Zinsen jedoch liefern den Anreiz, zugunsten eines höheren Konsumniveaus in der Zukunft zu sparen und damit für fortgesetztes Wachstum zu sorgen. Im Gegensatz zum Solow-Modell ohne technischen Fortschritt kommt das Wachstum bei Jones und Manuelli jedoch trotz sinkender Grenzerträge bei fortgesetzter Kapitalakkumulation nicht zum Erliegen: Die Grenzerträge sinken zwar, konvergieren aber gegen einen positiven Wert statt gegen Null, somit kann auch langfristig Wachstum erhalten bleiben.

In der angeführten Version ist das Jones-Manuelli Modell aus dem Blickwinkel der Bildungsökonomie nur insofern von Interesse, als daß es die Grundlage für eine Modellvariation bietet, in der der Begriff ‚Kapital' sich auch auf das Humankapital ausweiten läßt (auf die Jones und Manuelli in ihrem Artikel verweisen). Somit kann auch in diesem Rahmen endogenes Wachstum aus fortgesetzter (Human-)Kapitalakkumulation erklärt werden.

2. Innovationsmodelle

Der vorige Abschnitt behandelt Modelle, in denen Wachstum durch Kapitalakkumulation generiert wird, die nicht mehr mit sinkenden Erträgen verbunden ist. Der Kapitalbegriff wird dabei oft breit genug verstanden, um auch Humankapital zu umfassen. Technischer Fortschritt wird in dieser Modellklasse zur Generierung von Wachstum nicht benötigt. Der folgende Abschnitt hingegen geht von einer anderen Grundposition aus: Gerade die Entstehung von technischem Fortschritt als Wachstumsmotor soll endogen erklärt werden, sei es durch einen eigenen Forschungssektor, oder sei es durch Forschung, die direkt von den güterproduzierenden Firmen betrieben wird. Bezogen auf das Solow-Modell liegt die Weiterentwicklung in der endogenen Bestimmung der Entwicklung des Technologiefaktors A.

In der hier verwendeten stilisierten Fassung wird technologischer Fortschritt alternativ anhand zweier Kriterien ausgemacht: Entweder ermöglicht er größere Produktvielfalt, wobei die steigende Produktdifferenzierung je nach Modell bei Konsumgütern oder Zwischenprodukten stattfinden kann, oder die Weiterentwicklung steigert die Qualität der vorhandenen Produkte. Die somit vorgenommene Einteilung der Modelle nach horizontaler und vertikaler Weiterentwicklung der Produktpalette ist insofern willkürlich, als daß auch Modelle entwickelt wurden, die beide Merkmale gleichzeitig aufweisen (vgl z. B. die Arbeiten von *Young* und *Stokey*).

Die hier präsentierte Darstellung folgt *Barro* und *Sala-i-Martin* (1995, Kap. 6) sowie *Romer* (1990). Neu entwickelte Produkte werden als Basisinnovationen (breakthrough innovations) verstanden, die zu den bestehenden Zwischenprodukten weder in einer rein komplementären noch in einer substitutiven Beziehung stehen: Im Gegensatz zu den Modellen steigender Produktqualität ersetzen die Innovationen in der Regel keine bestehenden Produkte. Die angewandte Produktionsfunktion

(4) $$Y_i(t) = AL_i(t)^{1-a} \sum\nolimits_{j=1,\dots N} (X_{ij})^a$$

bzw.

$$Y_i(t) = AL_i(t)^{1-a} NX_i^a = AL_i(t)^{1-a} (NX_i)^a N^{1-a} ,$$

wenn wie im Gleichgewicht von allen Zwischenprodukten gleich viel eingesetzt wird, weist sinkende Grenzprodukte der einzelnen Inputs sowie konstante Skalenerträge auf; technologischer Fortschritt äußert sich in einem Anstieg von N: Anhand der letzten der oben dargestellten Formulierungen der Produktionsfunktion sieht man, daß bei konstant gehaltenen Einsatzmengen von Arbeit (L_i) und Zwischenprodukten (NX_i) die Produktionsmenge bereits steigt, wenn die Anzahl der Zwischenprodukte N steigt, was durch die sinkenden Grenzprodukte erklärt wird. Dieses Beispiel zeigt, warum eine stetig steigende Vielfalt an Zwischenprodukten als Motor für langfristiges Wachstum geeignet ist.

Ein Anheben der Anzahl an Zwischenprodukten N kann nur durch Ressourceneinsatz in der Forschung erzielt werden, wobei die meisten Modelle unrealistischerweise die Unsicherheit über das Eintreten eines Forschungserfolges an sich bzw über die Wartezeit oder den Ressourceneinsatz bis zum Forschungserfolg ausschließen, also deterministische Kosten der Forschungserfolge unterstellen. Im einfachsten Fall betragen sie h Outputeinheiten pro Innovation, unabhängig von der Anzahl bereits entwickelter Zwischenprodukte. Damit für Laboratorien oder Firmen ein Forschungsanreiz gegeben ist, wird üblicherweise ein nicht ablaufendes Patent auf Innovationen und daraus resultierende Monopolmacht angenommen, die den Innovatoren die Möglichkeit gibt, zumindest über eine gewisse Zeitspanne hinweg einen Preis über den Grenzkosten des neuen Produktes zu verlangen, sodaß auch die (fixen) Entwicklungskosten mit abgedeckt sind. Unterstellt man einheitliche Produktionskosten in Höhe einer Outputeinheit pro Einheit Zwischenprodukt, ergibt sich ein einheitlicher Monopolpreis in Höhe von $1/a$. Schließt man des weiteren die Existenz von Zugangsbeschränkungen in den Forschungssektor aus, kann nur in dem einen Fall eine langfristige Wachstumsrate größer Null existieren, wenn der Barwert der aufsummierten Monopolgewinne genau den fixen Kosten h der Entwicklung einer Innovation entspricht: Höhere Monopolgewinne ziehen mehr Ressourcen an, als langfristig in der Forschung haltbar sind, niedrigere verhindern die Entwicklung neuer Produkte und damit Wachstum. Jener Zinssatz, der den Barwert der Monopolgewinne und die Entwicklungskosten h zum Ausgleich bringt, bestimmt gemeinsam mit dem Zeitdiskontfaktor und der intertemporalen Substitutionselastizität aus der Nutzenfunktion die einheitliche Wachstumsrate der gesamten Produktion, des Gesamtkonsums und der Anzahl an Zwischenprodukten: Wie im AK-Modell ist bei größerem Sparwillen und besserer Technologie auch höheres Wachstum möglich. Darüberhinaus erleichtern niedrige Innovationskosten h und ausgedehnte Marktgröße, dargestellt durch L, das Erzielen höherer Wachstumsraten.

Da in diesem Modell die Erzielung von Monopolgewinnen den Forschungsanreiz bildet, fallen auch hier das soziale Optimum und die dezentrale Lösung auseinander. Diese Lücke vergrößert sich noch, wenn man im Modell berücksichtigt, daß realiter Monopole nur von begrenzter Dauer sind: Dadurch verringert sich der erwartete Barwert einer Innovation, während der soziale Vorteil aus ihr permanent bleibt.

Romer (1990) betont in einem ähnlichen Modell stärker die Humankapitalseite: Er unterstellt, daß Forschung humankapitalintensiv ist, und mißt die fixen Kosten einer Innovation daher statt in Outputeinheiten anhand des Lohnes, der aber wiederum mit steigender Produktvielfalt ebenfalls steigt, da die Verfügbarkeit von mehr Ausrüstung die Forschungsproduktivität steigert. Er zeigt, daß Forscherlöhne und Forschungsproduktivität um den gleichen Faktor steigen, so zu gleichbleibenden Forschungskosten führen und eine langfristig positive Wachstumsrate ermöglichen. Ähnlich wie bei den Wachstumsmodellen mit Humankapitalakkumulation führt auch hier ein externer Effekt zur Divergenz von zentraler und dezentraler Lösung: Die Firmen berücksichtigen in ihrer Bestimmung des optimalen Forschungsaufwands nicht, daß ihre Ergebnisse zukünftige Forschung verbilligen bzw. produktiver machen, und verwenden vom Standpunkt der gesamten Wohlfahrt aus betrachtet zu wenig Ressourcen für Forschung.

Die Rolle, die in Modellen steigender Differenzierung bei Zwischenprodukten dem sinkenden Grenzprodukt zukommt, hat bei steigender Produktdifferenzierung von Konsumgütern der sinkende Grenznutzen: die Produktion mit einer größeren Anzahl von Inputs wird produktiver, während der Konsum einer größeren Produktvielfalt bei gleicher konsumierter Gesamtmenge mehr Nutzen bringt. Produktdifferenzierung bei Konsumgütern in Verbindung mit gleichbleibender Produktionstechnologie führt damit lediglich zu einem Wachstum in Nutzen-, aber nicht in Mengeneinheiten. Da die steigende Konsumgüteranzahl im Gegensatz zur steigender Differenzierung bei Zwischenprodukten die Forschungseffizienz nicht berührt, läßt sich eine Steady State Wachstumsrate der Konsumgüteranzahl nur unter der Annahme ableiten, daß die Forschungskosten in Nutzeneinheiten konstant sind. Darüberhinaus weisen *Barro* und *Sala-i-Martin* (1995; S. 236) darauf hin, daß letztendlich beide, Zwischenprodukte und Konsumgüter, als Inputs für das Finalgut Nutzen verstanden werden können, und somit aus steigender Differenzierung einer der beiden Güterarten nicht wesentlich andere Folgerungen resultieren können als aus steigender Differenzierung der anderen Güterart. Die Folgerungen sind ähnlich, aber für Zwischenprodukte direkter und hinsichtlich der Bedeutung des Humankapitals interessanter, da hier der steigenden Forschungseffizienz eine wachstumsgenerierende Bedeutung zukommt.

So eindeutig wie die auf Lernen basierenden Wachstumsmodelle mit den Namen Lucas und Romer verbunden sind, verknüpft man die Namen Grossman und Helpman mit Modellen, die sich auf qualitätsverbessernde Forschung als Wachstumsmotor stützen, obwohl deren Arbeiten nicht neue Ideen in die Wachstumstheorie einbringen, sondern lediglich vorhandene Ansätze verbessern bzw in einen plausibleren Rahmen stellen. Ebenso wie bei den Modellen mit steigender Produktvielfalt liegt hier die Verbindung zu Bildung auf jener indirekten Schiene, daß der eigentliche Wachstumsmotor in Forschungsaktivitäten liegt, die zwar realiter kaum ohne die Grundlage solider Bildung auskommen, dennoch findet die Humankapitalbildung in den seltensten Modellen explizite Berücksichtigung.

Im Unterschied zu den Modellen mit steigender Produktvielfalt unterstellen die hier besprochenen Modelle, daß die neu entwickelten Produkte qualitativ höherwertiger als ihre Vorgänger sind, und diese wegen der guten Substituierbarkeit und eines marginal besseren Preis-Leistungs-Verhältnisses (Konsumenten berücksichtigen in ihrer Nutzenmaximierung den ‚quality adjusted price') vom Markt verdrängen. In diesem Sinne betonen die Autoren, daß beide Modellklassen als Komplemente und nicht als Substitute zu betrachten sind, da sie unterschiedliche Aspekte der zu beobachtenden Forschungsaktivitäten modellieren: Die Modelle mit zunehmender Produktanzahl werden z. B. von *Barro* und *Sala-i-Martin* (1995) ausschließlich mit Basisinnovationen in Zusammenhang gebracht, in klarem Gegensatz zur Weiterentwicklung und Verbesserung bestehender Produkte in den Quality Ladder Modellen.

Das Quality Ladder Modell von *Grossman* und *Helpman* (1991a, 1991b) baut auf auf den Arbeiten von *Aghion* und *Howitt* (1990) und *Segerstrom* et al (1990), wobei diese beiden Modelle aber je einen empfindlichen Nachteil aufweisen: Segerstrom et al gehen aus von Innovationen, die nacheinander alle Güterarten genau einmal verbessern, erst dann tritt bei einem ersten Produkt die zweite Verbesserung auf. Das hieße aber, die Forschungsanstrengungen einer gesamten Ökonomie konzentrieren sich jeweils auf ein Gut, bis erfolgreich eine Verbesserung entwickelt ist, dann erst auf ein anderes Produkt usw. Bei Aghion und Howitt betrifft das Patentrennen die gesamte Ökonomie, in dem Sinne, daß durch eine Innovation alle Produkte gleichzeitig verbessert werden, und der erfolgreiche Innovator gewinnt Monopolrenten in der gesamten Wirtschaft. Grossman und Helpman versuchen beide Nachteile zu vermeiden: Es findet ein simultanes Patentrennen in allen Industrien statt, wobei sich jede Firma auf genau ein Produkt konzentriert, und jedes Produkt sich auf einer ‚eigenen' Quality Ladder weiterentwickelt, weitere Innovationen bauen auf den jeweils letzten Stand der Technik auf, wobei durch Spillovers auch andere Industrien von Weiterentwicklungen profitieren: Neueintretende Forschungslabors haben gleiche Erfolgsaussichten wie bestehende. Forschung vergrößert also den Wissenspool und erleichtert damit zukünftige Forschung; diesem Effekt steht (in manchen Modellspezifikationen) die zunehmende Forschungskomplexität auf höheren Stufen der Quality Ladder gegenüber, die Forschungserfolge unwahrscheinlicher macht, so daß als Summe beider Effekte konstante Skalenerträge in der Forschung resultieren.

Forschungserfolge treten stochastisch auf, was zu sehr unregelmäßigen Wachstumssprüngen in einzelnen Industrien führt, durch die große Anzahl von Industrien aber im Aggregat eine gleichmäßige Wachstumsrate ermöglicht. Der Forschungsanreiz ist für die Firmen durch die Möglichkeit gegeben, durch ihre temporäre Monopolstellung nach einer erfolgreichen Produktverbesserung einen Profit zu realisieren, der die vorausgehenden Forschungsaufwendungen mehr als nur abdeckt. Damit sehen sie sich zwei Unsicherheiten gegenüber: Der Frage, ob überhaupt ein Forschungserfolg erzielt werden wird, und wenn ja, der zweiten Frage, wie lange dieser technologische Vorsprung vor der Konkurrenz und die damit verbundenen Profitmöglichkeiten währen werden, wie schnell also die Konkurrenz durch Forschung ihrerseits auf- oder überholt. Damit ist das Element der kreativen Destruktion auch in dieser Modellklasse vertreten.

Wie auch im Modell steigender Produktvielfalt wird solange Neues entwickelt, wie die daraus zu erwartenden Profite die erwarteten Entwicklungskosten übersteigen; bei Gleichheit wird eine konstante Rate von Verbesserungen und damit eine konstante Wachstumsrate erzielt. Es läßt sich zwar kein Anpassungspfad zu diesem Gleichgewicht ableiten, dennoch gehen die Autoren davon aus, daß die Ökonomie sich sofort in diesen Steady State bewegt, da eine andere Lösung mit der Bestimmung des Firmenwertes am Aktienmarkt nicht vereinbar wäre.

Für einfachste Modellvarianten kann gezeigt werden, daß manche Implikationen des Modells mit (horizontaler) Produktdifferenzierung und des Modells mit (vertikaler) Qualitätsverbesserung gleich sind, sie weisen die gleiche reduzierte Form auf (*Grossman, Helpman* [1991b], *Helpman* [1992]). Im Hinblick auf die Wachstumsraten sieht man aber, daß Produktdifferenzierung zu *zu niedriger* Innovationsrate bzw Wachstum (gegenüber dem sozialen Optimum) führt, Qualitätsverbesserung hingegen zu zu niedrigem *oder* zu hohem Wachstum führen kann.

Nicht alle Modelle lassen sich eindeutig einer einzigen der hier verwendeten Kategorien zuordnen: So basieren etwa die Modelle von *Stokey* (1988, 1991) zwar jeweils auf einer bestimmten Variante der Humankapitalbildung, sei es Schulbildung oder Learning on the Job, ihre wachstumsgenerierende Wirkung können diese Arten der (Weiter-)Bildung aber erst in Zusammenhang mit den dadurch ermöglichten Produktverbesserungen entfalten. Da Stokey zeigt, daß mit zunehmendem Humankapital nicht nur bessere, sondern auch mehr Güterarten erzeugt werden, wären ihre Modelle nach dieser Zuordnung in jeder der drei Kategorien ‚Humankapitalakkumulation', ‚steigende Produktvielfalt' und ‚steigende Produktqualität' gut aufgehoben.

Ähnlich verhält es sich mit den Arbeiten von *Alwyn Young* (1991, 1993), die auf Learning by Doing und nicht Schulbildung basieren. Insbesondere die neuere der beiden Arbeiten ist interessant, da sie einen in theoretischen Modellen sonst oft ignorierten Zusammenhang herausarbeitet: Dieses Modell kombiniert Bounded Learning by Doing und Innovationen in gegenseitiger Abhängigkeit. Da Young unterstellt, daß die Produktion einzelner Güterarten nur mit einem begrenzten Lernpotential verbunden ist (bounded learning), würde ein konstantes Güterset auch nur über eine begrenzte Zeitperiode Wachstum ermöglichen.[10] Treten hingegen regelmäßig Innovationen auf, bleibt Lernen eine aktive Wachstumsquelle. Das Modell gewinnt weiterhin an Realismus, da berücksichtigt wird, daß Innovationen normalerweise nicht unmittelbar ab dem Zeitpunkt der Erfindung eine Produktivitätssteigerung bedeuten, sondern daß erst Weiterentwicklungen bis zur Marktreife notwendig sind: Diese Verbesserungen werden im Modell im Zuge des Produktionsprozesses durch Learning by Doing erzielt, sodaß auch Innovationen allein kein ausreichender Wachstumsmotor sein müssen. Ähnlich wie im Learning-Modell nach *Lucas* (1988) gibt es zwei Gütergruppen, die sich durch das Vorhandensein bzw Fehlen von Lernen im Produktionsprozeß unterscheiden. Während bei Lucas diese Unterteilung jedoch vorgegeben ist, ist sie hier modellendogen und nicht über die Zeit konstant: Jedes Gut ist anfangs durch Lernen der Produzenten verbesserungsfähig, bis das güterspezifische Lernpotential ausgeschöpft ist und verschlechtert dann seine relative Position in der Güterlandschaft, bis es von besseren Nachfolgeprodukten aus dem Markt gedrängt wird.

Der bemerkenswerte Punkt im Vorgängermodell (*Young* 1991) liegt in den Implikationen für den internationalen Handel: Im Rahmen eines Wachstumsmodelles mit Bounded Learning by Doing (noch ohne Interaktion mit Innovationen) wird gezeigt, daß arme Länder keineswegs eindeutig von einer Öffnung für den Handel profitieren müssen: Weniger entwickelte Länder wachsen unter Handel bestenfalls gleich stark wie unter Autarkie, weiter entwickelte Länder hingegen wachsen bei Handel zumindest gleich stark wie unter Autarkie.

3. Endogenes Bevölkerungswachstum

Im Hinblick auf eine ‚Endogenisierung' der Rate des technischen Fortschritts lag es nahe, den forschungsökonomischen Ansatz der Industrieökonomie aufzugreifen, d. h. den technischen Fortschritt als das Ergebnis eines optimalen Investitionsprozesses in die Schaffung neuen Wissens durch organisierte F&E-Aktivitäten privater Unternehmen zu begreifen: dem eigentlichen Produktionsprozeß von Unternehmen ist die ‚Metaproduktion' neuen Wissens vorgelagert, in der zielgerichtet

---

10 Diese Problem tritt z. B. im Modell von *Yang* und *Borland* (1991) auf, wo das durch Lerneffekte bei Spezialisierung verursachte Wachstum zum Erliegen kommt, sobald die Spezialisierung abeschlossen ist.

Innovationsmöglichkeiten geschaffen werden, die als veränderte Technologie der Produktion, als Produktinnovation oder als organisatorische Neuerung in die Produktion eingeführt werden können. Neben diesem Ansatz spielt in der neuen Wachstumstheorie auch die Erklärung eines anderen, im neoklassischen Standard-Modell als exogen betrachteten Wachstumsfaktors, der Rate des Bevölkerungswachstums, eine Rolle. Hier wurden Ansätze der Bevölkerungsökonomie einbezogen.

Bei gegebener Mortalität ist die Rate des Bevölkerungwachstums, unter Ausschluß von Wanderungsprozessen, eine Funktion der Fertilität. Bevölkerungsökonomische Modelle und entsprechende empirische Studien gehen dabei von einem Einfluß von Bildung auf die Fertilität aus (*Cochrane* [1980]). Der Zusammenhang von Bildung und Fertilität ergibt sich im wesentlichen aus dem Effekt des Wertes der (Arbeits-)Zeit der Eltern auf die (Opportunitäts-)Kosten der Aufzucht von Kindern sowie aus dem Effekt der Bildung der Eltern auf die gewünschte Humankapitalinvestition für die Kinder (*Becker* [1981], *Caldwell* [1982]). Dieser Zusammenhang läßt sich in Wachstumsmodelle einbeziehen, die damit zu einer endogenisierten Variable des Bevölkerungswachstums führen (*Barro* und *Becker* [1989], *Becker, Murphy* und *Tamura* [1990]). Das Pro-Kopf-Einkommen verschiedener Länder und die Rate der Fertilität bzw. des Bevölkerungswachstums sind nach diesen Modellen invers miteinander verbunden; die Ersparnis verlagert sich mit steigendem Einkommensniveau von der ‚Investition' in Kinder auf die Bildung von Sach- und Humankapital.

Ein empirischer Test dieser Modellimplikationen (*Barro* [1991]) zeigt eine streng negative Korrelation (– 0.74) zwischen Fertilität und Einkommensniveau verschiedener Länder (GDP 1960 für 98 Länder) sowie zwischen Fertilität und Humankapitalbildung (– 0.87); bei einem gegebenen Wert des Pro-Kopf-Einkommens ist die Höhe des Humankapitals zudem negativ mit der Fertilitätsrate verbunden. Ebenso zeigt sich ein positiver Effekt des Humankapitals auf die Höhe der Investitionen in physisches Kapital.

4. Konvergenz

Neben theoretischen Mängeln des neoklassischen Modells, wie der Annahme einer exogen bestimmten Rate des technischen Fortschritts kamen Anstöße für die ‚neue' Wachstumstheorie jedoch auch aus den Ergebnissen empirischer Untersuchungen von Wachstumsprozessen bzw. aus empirischen Befunden, die sich nicht mit den Implikationen des neoklassischen Modells vereinbaren lassen: so sollte sich bei technischem Fortschritt, der als frei verfügbares neues Wissen die Wachstumsrate aller Länder gleichermaßen bestimmt, eine Konvergenz der Wachstumsraten im internationalen Vergleich beobachten lassen; zudem sollte Kapital in Länder mit einer höheren Grenzproduktivität bzw. mit einer höheren Ertragsrate des

Kapitaleinsatzes fließen und derart zu einem Ausgleich der Wachstumsraten führen. Wie bei der ‚Lösung' des Rätsels, das sich mit den Ergebnissen des ‚growth accounting' in den 60er Jahren gestellt hatte, spielt die Einbeziehung des Faktors Humankapital auch in den hierauf bezogenen Erklärungsansätzen der neuen Wachstumstheorie eine entscheidende Rolle.

Das neoklassische Wachstumsmodell impliziert mit der Annahme konstanter Skalen- und abnehmender Grenzerträge, mit der Substituierbarkeit der einzelnen Inputs und mit einer gegebenen Rate des technischen Fortschritts und der Ersparnis eine Konvergenz verschiedener Länder in Richtung einer langfristigen (‚steady state')Wachstumsrate. Je niedriger das Anfangsniveau des realen Pro-Kopf-Einkommens ist, relativ zur langfristigen Wachstumsrate, umso höher wird die Wachstumsrate ausfallen, da Volkswirtschaften mit wenig Kapital je Arbeitskraft höhere Ertragsraten des Kapitals und damit auch höhere Wachstumsraten des Einkommens erreichen.[11] Aufgrund einer verbesserten Datenverfügbarkeit in den letzten Jahren, insbesondere anhand des Datensets von *Summers* und *Heston* (1988), wurden diese Implikationen des neoklassischen Modells in einer Anzahl empirischer Untersuchungen überprüft.

Bestehen zwischen armen und reichen Ländern große Differenzen des Grenzprodukts des Kapitals, so ist in einer neoklassischen Welt mit freiem internationalen Kapitalverkehr zunächst das Fortbestehen unterschiedlicher Löhne und Kapitalerträge bzw. das Ausbleiben starker Kapitalströme in die kapitalarmen Länder mit dem entsprechenden ausgleichenden Effekt ein ungelöstes Rätsel. Neben Erklärungen, die sich auf Imperfektionen des Kapitalmarktes beziehen (politische Risiken, Monopolrenten des Kapitals in armen Ländern)[12] sieht *Lucas* (1990) die unterschiedliche Humankapitalausstattung von reichen und armen Ländern als entscheidenden Faktor. Unterschiede der Kapitalproduktivität sind zum einen durch die unterschiedliche Humankapitalausstattung, den effektiven Arbeitsinput je Arbeitskraft bestimmt: die Berücksichtigung der ‚Qualität' der Arbeitskräfte (nach den Daten von *Koneger* [1968]) reduziert die Differenz der Pro-Kopf-Einkommen wesentlich und damit auch die implizite Relation des Kapitalgrenzprodukts, doch bleibt eine Differenz des Kapitalertrags erhalten, die zu weitaus stärkeren Kapitalströmen führen müßte, als sie tatsächlich zu beobachten sind.

Zum anderen argumentiert *Lucas* (wie in seinem Beitrag von 1988) mit externen Erträgen des Humankapitals im Sinne von unterschiedlichen Niveaus der Technologie der Produktion in den verschiedenen Ländern: es ist die Technologie der Pro-

---

11 Die Konvergenz ist konditional, in der Terminologie der neuen Wachstumstheorie, da die langfristige Wachstumsrate von der Sparrate, dem Bevölkerungswachstum und der Rate des technischen Fortschritts abhängt, die sich zwischen verschiedenen Volkswirtschaften unterscheiden können.

12 In ähnlicher Weise bestehen auch große Unterschiede in den Ertragsraten auf Bildungsinvestitionen (*Psacharopoulos* 1985), wo die hohen Ertragsraten in Ländern niedrigeren Einkommens und knappen Humankapitals gegenüber reichen Ländern durch Mobilitätshemmnisse und andere Marktimperfektionen nicht ausgeglichen werden.

duktion, die die Humankapitalausstattung der Arbeitskräfte, jeweils zusammen mit der Ausstattung mit physischem Kapital, produktiv macht.[13]

Die Berücksichtigung dieser externen Erträge von Humankapital, zusammen mit dem Effekt der unterschiedlichen Humankapitalausstattung führt dazu, daß die Differenz des Kapitalertrags praktisch verschwindet. So gut dieses Ergebnis einer ‚Lösung' der im Titel des Beitrags von Lucas gestellten Frage entspricht, liegt, wie Lucas selbst feststellt, ein Problem mit dieser Interpretation in der Annahme, daß die externen Erträge des Humankapitals nur im jeweiligen Land anfallen und keine internationalen spillovers auftreten.

Eine scharfe Trennung zwischen physischem und Humankapital, wie sie *Homburg* (1995) unterstellt, führt zu einem *AK*-Modell, in dem die Wachstumsrate des Inlandsprodukts nur von der Sparquote und einer technologischen Konstanten abhängt, also insbesondere nicht vom Niveau des Inlandsproduktes. Konvergenz der Wachstumsraten wird somit genausowenig impliziert wie internationale Kapitalbewegungen, selbst wenn Differenzen zwischen den nationalen Sparquoten auftreten: Werden Sachkapital und Humankapital effizient akkumuliert, so ist zwar „Arbeit" aber nicht Humankapital pro Einheit in Entwicklungsländern billiger als in Industrieländern. Werden Kapitalströme beobachtet sind sie das Ergebnis ineffizienter Allokation.

Für die empirische Überprüfung des neoklassischen Wachstumsmodells wurde mit dem Ansatz der multiplen Regression versucht, den Einfluß verschiedener Faktoren auf das langfristige Wachstum in einem internationalen Vergleich zu identifizieren; eine Implikation des Modells ist die erwähnte inverse Korrelation der Wachstumsrate des Pro-Kopf-Einkommens eines Landes mit der Ausgangsgröße des Pro-Kopf-Einkommens.

Die entsprechende Konvergenz der internationalen Einkommensunterschiede, die noch verstärkt auftreten müßte, wenn internationale Mobilität von Kapital und Technologien gegeben ist, läßt sich jedoch in der Realität nicht vorfinden (*Barro* [1991]). Eine fehlende Korrelation des Wachstums mit dem bereits erreichten Einkommensniveau weist eher auf konstante Grenzerträge hin, wie sie in Modellen des endogenen Wachstums und mit einem weiter gefaßten Kapitalbegriff, d. h. einschließlich des Humankapitals, unterstellt werden (*Lucas* [1988], *Rebelo* [1991]), womit die Wachstumsrate unabhängig vom Ausgangsniveau wird. Bei konstanten Grenzerträgen der Akkumulation von Sach- und Humankapital ergibt sich keine Konvergenz der Pro-Kopf-Einkommen: ein Aufholprozeß armer Länder ist nur

13 Die Produktionsfunktion erhält die Form

$$y = A \cdot x^{\beta} \cdot h^{\gamma} \,,$$

wobei y das Einkommen je effektiver Arbeitskraft, x den Kapitaleinsatz je effektiver Arbeitskraft und h das Humankapital je Arbeitskraft bezeichnet. Der Parameter A entspricht dem Niveau der Technologie der Produktion. Durch den ‚externen Effekt' h^{γ} erhöht sich die Produktivität der Arbeitskräfte unterschiedlicher Qualifikation (h) ebenso wie durch den Parameter A.

möglich, wenn diese eine höhere Rate der Akkumulation von Sach- und Humankapital als reichere Länder erreichen; nach den Modellen der neuen Wachstumstheorie ist zudem nicht ausgeschlossen, daß Kapitalexporte in umgekehrter Richtung, von armen in reiche Länder induziert werden.

Wenn empirische Untersuchungen zeigen, daß Länder mit einem niedrigen Pro-Kopf-Einkommen nicht eine höhere Wachstumsrate aufweisen, wie dies die traditionelle neoklassische Theorie impliziert, so liegt hierin demnach kein überzeugender empirischer Test für die ‚Validität' der neuen Wachstumstheorie, die solche Konvergenzprozesse nicht erwarten läßt. Die Bedeutung von Humankapital für das wirtschaftliche Wachstum, wie sie im Ansatz des ‚growth accounting' aufgezeigt wurde, macht es vielmehr naheliegend, von einem erweiterten Solow-Modell auszugehen, das das Humankapital in die Produktionsfunktion mit einbezieht (wie auch die Rate des Bevölkerungswachstums).

Unter Einbeziehung der Variable Humankapital findet *Barro* (1991) eine deutlich negative Korrelation von Wachstumsrate und Einkommensniveau,[14] wie sie der Konvergenzthese entspricht: bei konstant gehaltenem Humankapital werden offensichtlich abnehmende Grenzerträge wirksam; umgekehrt ist das Wachstum des Pro-Kopf-Einkommens bei gegebenem Ausgangsniveau positiv mit der Humankapitalbildung korreliert.[15] Einige Gruppen von Ländern fallen zudem durch ein deutliches ‚Ungleichgewicht' zwischen Einkommensniveau und Humankapital auf: Japan, Korea und Taiwan wiesen 1960 eine Humankapitalbildung auf, die im Verhältnis zum Einkommensniveau relativ hoch war und die zu einer höheren Wachstumsrate geführt hat; Umgekehrtes gilt für afrikanische Länder südlich der Sahara und für die ölexportierenden Entwicklungsländer.[16]

Dieser letztere Befund wurde in ähnlicher Form bereits bei den methodisch weniger anspruchsvollen internationalen Vergleichsuntersuchungen der 60er Jahre ermittelt, wo in der Gegenüberstellung von Daten zum Wachstum verschiedener Länder mit Entwicklungsdaten für den Bildungsbereich einzelne Länder als ‚Ausreißer' aus der generell zu beobachtenden relativ engen Korrelation dieser Kennziffern identifiziert wurden.

Auch die empirische Überprüfung des neoklassischen Modells durch *Mankiw/Romer/Weil* (1992) zeigt, daß dem Solow-Modell durchaus ein sehr weitreichender Erklärungswert für internationale Wachstumsunterschiede zukommt: Unterschiede der Ersparnis und des Bevölkerungswachstums erklären einen großen Teil der Varianz des Pro-Kopf-Einkommens, so daß dem ‚residual' bzw. einem unterschiedlichen Stand der Technologie nicht die entscheidende Bedeutung zukommt, die all-

---

14 Die Untersuchung bezieht sich auf 98 Länder und den Zeitraum 1960 - 1985 bzw. das Pro-Kopf-Einkommen 1960. Grundlage sind die Daten von *Summers* und *Heston* (1988).

15 Vgl. auch *Azariadis* und *Drazen* (1990), *Rauch* (1988) und *Romer* (1990).

16 Vgl. auch *Barro* und *Sala-i-Martin* (1995), Kap. 11 zur Konvergenz der Wachstumsraten für die US-Bundesstaaten (seit 1980), von Präfekturen in Japan (seit 1930) und von Regionen in acht europäischen Ländern (seit 1950) und Kap. 12 zum internationalen Vergleich.

gemein als Schwäche des Modells gilt; wird das Humankapital in die Produktionsfunktion miteinbezogen, so erklärt dieses erweiterte Solow-Modell rd. 80 Prozent der Unterschiede des Pro-Kopf-Einkommens im gesamten Sample (75 bzw. 98 Länder), allerdings nur 28 Prozent im Vergleich der OECD-Länder (1960 - 1985).

Im zeitlichen Verlauf des Wachstums zeigt sich keine Konvergenz der Entwicklung: das Wachstum der verschiedenen Länder im Zeitraum 1960 - 1985 ist nicht mit der Höhe des Pro-Kopf-Einkommens von 1960 korreliert, d. h. es gibt kein Aufholen der ärmeren Länder durch eine höhere Wachstumsrate. Nur für die OECD-Länder allein ist eine deutliche Konvergenz zu beobachten. Wird in der Regression jedoch die Höhe der Ersparnis, das Bevölkerungswachstum und die Humankapitalbildung berücksichtigt, so zeigt sich eine ausgeprägte Konvergenz der wirtschaftlichen Entwicklung, am deutlichsten im Fall der OECD-Länder. Ist demgegenüber in der Realität keine Konvergenz zu beobachten, so bedeutet dies, daß Unterschiede der Investitionen, des Bevölkerungswachstums und der Humankapitalbildung eine Rolle spielen. Mit diesem Ergebnis steht die zitierte Untersuchung im Widerspruch zu Modellen endogenen Wachstums. Insgesamt stellen die Autoren fest, „that the Solow model is consistent with the international evidence if one acknowledges the importance of human as well as physical capital. The augmented Solow model says that differences in saving, education, and population growth should explain cross-country differences in income per capita. Our examination of the data indicates that these three variables do explain most of the international variation“ (S. 433).

Wenn sich im Gegensatz zu den OECD-Ländern im Vergleich von reichen und armen Ländern keine Konvergenz feststellen läßt, so ist gerade für die armen Länder die Prämisse des neoklassischen Modells der freien internationalen Verfügbarkeit von Technologien und die Fähigkeit diese zu nutzen, in Frage zu stellen. Wenn für diese Länder Wachstumshemmnisse aus der Verfügbarkeit von Humankapital bestehen, so dürfte es sich zudem nicht allein um zu geringe Investitionen in Ausbildung handeln, sondern um tiefergehende Probleme von institutionellen und sozio-kulturellen Modernisierungshemmnissen.

Insgesamt hat es in den letzten Jahren eine Fülle von Untersuchungen gegeben, die im internationalen Vergleich mit Hilfe von Regressionsanalysen empirisch die Verbindungen zwischen (langfristigen) Raten des Wirtschaftswachstums und verschiedenen Wachstumsfaktoren – bis hin zu Maßnahmen der Wirtschaftspolitik und den politisch-institutionellen Rahmenbedingungen – aufzuzeigen versucht haben. Ein neuerer Survey dieser empirischen Wachstumsforschung umfaßt nicht weniger als 41 Studien dieser Art (*Levine* und *Renelt* [1991]).

Die theoretische Ausgangsposition dieser Studien ist unterschiedlich. Neben erweiterten neoklassischen Modellen spielen Ansätze der ‚neuen‘ Wachstumstheorie eine Rolle. Zumeist werden die erklärenden Variablen als voneinander unabhängig und in linearer Form in die Analyse einbezogen, wobei die theoretischen Modelle keine Aussage darüber zulassen, welche Determinanten und Einflußfaktoren des

Wachstums als relevant zu betrachten sind. Die in dem zitierten Survey erfaßten Studien ergeben daher auch eine Zahl von mehr als 50 Variablen, die in einzelnen Regressionen signifikant mit der Rate des wirtschaftlichen Wachstums verbunden sind. *Levine* und *Renelt* haben daher in einem weiteren Beitrag (1992) die Frage der Robustheit dieser Ergebnisse überprüft, indem sie relativ geringfügige Änderungen in der Liste der jeweiligen erklärenden Variablen vorgenommen haben. Das Ergebnis ihrer Untersuchung ist, daß ein Großteil der Ergebnisse diesen Test nicht besteht und nur wenige zentrale Befunde eine robuste Korrelation mit dem wirtschaftlichen Wachstum darstellen. Werden andere makroökonomische Variablen konstant gehalten, so zeigt sich eine robuste und signifikant positive Korrelation mit dem Wirtschaftswachstum insbesondere für die Rate der Investition in physisches Kapital. Die in den meisten Untersuchungen einbezogene Variable Humankapital (meist operationalisiert mit der Sekundarschulbesuchsquote) weist zwar zunächst einen robusten, signifikant positiven Koeffizienten auf (womit das Ergebnis von *Barro* [1991] bestätigt wird): Länder mit einem überdurchschnittlichen Wirtschaftswachstum hatten mehr in die Humankapitalbildung investiert als Länder mit einem geringeren Wirtschaftswachstum. Wird jedoch für weitere Faktoren kontrolliert, so geht die Signifikanz dieses Ergebnisses verloren bzw. reduziert sich der Wachstumsbeitrag des Humankapitals.

Insgesamt erscheint der Ansatz der empirischen Wachstumsanalyse im Querschnittsvergleich problematisch im Hinblick auf die Vielzahl und die Unterschiedlichkeit der erklärenden Variablen, die in verschiedene Untersuchungen einbezogen wurden. Damit wird eine mangelnde Übereinstimmung im zugrundeliegenden theoretischen Modell dokumentiert und zum Teil kann auch von Beispielen eines „measurement without theory" gesprochen werden. Obwohl die Ergebnisse dieser Untersuchungen überwiegend intuitiv ansprechend sind, läßt sich für praktisch jeden makroökonomischen Indikator doch zeigen, daß die aufgezeigten Zusammenhänge sensitiv sind im Hinblick auf die einbezogenen weiteren Variablen.

Ein grundsätzliches Problem der Aussagekraft solcher Regressionsanalysen liegt jedoch offensichtlich darin, daß die Frage kausaler Verbindungen notwendig offen bleibt und damit auch keine Determinanten von Wachstumsprozessen identifiziert bzw. von den empirischen Befunden keine Empfehlungen für die Wachstumspolitik abgeleitet werden können.

Die aus Gründen der Datenverfügbarkeit meist gewählte Operationalisierung der Variable Humankapital (als proxy-Variable insbesondere Schulbesuchsquoten) ist ebenso offensichtlich mangelhaft. Indem von Fluß- statt von Bestandsgrößen der Humankapitalbildung ausgegangen wird, indem nur der Ausschnitt schulischer Humankapitalinvestitionen erfaßt und die Komponente der ‚Qualität' des Humankapitals vernachlässigt wird, sind mit der gewählten proxy-Variablen Verzerrungen verbunden, die in ihrem Einfluß nicht abgeschätzt werden können. Wird, wie in diesem Ansatz zwingend, das Humankapital in Form einer aggregierten Größe erfaßt, so ist schließlich auch die Frage, ob in besonderer Weise ‚wachstumsrelevante' strukturelle Aspekte des Humankapitalbestandes eines Landes damit ausgeblendet werden. Die Ergebnisse der Regressionsanalyse von Wachstumsprozessen bestätigen jedoch zumindest die These einer wichtigen Rolle des Humankapitals im Wachstumsprozeß, wobei anderen analytischen und empirischen Ansätzen die Aufgabe zukommt, die interessierenden Zusammenhänge detaillierter und in stärker auf die Entscheidungsebene bezogener Weise zu untersuchen.

IV. Wachstumstheorie, Wachstumspolitik und Bildungspolitik

Der neoklassischen Wachstumstheorie wird vielfach der Vorwurf gemacht, daß ihr Beitrag zum Verständnis von Wachstumsprozessen sehr beschränkt geblieben sei und dabei jedenfalls kaum von praktischer Relevanz: sie gibt keine Erklärung der unterschiedlichen Wachstumsraten verschiedener Länder oder etwa der Abschwächung des Wachstums in den 70er Jahren und schon gar nicht Aufschluß über mögliche wirtschaftspolitische Strategien zur Förderung des wirtschaftlichen Wachstums. „Eigentliches Ziel der Wachstumstheorie ist trivialerweise die Erklärung der Wachstumsrate einer Wirtschaft. So verstanden ist das neoklassische Modell keine Wachstumstheorie" (*Ramser* [1990], S. 186).

Allerdings wird die neoklassische Wachstumstheorie damit an einem Anspruch gemessen, den sie selbst nie gestellt hat. Die theoretische Analyse war stets nur auf die Bedingungen eines gleichgewichtigen Wachstums, eines dauerhaften Prozesses der Akkumulation von Real- (und in der neuen Wachstumstheorie: Human-)kapital hin orientiert, nicht jedoch auf empirische Aussagen und die kausale Erklärung von Wachstumsprozessen. Auch die neue Wachstumstheorie hat mit der Endogenisierung des technischen Fortschritts über zunehmende Niveauerträge bzw. externe Effekte und private Investitionsprozesse in neues Wissen, für die dem Humankapital eine zentrale Rolle zukommt, einen gewissen Erklärungsbeitrag geleistet, der auch wachstumspolitisch nicht irrelevant ist, doch kann man diesen Ansätzen entgegenhalten, daß es sich hier vielfach um sehr spezielle Modellkonstruktionen und ‚gekünstelte' Annahmen handelt, die weitgehend unbekannte technische Zusammenhänge und Abläufe mit höchst exakten Modellen erfassen wollen (*Solow* 1991, S. 13). Auch wenn hierbei Mechanismen deutlich gemacht wurden, die sonst nicht erkennbar sind, bedeutet die ‚neue' Wachstumstheorie doch keine neuen sachlichen Erkenntnisse und Ideen; vielmehr hat sie nur bekannte Vorstellungen in das Modell gleichgewichtigen Wachstums einbezogen.

Solows Modell von 1956 wollte den technischen Fortschritt und den Prozeß der Humankapitalbildung nicht erklären, da er nicht aufgrund eines ökonomischen Kalküls geschaffen werde bzw. erklärt werden könne. Gegenüber der Behandlung des technischen Fortschritts als „black box" wird mit der Transformation des Schumpeter'schen Ansatzes der Invention-Innovation-Diffusion-Sequenz des technischen Fortschritts (1934) in die ‚industrial-innovation'- und F&E-Version der neoklassischen Theorie das Auftreten von Neuerungen und damit die Dynamik der wirtschaftlichen Entwicklung zu einem Spezialfall von Investitionsproblemen: neben der Investition in Sachkapital und in Humankapital spielen Investitionen in F&E-Aktivitäten eine Rolle. Der technische Fortschritt fällt damit nicht als Nebenprodukt der Humankapital- oder Sachkapitalakkumulation an, sondern ist das Ergebnis von F & E – Aktivitäten gewinnmaximierender Unternehmen. F & E – Ergebnisse sind teilweise nicht-rivale Einsatzfaktoren für Innovationen, die so einen fundamentalen Niveaueffekt der Produktivitätsentwicklung schaffen (z. B. Grundlagenforschung), zum Teil jedoch ausschließbare Güter, die temporäre Wettbewerbsvorsprünge und Monopolrenten schaffen (z. B. patentierbare F & E – Ergebnisse).

Aus der Sichtweise einer evolutorischen Theorie der wirtschaftlichen Dynamik ist diese Perspektive für den Prozeß des technischen Fortschritts jedoch entschieden zu eng gefaßt. Das Auftreten von Neuerungen muß auf ein zugrundeliegendes Moment menschlicher Kreativität und Motivation zurückgeführt werden sowie auf institutionelle Rahmenbedingungen, die innovatives Verhalten fördern (*Witt* [1992], Kap. 3 und *Vanberg* [1992]). Insofern sind Neuerungsmöglichkeiten und realisierte Neuerungsprozesse nicht als eine einfache Funktion von F&E-Investitionen zu begreifen. Darüber hinaus ist grundsätzlich zu bezweifeln, ob die Suche nach Neuerungsmöglichkeiten und der eigentliche Innovationsprozeß mit Modellen maximierenden Verhaltens beschrieben werden kann – das ja ein bekanntes Ziel, einen definierten Output, und eine hinreichend planbare Struktur der zielführenden Aktivitäten voraussetzt. Was Innovationen in hohem Maße ungewiß und unkalkulierbar macht, ist bei den neoklassischen Modellen des Innovationsverhaltens ausgeschlossen. Demgegenüber könnten Modelle, die von ‚satisficing behaviour‘ ausgehen, anstatt von Maximierungskalkülen, eine bessere Annäherung an die Realität darstellen. Statt vom ‚repräsentativen‘ Verhalten eines ‚repräsentativen‘ Unternehmens auszugehen, müssen vielfältige und unterschiedliche Aktionen von Unternehmen bei einem weiten Spektrum von Verhaltensmöglichkeiten berücksichtigt werden, die den evolutorischen Prozeß vorantreiben. Neben unterschiedlichen strategischen Orientierungen und Erwartungen wird dabei auch stets begrenzte Rationalität aufgrund unterschiedlicher Information, unterschiedlicher Informationsverarbeitungskapazität und unterschiedlicher Kreativität eine Rolle spielen.

Mit der zentralen Bedeutung, die Ansätze einer evolutorischen Theorie dem Wissen und der menschlichen Kreativität als Triebkräfte des langfristigen wirtschaftlichen Wachstums zuordnen, knüpft eine entsprechend erweiterte Theorie des wirtschaftlichen Wachstums weniger an Schumpeter, als vor allem an Hayek an. Hayek hatte das Problem des Wissens als wesentlichen Faktor der gesellschaftlichen Entwicklung hervorgehoben; die Lösung wirtschaftlicher Probleme hängt von der bestmöglichen Nutzung gegebenen, verstreut vorliegenden Wissens und von der bestmöglichen Nutzung der Fähigkeiten zur Entdeckung und Anwendung neuen Wissens in einer Gesellschaft ab (1948). Nach Hayeks Theorie der kulturellen Evolution kann der Prozeß der Innovation, im Hinblick auf technologische Innovationen als auch im Hinblick auf organisatorisch-institutionelle Innovationen, am besten als ein evolutionärer Prozeß des ‚trial and error' verstanden werden, des kontinuierlichen Experimentierens, der Anpassung an neue Bedingungen, der Imitation erfolgreicher Innovationen, etc. (*Hayek* [1960], vgl. auch *Vanberg* [1992]). Aus der Bedeutung dieses experimentellen Prozesses der Anpassung und des Lernens, der kumulativen Verbesserung bisheriger Praxis, leitet Hayek sein Argument für Freiheit und Wettbewerb ab, die Rolle des Wettbewerbs als Entdeckungsverfahren. Die erfolgversprechendste Strategie liegt darin, auf die „independent and competitive efforts of many to induce the emergence of what we shall want when we see it" zu vertrauen (1960, S. 29).

Wird die Rate des technischen Fortschritts in der gesamtwirtschaftlichen Produktionsfunktion über ein Modell des Innovationsverhaltens, das von F&E-Aufwendungen ausgeht, ‚endogenisiert', so stellt dieses Vorgehen in der evolutionstheoretischen Sicht einen zumindest unzureichenden Ansatz der Erklärung von Wachstumsprozessen dar. Die vielfältigen Anpassungen und Initiativen auf mikroökonomischer Ebene, die im wettbewerblichen Prozeß eine veränderte Struktur der Allokation bewirken und damit die gesamtwirtschaftliche Produktionsfunktion verändern, die Schaffung von Innovationen, die letztlich auf menschlicher Kreativität beruhen, begründen demgegenüber die Notwendigkeit einer weiterreichenden, sozialwissenschaftlichen Perspektive für die Erklärung dynamischer Prozesse. Ein evolutorischer Erklärungsansatz müßte allerdings von einem detaillierten Konzept sozio-ökonomischer Evolution ausgehen, um Änderungen aus dem System selbst erklären zu können. Dessen Grundlagen sind jedoch noch wenig entwickelt: „A proper notion of socioeconomic evolution.. presupposes adequate theories of manmade change, of its particular sources and driving forces, and an understanding of the pivotal role of novelty" (*Witt* [1992], S. 7). Zudem kann die dynamische Struktur evolutionärer Prozesse offensichtlich nicht in Form der Konvergenzprozesse zu neuen Gleichgewichtszuständen begriffen werden, von denen die neoklassische Interpretation eines Wandels durch Anpassung an exogene Veränderungen der Technologie, von Institutionen, der Präferenzen etc. ausgeht. So wenig kohärent bislang ein Paradigma einer evolutorischen Theorie entwickelt ist, so sehr müßte sich die Fruchtbarkeit eines solchen Ansatzes gerade für die Erklärung des wirtschaftlichen Wachstums erweisen.

Ein weiterer Aspekt des Wachstumsprozesses, der in den aggregierten Modellen der Wachstumstheorie notwendig ausgeblendet bleibt, betrifft den Prozeß des strukturellen Wandels, der mit dem Wachstum von Einkommen und Produktivität untrennbar verbunden ist. Dieser Strukturwandel weist eine Vielzahl von Dimensionen auf, für die zahlreiche Untersuchungen der empirischen Wachstumsforschung vorliegen: er betrifft die sektorale und industrielle Struktur der Produktion, die räumliche Struktur eines regionalen Strukturwandels, die Betriebsgrößenstruktur im Unternehmensbereich, die Struktur der Beschäftigung nach Beruf, Qualifikation, Tätigkeitsinhalten etc., die Struktur des Kapitalstocks nach Alter der Kapitalgüter bzw. Technologieniveau, die außenwirtschaftliche Verflechtung einer Volkswirtschaft, aber auch den Wandel institutioneller Strukturen und politischer Rahmenbedingungen, von Präferenzen und Werthaltungen. Dieser vielfältige Strukturwandel im Wachstum würde für die Wachstumstheorie kein besonderes Problem darstellen, wenn unterstellt werden könnte, daß die entsprechenden Anpassungsprozesse quasi auf vollkommenen Märkten, d. h. ‚reibungslos', ohne wesentliche Kosten und Zeitbedarf der Anpassung ablaufen. Dies ist offensichtlich nicht der Fall, sodaß der Flexibilität einer Volkswirtschaft, Anpassungswiderständen, Marktstrukturen, die Anpassungsprozesse erschweren, etc. eine eigenständige Bedeutung als Wachstumsfaktor zukommt.

Da sich der Strukturwandel im Wachstum letztlich auf mikroökonomische Entscheidungen begründet, ist es naheliegend, hier wiederum Zusammenhänge mit dem Humankapital zu vermuten. In drei Bereichen sind diese Zusammenhänge besonders deutlich erkennbar und vielfach untersucht worden: dem Arbeitsmarkt, dem Innovationsprozeß sowie der Arbeitsorganisation und Effizienz von Unternehmen.

Eine entsprechende mikroökonomische Fundierung der Wachstumstheorie und ein Brückenschlag zwischen der Modellanalyse des Wachstums und der empirischen Wachstums- und Strukturforschung ist damit unverändert ein Desiderat für künftige Forschungsbemühungen. Von der Analyse von Innovationsprozessen in Unternehmen über die Faktoren des F & E-Prozesses bis zum Wandel der Beschäftigungs- und Qualifikationsstruktur wird dabei dem Faktor Humankapital eine zentrale Rolle zukommen. Beim derzeitigen Stand des Wissens über die Zusammenhänge von Wachstumsprozessen aus partialanalytischen Ansätzen und entsprechenden empirischen Untersuchungen bleibt jedoch die Fundierung wachstumspolitischer Strategien auf derartiges Einzelwissen und ökonomischen „common sense" angewiesen. Der mangelnden theoretischen Stringenz und Kohärenz steht bei diesem Vorgehen immerhin der Vorteil eines reichen (wenn auch nicht immer widerspruchsfreien) Detailwissens gegenüber (wenn es etwa um die Produktivität von Arbeitskräften geht: des Einflusses von Berufsvorbildung, Berufsausübung [Lernkurveneffekte], on-the-job training, Arbeitsbedingungen [learning by doing], [Effizienz-]Löhnen, Altersstruktur der Beschäftigung [vintages] u.a.m.).

Letztlich wird das Wachstumspotential einer Volkswirtschaft von der Fähigkeit der Gesellschaft für ‚trial and error'-Lernprozesse und zur Anpassung im technologischen und organisatorisch-institutionellen Bereich abhängen. Gegenüber den üblichen Input-Maßen zur Erfassung des Humankapitals in wachstumstheoretischen Analysen kommt daher der Effektivität und Effizienz des Bildungssystems in der Vermittlung von Neuerungs- und Lernorientierung, Kreativität und Risikobereitschaft als ‚Qualität' der Ausbildung entscheidende Bedeutung für das Wachstum zu. Der technische Fortschritt als treibende Kraft des wirtschaftlichen Wachstums manifestiert sich in einer höheren Produktivität der eingesetzten Faktoren, in leistungsfähigeren Kapitalgütern und in leistungsfähigeren Arbeitskräften (weshalb es auch fragwürdig ist, das technische Wissen als einen Produktionsfaktor neben Arbeit und Kapital zu erfassen). Unter dynamischen Bedingungen von Wachstum und Strukturwandel liegt diese Leistungsfähigkeit von Arbeitskräften in der Schaffung von Innovationsmöglichkeiten und in der Fähigkeit zu deren Einführung, Nutzung und Diffusion, einschließlich geringer Innovationswiderstände (aus der Entwertung von spezifischem Humankapital) und der Fähigkeit zur Qualifikationsanpassung.

Literatur

Aghion, P. / *Howitt,* P. (1991): „A Model of Growth through Creative Destruction". Econometrica 60, S. 323 - 351.

Arrow, K. J. (1962): „The Economic Implications of Learning by Doing". Review of Economics and Statistics 29/6, S. 155 - 173.

– (1973): „Higher Education as a Filter". Journal of Public Economics 2, S. 193 - 216.

Azariadis, C. / *Drazen,* A. (1990): „Threshold Externalities in Economic Development". Quarterly Journal of Economics, S. 501 - 26.

Barro, R. J. (1991): „Economic Growth in a Cross Section of Countries". Quarterly Journal of Economics 106.

Barro, R. J. / *Becker,* G. S. (1989): „Fetility Choice in a Model of Economic Growth". Econometrica LVII, S. 481 - 501.

Barro, R. J. / *Sala-i-Martin,* X. (1995): Economic Growth; New York etc, Mc Graw Hill.

Becker, G. S. (1981): A Treatise on the Family. Cambridge, Mass.

Becker, G. S. / *Murphy,* K. M. / *Tamura,* R. (1990): „Human Capital, Fertility and Economic Growth". Journal of Political Economy 98, S. 12 - 37.

Bowles, S. (1970): „Aggregation of Labor Inputs in the Economics of Growth and Planning: Experiments with a Two Level CES Function". Journal of Political Economy 78/1, S. 68 - 81.

Bowman, M. J. (1980): „Education and Economic Growth: An Overview". In T. King (Hrsg.): A Background Study for World Development Report. World Bank Staff Working Paper No 402, Washington D.C., S. 1 - 71.

Caldwell, J. C. (1982): Theory of Fertility Decline. London.

Cochrane, S. H. (1980): Fertility and Education: What Do We Really Know? Baltimore, Maryland.

Denison, E. F. (1962): The Sources of Economic Growth in the United States and the Alternatives Before Us. New York.

– (1964): „Measuring the Contribution of Education (and the Residual) to Economic Growth". In OECD: The Residual Factor and Economic Growth. Paris.

– (1967): Why Growth Rates Differ: Postwar Experience in Nine Western Countries. Washington D.C.

Edding, F. (1954): The Refugees as a Burden, a Stimulus, and a Challenge to the West German Economy. The Hague.

– (1968): „Internationale Tendenzen in der Entwicklung der Ausgaben für Schulen und Hochschulen". Kieler Studien 47, Kiel.

Frisch, H. (1968): Gebundener technischer Fortschritt und wirtschaftliches Wachstum. Berlin.

Galenson, N. / *Pyatt,* G. (1964): The Quality of Labour and Economic Development in Certain Countries. Genf.

Gaspari, C. (1973): „The Structure of Education – An Empirical Approach". Konjunkturpolitik 19/3, S. 133 - 152.

Gould, D. M. / *Ruffin,* R. (1995): „Human Capital, Trade and Economic Growth". Weltwirtschaftliches Archiv, 131/3, S. 425 - 445.

Griliches, Z. (1967): „Production Functions in Manufacturing: Some Preliminary Results". In M. Brown (Hrsg.): The Theory and Empirical Analysis of Production. Studies in Income and Wealth 31, NBER Columbia.

– (1968): „Production Functions in Manufacturing: Some Additional Results". Southern Economic Journal.

Grossman, G. / *Helpman,* E. (1991a): „Quality Ladders in the Theory of Growth". Review of Economic Studies, 58, S. 43 - 61.

– (1991b): Innovation and Growth in a Global Economy. Cambridge, MA, MIT Press.

Harbison, F. / *Myers,* C. A. (1964): Education, Manpower and Economic Growth. New York.

Hayek, F. A. (1948): The Use of Knowledge in Society. Individualism and Economic Order, Chicago, S. 77 - 91.

– (1960): The Constitution of Liberty. Chicago, University of Chicago Press.

Helpman, E. (1992): „Endogenous Macroeconomic Growth Theory". European Economic Review 36, S. 237 - 268.

Homburg, St. (1995): „Humankapital und endogenes Wachstum". Zeitschrift für Wirtschafts- und Sozialwissenschaften 115/3, S. 339 - 366.

Jones, L. E. / *Manuelli,* R. (1990): „A Convex Model of Equilibrium Growth: Theory and Policy Implications". Journal of Political Economy, 98/5, S. 1008 - 1038.

Kendrick, J. W. (1976): The Formation and Stocks of Total Capital. New York, Columbia University for NBER.

Koneger, A. O. (1968): „Factor Endowments and per Capita Income Differences among Countries". Economic Journal 78, S. 641- 659.

Krelle, W. / *Fleck,* M. / *Quinke,* A. (1975): Gesamtwirtschaftliche Auswirkungen einer Ausweitung des Bildungssystems. Tübingen.

Layard, P. R. G. et al. (1971): Qualified Manpower and Economic Performance: An Interplant Study in the Electrical Engineering Industry. London.

Levine, R. / *Renelt,* D. (1991): „Cross Country Studies of Growth and Policy: Some Methodological, Conceptual, and Statistical Problems". World Bank Working Papers No 608.

– (1992): „A Sensitivity Analysis of Cross Country Growth Regressions". American Economic Review 82, S. 942 ff.

Lucas, R. E. Jr. (1988): „On the Mechanics of Economic Development". Journal of Monetary Economics 22, S. 3 - 42.

– (1990): „Why doesn't Capital Flow from Rich to Poor Countries?" American Economic Review P&P 80, S. 92 - 96.

– (1993): „Making a Miracle". Econometrica 61/2, S. 251 - 272.

Lutz, B. (1976): Bildungssystem und Beschäftigungsstrukturen in Deutschland und Frankreich – Zum Einfluß des Bildungssystems auf die Gestaltung betrieblicher Arbeitskräftestrukturen. In ISF (Hrsg.): Betrieb – Arbeitsmarkt – Qualifikation I, Frankfurt/M.

Mankiw, N. G. / *Romer,* D. / *Weil,* D. N. (1992): „A Contribution to the Empirics of Economic Growth". Quarterly Journal of Economics 107/2, 407 - 437.

Nelson, R. R. (1964): „Aggregate Production Functions". American Economic Review 57.

Nelson, R. R. / *Phelps,* E. S. (1966): „Investment in Humans, Technological Diffusion, and Economic Growth". American Economic Review 59, S. 69 - 76.

OECD (1964): The Residual Factor and Economic Growth. Paris.

Prescott, E. C. / *Boyd,* J. H. (1987): „Dynamic Coalitions: Engines of Growth". American Economic Review 77/2, S. 63 - 67.

Psacharopoulos, G. (1975): Earnings and Education in OECD Countries. Paris.

– (1985): „Returns to Education: A further international update and implications". Journal of Human Resources, 20, S. 583 - 604

Rauch, J. E. (1988): „The Question of International Convergence of per Capita Consumption: An Euler Equation Approach". Mimeo, University of California, San Diego.

Rebelo, S. (1991): „Long-Run Policy Analysis and Long-Run Growth". Journal of Political Economy, 99/3, S. 500 - 521.

Romer, P. M. (1989): Capital Accumulation in the Theory of Long-Run Growth. In R. Barro (Hrsg.): Modern Business Cycle Theory; Harvard UP, Cambridge, S. 51 - 127.

– (1986): „Increasing Returns and Long-Run Growth". Journal of Political Economy, 94/5, S. 1002 - 1037.

– (1990): „Endogenous Technological Change". Journal of Political Economy, 98/5, S. 71 - 102.

Schultz, Th. W. (1960): „Capital Formation by Education". Journal of Political Economy 68/6, S. 571 - 583.

– (1961a): „Investment in Human Capital". American Economic Review 51/1, S. 1 - 17.

– (1961b): Education and Economic Growth. In N.B. Henry (Hrsg.): Social Forces Influencing American Education. Chicago.

– (1962): Rise in the Capital Stock Represented by Education in the United States 1900 - 1957. In S.J. Mushkin (Hrsg.): Economics of Higher Education, Washington D.C., S. 93 - 101.

– (1964): Transforming Traditional Agriculture. New Haven, Connecticut.

Schumpeter, J. A. (1934): The Theory of Economic Development. Cambridge, Mass., Harvard University Press.

Segerstrom, P. / *Anant,* T. / *Dinopoulos,* E. (1990): „A Schumpeterian Model of the Product Life Cycle". American Economic Review 80, S. 1077 - 1092.

Solow, R. M. (1957): „Technical Change and the Aggregate Production Function". Review of Economics and Statistics 39, S. 312 - 320.

– (1962): „Technical Progress, Capital Formation and Economic Growth". American Economic Review 52/3, S. 76 - 86.

– (1991): New Directions in Growth Theory. In B. Gahlen (Hrsg.): Wachstumstheorie und Wachstumspolitik – ein neuer Anlauf. Tübingen, S. 3 - 17.

– (1994): „Perspectives on Growth Theory". Journal of Economic Perspectives 8/1, S. 45 - 54.

Spence, M. A. (1974): Market Signalling: Informational Transfer in Hiring and Related Screening Processes. Cambridge, Mass.

Stiglitz, J. E. (1975): „The Theory of ‚Screening', Education and the Distribution of Income". American Economic Review 65, S. 283 - 300.

Stokey, N. (1988): „Learning by Doing and the Introduction of New Goods". Journal of Political Economy 96, S. 701-717.

– (1991): „Human Capital, Product Quality and Growth". Quarterly Journal of Economics 106, S. 587-616.

Summers, R. / *Heston,* A. (1988): „A New Set of International Comparisons of Real Product and Price Level Estimates for 130 Countries, 1950 - 1985". Review of Income and Wealth 34, S. 1 - 24.

Tolley, G. S. / *Olson,* E. (1971): „The Interdependence between Income and Education". Journal of Political Economy 79.

Uzawa, H. (1965): „Optimum Technical Change in an Aggregative Model of Economic Growth". International Economic Review 6/1, S. 18 - 31.

Vanberg, V. (1992): Innovation, Cultural Evolution, and Economic Growth. In U. Witt (Hrsg): Explaining Process and Change – Approaches to Evolutionary Economics. Ann Arbor, S. 105 - 121.

Weißhuhn, G. (1976): Sozio-ökonomische Analyse von Bildungs- und Ausbildungsaktivitäten. Berlin 1976.

Welch, F. (1970): „Education in Production". Journal of Political Economy 78/1, S. 35 - 59.

Witt, U. (1992): Evolution as the Theme of a New Heterodoxy in Economics. In U. Witt (Hrsg): Explaining Process and Change – Approaches to Evolutionary Economics. Ann Arbor.

Yang, X. / *Borland,* J. (1991): „A Microeconomic Mechanism for Economic Growth". Journal of Political Economy 99/3, S. 460 - 482.

Young, A. (1991): „Learning by Doing and the Dynamic Effects of International Trade". Quarterly Journal of Economics 106, S. 369 - 406.

– (1993): „Invention and Bounded Learning by Doing". Journal of Political Economy 96, S. 443 - 472.

Humankapital, Schulbildung und Wirtschaftswachstum: Eine kritische Betrachtung der Literatur*

Von *Axel A. Weber*, Bonn

Zusammenfassung

In diesem Beitrag wird die vorhandene empirische Evidenz zum Zusammenhang zwischen Humankapital, Schulbildung und Wirtschaftswachstum kritisch evaluiert. In der traditionellen Wachstumstheorie existieren eine Reihe von Modellen, in denen ein positiver Zusammenhang zwischen dem gleichgewichtigen Niveau des Pro-Kopf-Einkommens und dem Humankapitalbestand einer Volkswirtschaft unterstellt wird. In der neuen Theorie des endogenen Wachstums hängt sogar die gleichgewichtige Wachstumsrate vom Humankapitalbestand ab. Die vorhandene empirische Evidenz zur Untermauerung dieses Zusammenhangs zwischen Wirtschaftswachstum und dem Humankapitalbestand oder Bildungsniveau ist jedoch nicht besonders robust und wenig überzeugend.

I. Einleitung

In der traditionellen Wachstumstheorie existieren eine Reihe von Modellen, in denen ein positiver Zusammenhang zwischen dem gleichgewichtigen Niveau des Pro-Kopf-Einkommens und dem Humankapitalbestand einer Volkswirtschaft unterstellt wird. In der neuen Theorie des endogenen Wachstums hängt sogar die gleichgewichtige Wachstumsrate vom Humankapitalbestand ab. Die vorhandene empirische Evidenz zur Untermauerung dieses Zusammenhangs zwischen Wirtschaftswachstum und dem Humankapitalbestand oder Bildungsniveau ist jedoch schwach: eine Reihe von Studien weist unter Verwendung einer von *Summers* und *Heston* (1991, 1993) zusammengestellten Datenbank nach, daß die realen Pro-Kopf-Einkommen einer Gruppe von rund 100 Staaten signifikant positiv korreliert

* Diese Arbeit ist Teil des CEPR Forschungsprogrammes *Financial and Monetary Integration in Europe* (Stipendium Nummer SPES E89300205/RES). Die finanzielle Unterstützung der Kommission der Europäischen Gemeinschaften und der Deutschen Forschungsgemeinschaft, Sonderforschungsbereich 303, wird dankend anerkannt.

sind mit den Landesunterschieden im Bildungsstand, welcher als Maß für das Humankapitalniveau eines Landes verwendet wird. Es wurde auch demonstriert, daß diese Volkswirtschaften keine absolute Konvergenz aufweisen, da ärmere Länder nicht signifikant schneller wachsen als reichere Länder. Gleichzeitig wurde belegt, daß diese Länder eine sogenannte konditionelle Konvergenz aufweisen, falls Landesunterschiede in den gleichgewichtigen Humankapitalniveaus, Bevölkerungswachstumsraten und Sparquoten berücksichtigt werden. In diesem Fall konvergiert jede Volkswirtschaft zu ihrem eigenen Steady-State, und die Unterschiede in den Steady-States sind durch Unterschiede in den Steady-State Humankapitalniveaus, Bevölkerungswachstumsraten und Sparquoten bedingt.

Mankiw, Romer und *Weil* (1992) waren unter den ersten Autoren, die vorschlugen, daß das neoklassische Wachstumsmodell von *Solow* (1956) empirisch vereinbar ist mit den stilisierten Fakten des Wirtschaftswachstums (*Kaldor,* 1956, *Romer,* 1986), falls man Humankapital als weiteren Produktionsfaktor in die Cobb-Douglas Produktionsfunktion dieses Modells einführt. Zur Approximation des Humankapitals verwenden diese Autoren die Schuleinschreibungsrate im sekundären Bildungssektor. *Mankiw, Romer* und *Weil* (1992) stellen mittels ländervergleichender Querschnittsanalyse fest, daß diese Variable einen signifikanten Erklärungsbeitrag für die Landesunterschiede in den Niveaus der realen Pro-Kopf-Bruttoinlandsprodukte einer Gruppe von 98 Ländern im Zeitraum 1960 - 85 hat, wobei die verwendeten Daten von *Summers* und *Heston* (1991, 1993) stammen. Sie stellen auch fest, daß die Schulbildungsvariable einen wichtigen Einfluß auf die Konvergenzeigenschaften und die Übergangsdynamik des modifizierten neoklassischen Wachstumsmodells hat. Während die Hypothese der absoluten Konvergenz durch die Daten abgelehnt wird, stellen *Mankiw, Romer* und *Weil* (1992) konditionelle Konvergenz fest, falls Landesunterschiede in den gleichgewichtigen Humankapitalniveaus, Bevölkerungswachstumsraten und Sparquoten in der Regression berücksichtigt werden. Die empirischen Schätzungen ergeben einen Punktschätzer von rund 2 Prozent pro Jahr für die konditionelle Konvergenzgeschwindigkeit. *Mankiw, Romer* und *Weil* (1992) argumentieren, daß dies als indirekte Evidenz gegen die Vorhersagen der neueren Literatur des persistenten endogenen Wachstums angesehen werden kann, da in diesen Modellen die Anfangsunterschiede in den realen Pro-Kopf-Einkommen aufgrund von konstanten Grenzerträgen und/oder positiven externen Effekten (Wissen-Spillover) dauerhaft bestehen bleiben oder gar zunehmen können. Im vorliegenden Beitrag wird diese Aussage kritisch diskutiert. Es wird nachgewiesen, daß persistente Unterschiede in den Wachstumsraten oder Niveaus der realen Pro-Kopf-Einkommen nicht durch Humankapitalunterschiede erklärbar sind, da Humankapital und Schulbildung selbst absolute Konvergenzeigenschaften besitzen, d. h. sie konvergieren langfristig zu einem einheitlichen Weltbildungsniveau. Die Ursache dafür liegt in der Tatsache, daß Länder mit geringen anfänglichen Bildungsniveaus im Jahre 1960 relativ gesehen erheblich stärkere Anstrengungen zur Steigerung des Bildungsniveaus in den Jahren 1960 - 1990 unternahmen.

Ein zweites Ziel der vorliegenden Arbeit ist die grundsätzliche Hinterfragung einiger weiterer zentraler Aussagen der empirischen Literatur zum Zusammenhang zwischen Wirtschaftswachstum und Bildungsstandards. Dabei werden primär die Arbeiten von *Barro* (1991a), *Barro* und *Wolf* (1992), *Barro* und *Lee* (1993, 1994), *Barro* und *Sala-i-Martin* (1991, 1992a,b, 1995) sowie *Benhabib* und *Siegel* (1993) analysiert, welche die Arbeit von *Mankiw, Romer* und *Weil* (1992) erweiteren, indem sie zwischen durchschnittichen Schulbesuchsjahren im primären, sekundären und höheren Bildungssektor unterscheiden und männliche und weibliche Schulbildung separat berücksichtigen. Diese Autoren stellen fest, daß sowohl männliche als auch weibliche sekundäre und höhere Bildungsniveaus die Landesunterschiede im Wirtschaftswachstum signifikant erklären. Die Punktschätzungen suggerieren, daß im Ländervergleich eine Erhöhung des männlichen sekundären Bildungsstandes um eine Standardabweichung (entspricht einer um 0,7 Jahre längeren sekundären Schulzeit) in dem folgenden Jahrzehnt eine signifikante Steigerung der Wachstumsrate des realen Pro-Kopf-Bruttoinlandsproduktes um 1,1 Prozentpunkte ermöglicht hätte. Dies ist ein sehr großer Effekt. Seine Gültigkeit wird etwas erschüttert durch das überraschende Ergebnis, daß die entsprechenden weiblichen Bildungsvariablen für sekundäre und höhere Schulbildung mit negativen Vorzeichen in die Wachstumsregressionen eingehen und gemeinsam hochsignifikant sind. Die Autoren interpretieren dieses überraschende Resultat derart, daß sie geringere weibliche Bildung auf dem sekundären und höheren Bildungsniveau als ein Maß für die Rückständigkeit eines Landes ansehen: weniger weibliche Bildung bedeutet ein höheres Maß an Rückständigkeit, und dies eröffnet ein höheres Wachstumspotential durch den Konvergenzmechanismus.

Der vorliegende Beitrag konfrontiert die oben diskutierte empirische Literatur zum Zusammenhang zwischen Humankapital, Schulbildung und Wirtschaftswachstum auch mit einer Reihe methodologischer Kritiken. Einige dieser Aspekte wurden bereits in den Arbeiten von *Levine* und *Renelt* (1992) sowie *Cohen* (1992, 1993) hervorgehoben, andere sind neu. Dabei wird ausschließlich auf die Konvergenzeigenschaften von ländervergleichenden Querschnittsstudien abgestellt und es wird abstrahiert von den ebenfalls wichtigen Kritiken an den üblichen Konvergenztests aus zeitreihenanalytischer Sicht (*Miller,* 1995, und *Ben-David,* 1994) oder aus Sicht der Verteilungsdynamik, welche in einer Reihe von Beiträgen (*Quah,* 1993, 1994, 1996, und *Desdiogts,* 1995) mit nichtparametrischen Methoden, wie beispielsweise Kernschätzverfahren, überprüft wurden.

Die Hauptkritik an den traditionellen Konvergenztests in Wachstumsmodellen mit Humankapital läßt sich in Anlehnung an *Levine, Ross* und *Renelt* (1992) sowie *Cohen* (1992, 1993) wie folgt kurz charakterisieren: der am häufigsten erhoben Einwand ist der einer möglichen Endogenität von Humankapital und Schulbildung. Ferner sind die Wirkungsrichtung und die Kausalität des Zusammenhanges fraglich. *Barro* und *Lee* (1993, 1994) und *Barro* und *Sala-i-Martin* (1991, 1992a,b, 1995) versuchen diese beiden Punkte zu berücksichtigen, indem sie in ihren Regressionen die Anfangsniveaus anstelle der aktuellen Niveaus dieser Variablen verwenden, und Instrumental-Variablen-Schätzungen (INST) anstelle von einfachen Kleinst-Quadrate-Schätzungen (KQ) durchführen. Dies mildert einige Aspekte des Endogenitäts- und Kausalitätsproblems, es eliminiert sie jedoch nicht. Ein drittes Problem liegt in der möglichen Fehlspezifikation der Wachstumsregressionen aufgrund von nichtberücksichtigten Variablen. Ein weiteres zentrales Problem stellt die potentielle Multikollinearität zwischen den Humankapitalvariablen und den übrigen ökonomischen Variablen in den Wachstumsregressionen dar. Ländervergleichende Wachstumsregressionen wie diejenigen aus *Barro* und *Lee* (1993, 1994) und *Barro* und *Sala-i-Martin* (1991, 1992a,b, 1995) beinhalten eine enorme Anzahl von ökonomischen Variablen neben dem Humankapital. *Levine* und *Renelt* (1992) berichten, daß in der von ihnen erfaßten Literatur insgesamt schon über 50 Variablen identifiziert wurden, die zumindest in einer Regression signifikant mit dem Wirtschaftswachstum in Verbindung standen. Eine wichtige Variable waren dabei die öffentlichen Bildungsausgaben, welche die Qualität des Bildungssystems reflektieren. Öffentliche Bildungsausgaben haben typischerweise einen signifikant positiven Wachstumseffekt, und dies scheint mir an dieser Stelle vor dem Hintergrund der aktuellen finanziellen Misere des bundesdeutschen Bildungswesens besonders betonenswert. Andere Variablen, welche häufig einen signifikanten Erklärungsbeitrag in Wachstumsregressionen haben, sind die Lebenserwartung bei Geburt, Bevölkerungswachstumsraten, private Investitionsquoten, Fiskalpolitikindikatoren, Kapitalmobilität, Außenhandelsrelationen, Migrations- und Mobilitätsquoten, und Maße für politische Instabilität, bürgerliche Freiheiten, Ländergrößen sowie die Nähe zu Weltmärkten, um nur einige zu nennen. Fiskalpolitik, Infrastrukturinvestitionen und ihre produktiven Spillover-Effekte werden beispielsweise in *Aschauer* (1989), *Barro* (1991b), *Rebelo* (1991), *Easterly* und *Rebelo* (1993), *Benhabib* und *Siegel* (1993), und *de la Fuente* und *Vives* (1995) als mögliche Ursachen persistenten Wachstums analysiert. Die Beziehung zwischen Maschineninvestitionen und Wachstum wird in *DeLong* und *Summers* (1991, 1992) behandelt. Beides, sowohl öffentliche Investitionen in Infrastruktur als auch private Maschineninvestitionen können als Alternativen zu Humankapitalinvestitionen gesehen werden, und alle drei Arten von Investitionen haben in der Literatur einen signifikant positiven Wachstumseffekt. Die Vernachlässigung dieser alternativen Investitionsformen und die alleinige Konzentrierung auf Humankapitalakkumulation ist dadurch motiviert, daß im vorliegenden Beitrag die Bedeutung von Humankapital und Schulbildung im Wachstumsprozeß allein durch den Hinweis auf Inkonsistenzen und Schwächen in den Argumenten dieser Literatur hinterfragt werden soll, und nicht durch Verwendung alternativer Erklärungsansätze.

Der verbleibende Teil dieses Artikels ist wie folgt gegliedert: Abschnitt II enthält eine detaillierte Diskussion der Daten zu Humankapital, Schulbildung und Wirtschaftswachstum im internationalen Vergleich, wobei primär auf eine deskriptiv graphische Datenanalyse abgestellt wird. Abschnitt III reproduziert und evaluiert die existierende Literatur zum Zusammenhang zwischen Humankapital, Schulbildung und Wirtschaftswachstum kritisch. Der Schwerpunkt der Analyse liegt dabei auf der Diskussion der weltweiten Konvergenz der realen Pro-Kopf-Einkommen, welche, wie in der Literatur üblich, mittels ländervergleichender Querschnittsanalyse untersucht wird. Abschnitt IV hat die Darstellung einiger methodologischer Probleme und eine alternative Interpretation der Ergebnisse zum Inhalt. Die wichtigsten Erkenntnisse werden in Abschnitt V zusammengefaßt und ihre wirtschaftspolitischen Implikationen werden diskutiert.

II. Ein internationaler Vergleich der Bildungsstandards

Barro (1990), *Barro* und *Lee* (1993,1994), *Lee* (1994), *Barro* und *Sala-i-Martin* (1991, 1992a,b, 1995), um nur einige Arbeiten zu erwähnen, erklären international unterschiedliches Wirtschaftswachstum primär durch internationale Unterschiede im Humankapitalbestand und in den Bildungsstandards. Diese Literatur verwendet eine imposante Datenbank, welche von verschiedenen Autoren aus verschiedenen Quellen (*Summers* und *Heston,* 1991, 1993, Weltbank, Vereinten Nationen, UNCTAD, OECD, IWF) zusammengestellt wurde. Die vorliegende Arbeit verwendet die Daten aus der Studie von *Barro* und *Lee* (1993), und verweist an dieser Stelle auf die ausführliche Dokumentation der Daten in dieser Studie. Es sei jedoch erwähnt, daß als Datenbank verschiedene Zeitreihen von über 100 Ländern der Erde jeweils in 5-Jahres-Intervallen zwischen 1960 und 1985 zusammengestellt wurden. Bevor diese Daten in Wachstumsregressionen verwendet werden, sollen hier einige stilisierte Fakten zu Humankapital und Bildungsstandards im internationalen Vergleich präsentiert werden.

Die Abbildungen 1(a) bis 1(c) zeigen die Quoten der männlichen und weiblichen Schulbesucher als Anteil an der Gesamtbevölkerung, während die Abbildungen 1(d) bis 1(f) die Quoten der männlichen und weiblichen erfolgreichen Schulabsolventen als Anteil an der Gesamtbevölkerung zeigen. Ein offensichtliches und herausragendes Charakteristikum dieser Daten ist die hochgradig kollineare Beziehung zwischen männlichen und weiblichen Schulbesucher- und Schulabsolventenquoten in allen drei Bildungsstufen. Ferner ist ein systematischer Unterschied zwischen OECD-Ländern und Entwicklungsländern offensichtlich: während in allen OECD Ländern (in allen Abbildungen durch Dreiecke gekennzeichnet) die Schulbesucherquoten im primären Bildungsbereich aufgrund der allgemeinen Schulpflicht sehr nahe bei 100 Prozent liegen, sind diese in den Entwicklungsländern (in allen Graphiken durch Quadrate gekennzeichnet) typischerweise weit niedriger. Das gleiche gilt für die sekundäre und höhere Bildungsstufe, aber hier sind die Unterschiede zwischen männlichen und weiblichen Schulbesucher- und Schulabsolventenquoten weniger stark ausgeprägt. Dies impliziert jedoch gleichzeitig, daß männliche und weibliche Quoten hier stärker kollinear sind. Die Abbildungen 1(d) bis 1(f) vermitteln eine weitere interessante Einsicht: während im primären Bildungssektor die Quote der weiblichen Schulabbrecher weitaus höher ist als die

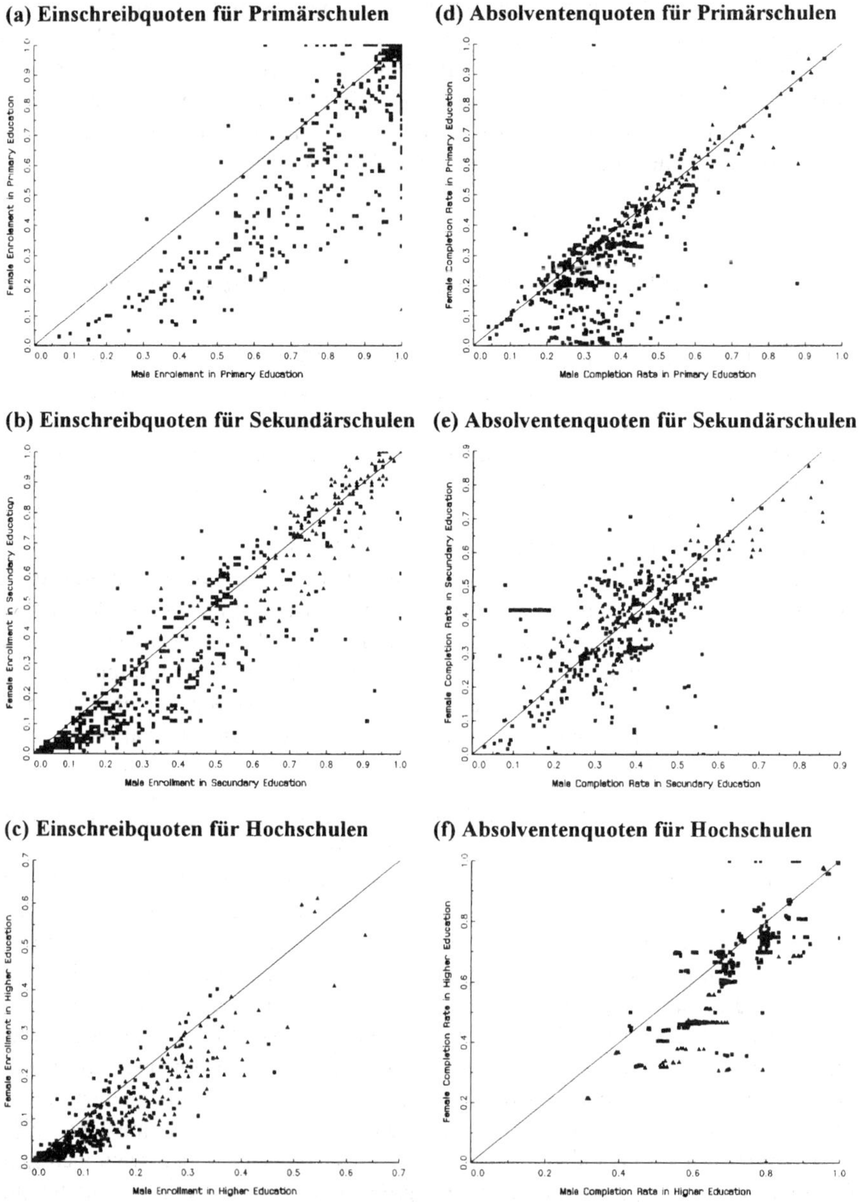

Abbildung 1: Schuleinschreibquoten und Schulabsolventenquoten für Männer und Frauen auf verschiedenen Bildungsniveaus, 1960 - 85

Quelle: Eigene Berechnungen auf der Grundlage der Daten von *Barro* und *Lee* (1993).

entsprechende männliche Quote, ist dies nicht systematisch der Fall im sekundären und höheren Bildungssektor. Abbildungen 1(e) und 1(f) reflektieren ferner eine extreme Cluster-Korrelation bei den Schulabsolventenquoten dieser höheren Bildungsniveaus. Dies deutet auf starke Mängel in der Datenqualität hin, da, wie von *Barro* und *Lee* (1993,1994) berichtet, nur 40 Prozent der Daten aus Bevölkerungserhebungen gewonnen wurden, während die restlichen 60 Prozent von den Autoren durch Extrapolation konstruiert wurden.[1]

Noch deutlichere Cluster-Strukturen und lineare Beziehungen in den Daten ergeben sich, wenn man die Schulbesucher- und Schulabsolventenquoten gegeneinander abträgt, unabhängig davon ob diese Quoten auf Männer, Frauen oder die Gesamtbevölkerung bezogen sind. Die Daten für die Gesamtbevölkerung sind in den Abbildungen 2(a) bis 2(c) dargestellt. Die durchgezogene Linie repräsentiert jeweils die 45-Grad Linie. OECD-Länder (Dreiecke) scheinen um eine Linie in Höhe von 2/3 des Wertes der 45-Grad Linie zu liegen, während die Entwicklungsländer (Quadrate) sich um eine Linie in Höhe von rund 1/3 der 45-Grad Linie gruppieren. Dies ist wiederum eine Folge der fehlenden Daten aus Bevölkerungserhebungen und reflektiert die Interpolationsmethode für fehlende Werte. Das Problem dabei ist, daß diese fehlenden Daten (rund 60 Prozent nach eigenen Angaben von *Barro* und *Lee* (1993)) mit einem Verfahren generiert wurden,[2] welches die immanente Eigenschaft hat, systematische Unterschiede zwischen Entwicklungsländern und Industrieländern zu produzieren. Daher ist es kaum überraschend, daß die so generierten Bildungsdaten in empirischen Analysen besonders gut zur „Erklärung“ von Unterschieden im Pro-Kopf-Einkommen zwischen Entwicklungsländern und Industrieländern geeignet sind.

Diese offensichtlichen Einschränkungen in der Qualität der Bildungsdaten im internationalen Vergleich legen eine nähere Betrachtung der üblicherweise als Approximation des Humankapitals verwendeten durchschnittlichen Schulbildungsdauer (in Jahren) nahe. Diese Daten wurden in den Studien von *Mankiw, Romer* und *Weil* (1992), *Barro* (1991a), *Barro* und *Lee* (1993,1994), *Lee* (1994), *Barro* und *Sala-i-Martin* (1991, 1992a,b, 1995), um nur einige Autoren zu nennen, verwendet. Die Abbildungen 2(d) bis 2(f) geben diese Daten wieder. Aufgrund der allgemeinen Schulpflicht im primären Bildungsbereich liegen männliche und weibliche Schulbildung in den meisten Ländern eng zusammen, wobei jedoch wiederum die bereits zuvor dokumentierte Bildungsverzerrung zu Gunsten männlicher Schulbesucher in den Entwicklungsländern offensichtlich wird. Die Abbildungen 2(d) bis 2(f) zeigen auch enorme geschlechtsunabhängige Unterschiede in der Dauer der durchschnittlichen Primärschulbildung zwischen den Entwicklungsländern, wogegen die Unterschiede bei den OECD-Ländern weniger stark ausgeprägt sind. Aus Abbildungen 2(e) und 2(f) sind ferner weitaus geringere Unterschiede zwischen Entwicklungsländern in der Dauer der sekundären und höheren Schulbil-

---

1 Siehe *Barro* und *Lee* (1994) zu weiteren Details und einer ausführlichen Diskussion.

2 Siehe *Barro* und *Lee* (1993), Section C, zu weiteren Details.

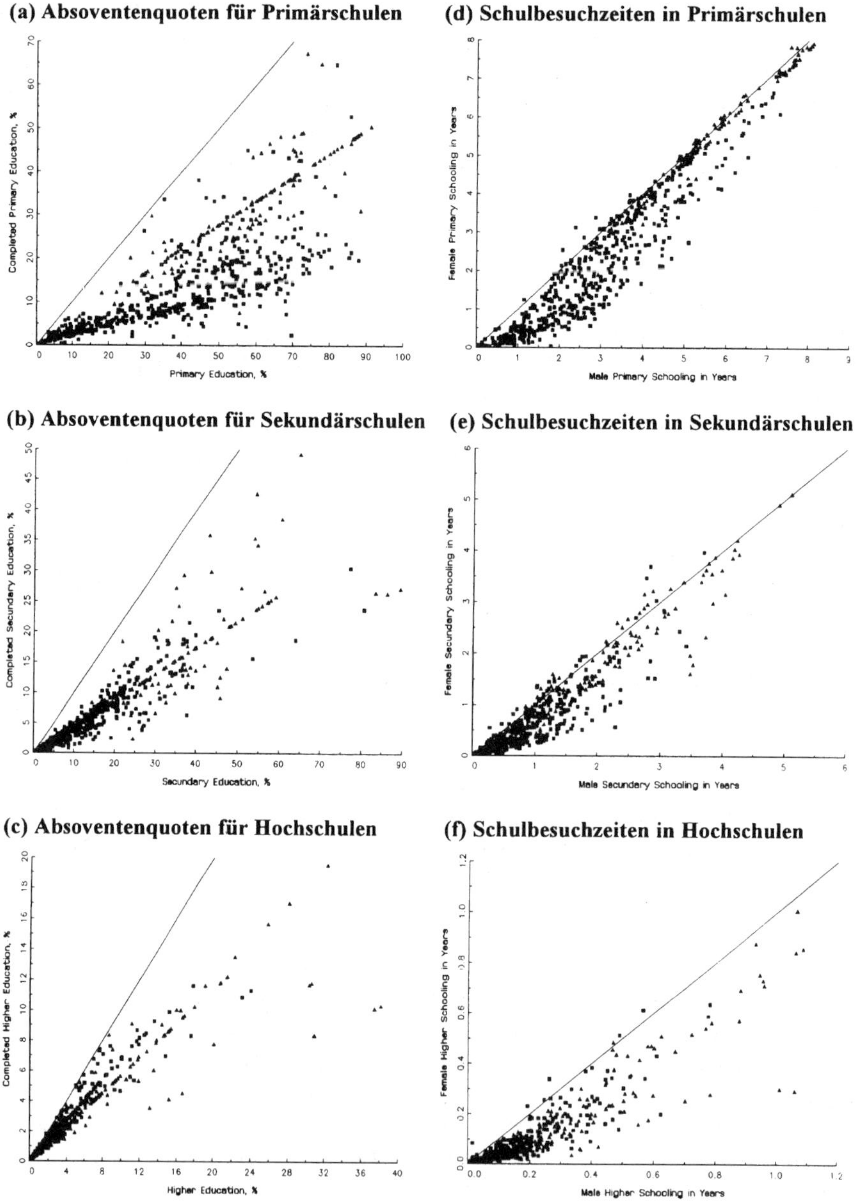

Abbildung 2: Schulabsolventenquoten und Schulbesuchzeiten von Männern und Frauen auf verschiedenen Bildungsniveaus, 1960 - 85

Quelle: Eigene Berechnungen auf der Grundlage der Daten von *Barro* und *Lee* (1993).

dung ersichtlich: sie ist durchweg gering. Hier sind die Unterschiede zwischen OECD-Ländern und Entwicklungsländern offensichtlicher. Der Vorteil der Verwendung von sekundärer und höherer Schulbildung in der ländervergleichenden Querschnittsanalyse von Wachstumsprozessen liegt somit darin, daß die Unterschiede in diesen Bildungsniveaus stärker mit den Unterschieden in den Pro-Kopf-Einkommen zwischen Industrie- und Entwicklungsländern korreliert sind als dies bei der primären Bildung der Fall ist. Auf diesen Punkt wird weiter unten noch näher eingegangen.

Abbildung 3 gibt eine Reihe von weiteren wichtigen bildungsökonomischen und sozioökonomische Faktoren im Ländervergleich wieder. Abbildung 3(a) macht deutlich, daß die durchschnittliche Dauer der Schulbildung für alle Bildungsniveaus zwischen Null und 13 Jahren liegt und größtenteils die Struktur der Primärbildung, ihrer größten Komponente, widerspiegelt. Männliche und weibliche Schulbildung sind auch hier stark kollinear und weisen in den Entwicklungsländern eine Bildungsverzerrung zu Gunsten männlicher Schulbesucher auf. Abbildung 3(b) zeigt, daß eine ähnliche Aussage auch für den Bevölkerungsanteil ohne Schulbildung zutrifft, der in allen OECD-Ländern nahe bei Null liegt und insbesondere für Frauen in vielen Entwicklungsländern relativ hoch (über 50 Prozent) und breit gestreut ist. Die Beziehung zwischen der Analphabetenquote und der durchschnittlichen Dauer des Schulbesuchs ist in Abbildung 3(c) dargestellt. Die ausgeprägt negative Korrelation reflektiert dabei die einfache Tatsache, daß ein hoher Anteil an Analphabeten ohne Schulausbildung in den Entwicklungsländern die Dauer des Schulbesuches im Durchschnitt der Bevölkerung stark nach unten drückt, während in den OECD-Ländern Unterschiede in der Dauer des Schulbesuches primär institutionelle Unterschiede der verschiedenen Bildungssysteme reflektieren. Ein weiterer wichtiger Unterschied zwischen Industrie- und Entwicklungsländern liegt in sozioökonomischen Faktoren. Drei in der empirischen Wachstumsforschung prominente Faktoren sind die Kinderquote (Anzahl der Kinder pro Frau), die Lebenserwartung bei Geburt (ein Gesundheitsmaß) und die Säuglingssterblichkeit bei Geburten (ein Maß für die Güte der medizinischen Infrastruktur). Abbildungen 3(d) bis 3(f) stellen diese Daten im Vergleich zu den Humankapitalmaßen von oben graphisch dar. Aus Abbildung 3(d) ist eine relativ enge nicht-lineare Beziehung zwischen der Lebenserwartung bei Geburt und dem Humankapitalmaß (durchschnittlichen Dauer der Schulbildung) ersichtlich. Die Richtung des Zusammenhangs hier ist fraglich, da Gesellschaften mit längerer Lebenserwartung tendenziell einen größeren Teil ihres Lebens auf den Erwerb von Bildung und spezifischen Fähigkeiten verwenden, andererseits wiederum diese Fähigkeiten solchen Gesellschaften bei der Verbesserung ihres Gesundheitswesens und somit der Verlängerung der Lebenserwartung helfen. Höhere Humankapitalniveaus scheinen auch negativ mit der Kinderquote zu korrelieren, was Abbildung 3(e) verdeutlicht. Schließlich zeigt Abbildung 3(f), daß auch eine eindeutig negative Beziehung zwischen der Säuglingssterblichkeit bei Geburt und dem Humankapitalniveau eines Landes existiert. Alle drei sozioökonomischen Faktoren deuten darauf

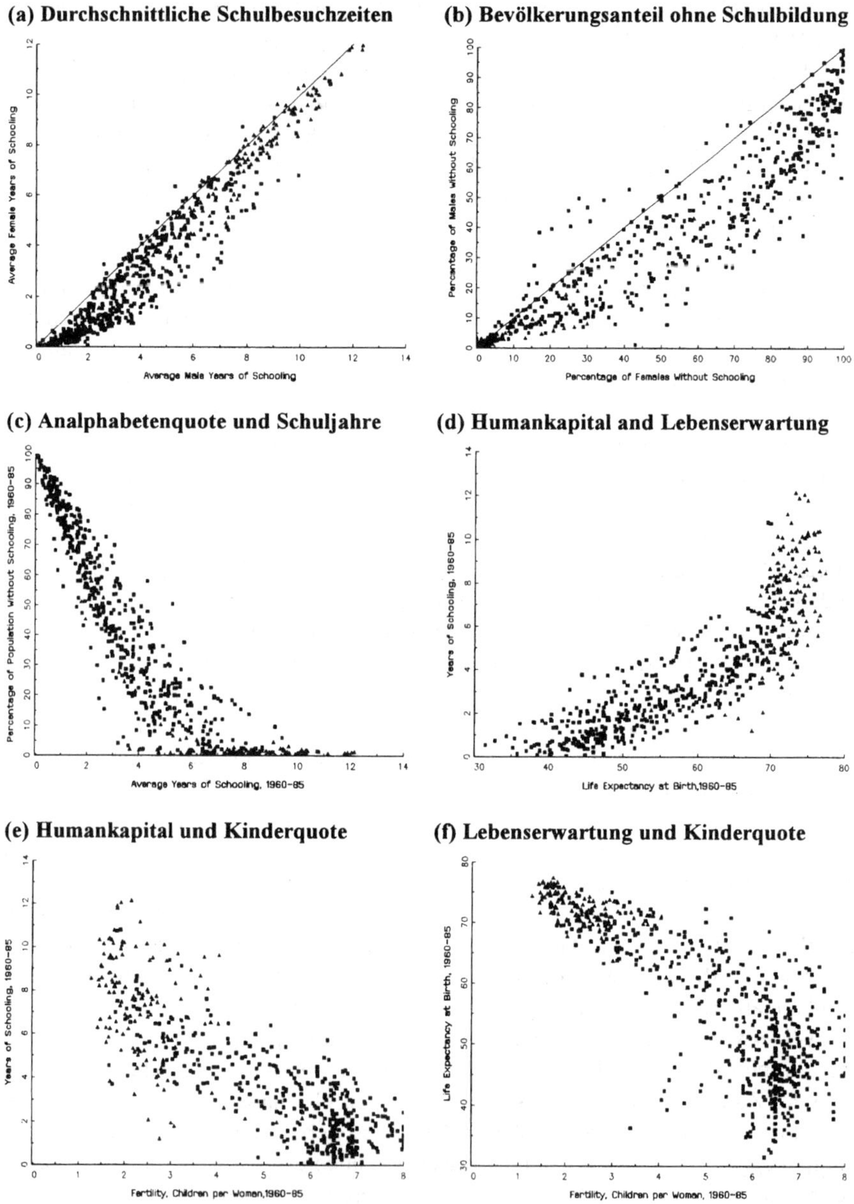

Abbildung 3: Humankapital, Schulbildung, Analphabetenquoten und Kinderquoten (Anzahl der Kinder pro Frau), 1960 - 85

Quelle: Eigene Berechnungen auf der Grundlage der Daten von *Barro* und *Lee* (1993).

hin, daß Länder mit höherem Humankapital ein besseres Gesundheitssystem in Form geringerer Säuglingssterblichkeit und höherer Lebenserwartung aufweisen. Gleichzeitig haben diese Länder geringere Kinderquoten und Bevölkerungswachstumsraten. Dies deutet darauf hin, daß Wachstumsmodelle mit endogener Fortpflanzungsquote anstatt exogener Bevölkerungswachstumsrate wichtig zum Verständnis der internationalen Unterschiede im Niveau und der Dynamik der Pro-Kopf-Einkommen sind.

III. Empirische Evidenz zum Zusammenhang zwischen Humankapital, Bildung und Wirtschaftswachstum

Aufbauend auf den oben diskutierten stilisierten Fakten und Datenprobleme im internationalen Vergleich von Bildungsstandards soll nun im Folgenden der empirische Zusammenhang zwischen Humankapital und Wirtschaftswachstum kritisch diskutiert werden, wobei zunächst einige zentrale empirische Ergebnisse reproduziert werden. In dieser Analyse wird dem ausführlich in den Abbildungen 1 bis 3 dokumentierten Problem der Kollinearität besondere Beachtung geschenkt. Multikollinearität resultiert typischerweise in hohen Standardfehlern der Schätzkoeffizienten, sodaß allgemein die Zuweisung des individuellen Erklärungsbeitrags der kollinearen Regressoren schwierig wird. Aber gerade diese Zuweisung ist *das zentrale Anliegen* der ländervergleichenden Querschnittsanalyse mittels Wachstumsregressionen wie sie von *Mankiw, Romer* und *Weil* (1992), *Barro* (1991a), *Barro* und *Wolf* (1992), *Barro* und *Lee* (1993, 1994), *Barro* und *Sala-i-Martin* (1991, 1992a,b, 1995), *Benhabib* und *Siegel* (1993) und anderen durchgeführt werden. Eine nähere Analyse der Endogenitäts- und Kollinearitätsprobleme in diesen Regressionsanalysen erscheint daher angebracht.

Bevor die Regressionergebnisse präsentiert werden, soll kurz auf die Unterschiede in den Niveaus und Wachstumsraten des realen Pro-Kopf-Bruttoinlandsproduktes zwischen Industrie- und Entwicklungsländern eingegangen werden. Die Abbildungen 4(a) und 4(b) geben für eine Stichprobe von 95 Ländern über den Zeitraum 1960 - 90 die Anzahl der Länder wieder, welche im Durchschnitt der Periode die jeweiligen Niveaus und Wachstumsraten des realen Pro-Kopf-Bruttoinlandsproduktes hatten. Die Abbildung 4(c) stellt die durchschnittlichen Wachstumsraten (1960-90) relativ zum Anfangswert des realen Pro-Kopf-Bruttoinlandsproduktes (1960) dar, während Abbildung 4(d) die gleichen Informationen zu Wachstumsraten und Anfangsniveaus für entsprechende 5-Jahres-Unterperioden (1960 - 65, 1965 - 70, 1970 - 75, 1975 - 80, 1980 - 85) darstellt. Drei stilisierte Fakten sind offensichtlich: erstens, es gibt eine relativ hohe Konzentration von armen Ländern, wobei über 50 Länder ein durchschnittliches reales Pro-Kopf-Bruttoinlandsprodukt von weniger als 2000 U.S. Dollar haben, während nur drei Länder einen entsprechen Wert von über 12000 U.S. Dollar erreichen. Diese enormen Unterschiede in

(a) Verteilungsfunktion der Niveaus

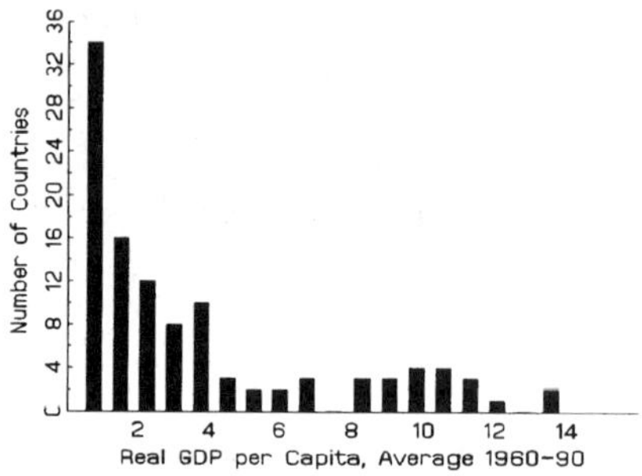

(b) Verteilungsfunktion der Wachstumsraten

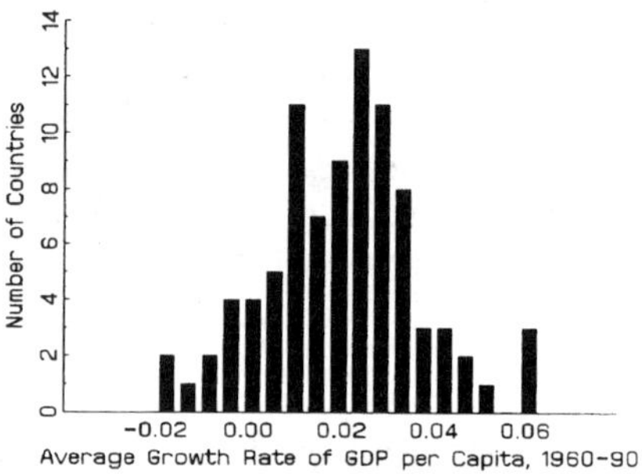

(c) Wachstumsraten (1960-85) und Anfangsniveaus (1960) des Pro-Kopf-GDP

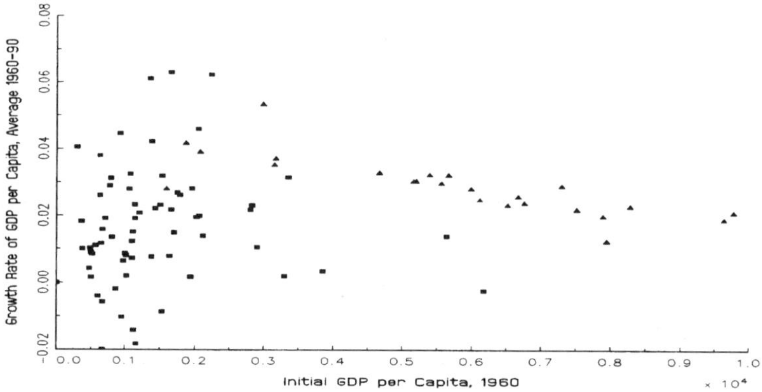

(c) Wachstumsraten und Anfangsniveaus des Pro-Kopf-GDP, 5-Jahres-Unterperioden

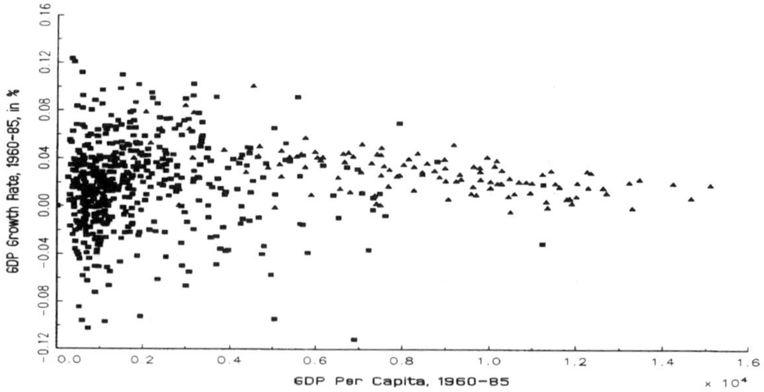

Abbildung 4: Pro-Kopf-GDP Niveaus und Wachstumsraten in einer Stichprobe von 95 Ländern, 1960 - 85

Quelle: Eigene Berechnungen auf der Grundlage der Daten von *Barro* und *Lee* (1993).

den Pro-Kopf-Einkommen spiegeln sich jedoch nicht in den Wachstumsraten wider. Die durchschnittliche Wachstumsrate war rund 2 Prozent pro Jahr, und die Verteilung der einzelnen Wachstumsraten um diesen Wert ist relativ symmetrisch. Es gab insgesamt nur drei Länder mit Wachstumsraten von über 6 Prozent (Korea, Taiwan, Hong Kong), und eine kleine Gruppe von Ländern hatte negative Wachstumsraten. Die Beziehung zwischen den durchschnittlichen Wachstumsraten und den Anfangsniveaus der realen Pro-Kopf-Bruttoinlandsprodukte zeigt mit Ausnahme der Untergruppe der OECD-Länder keine signifikante negative Korrelation. Empirische Evidenz zugunsten absoluter Konvergenz ist somit nicht gegeben, da die ursprünglich armen Länder sowohl einige der höchsten als auch der niedrigsten Wachstumsraten aufweisen.

Der obige visuelle Eindruck einer Abwesenheit absoluter Konvergenz wird auch durch die formale Analyse des Wachstums in der ländervergleichender Regressionsanalyse mittels Querschnittsdaten untermauert. Typischerweise wird dabei die Wachstumsrate des realen Pro-Kopf-Bruttoinlandsproduktes $\left(\ln(y_t) - \ln(y_0)\right)$ auf eine Konstante $\left(\ln(y^*)\right)$ und das Ausgangsniveau des Pro-Kopf-Bruttoinlandsproduktes $\left(\ln(y_0)\right)$ regressiert. Über die Periode 1960 - 1985 ergibt sich dabei für die 85 Länder, welche in *Barro* und *Lee* (1994) sowie *Barro* und *Sala-i-Martin* (1995) analysiert wurden:

$$\begin{array}{lccc} & \ln(y_t) - \ln(y_0) = & 0.0183 & +0.0005\ln(y_0) \\ (1) & & (0.95) & (0.19) \\ & R^2 = 0.0004 & R^{2,adj} = -0.0116 & F = 0.037\ , \end{array}$$

wobei $\ln(y_0)$ der Wert des realen Pro-Kopf-Bruttoinlandsproduktes im Jahr 1960 ist und die Werte in Klammern t-Werte angeben. Der positive aber nicht signifikante Koeffizient von $\ln(y_0)$ spiegelt die Abwesenheit von absoluter Konvergenz wider. Ähnliche Ergebnisse werden erzielt, wenn die Gesamtperiode (1965-85) in zwei Unterperioden (1965 - 75, 1975 - 85) aufgeteilt und eine verbundene Schätzung mittels SUR-Regression oder Instrumentalvariablen-Regression (zweistufige Kleinst-Quadrate-Schätzung) wie in *Barro* und *Lee* (1994) oder *Barro* und *Sala-i-Martin* (1995) durchgeführt wird.

Das wohlbekannte Versagen von ländervergleichenden Wachstumsregressionen zum Nachweis absoluter Konvergenz hat zur einer ständig zunehmenden Literaturflut geführt, welche das Phänomen der sogenannten konditionellen Konvergenz zum Gegenstand hat. Die grundlegende Forschungsstrategie dabei ist es, die Konvergenz des realen Pro-Kopf-Bruttoinlandsprodukts zu landesspezifischen Steady-States (y^*) nachzuweisen, wobei eine Reihe von Variablen die Unterschiede in den landesspezifischen Steady-States erklären sollen. Im neoklassischen Wachstumsmodell können Unterschiede im gleichgewichtigen Pro-Kopf-Einkommen aufgrund von Unterschieden in den Bevölkerungswachstumsraten (n), den Abschreibungsraten (δ), den Raten des technischen Fortschritts (x) und den privaten Spar-

und Investitionsquoten ($s = S/Y = I/Y$) auftreten. Somit werden bei gegebener Ausgangssituation auch die Wachstumsraten während der Übergangsdynamik des Modells von diesen Faktoren beeinflußt. Eine typische Regressionsgleichung, welche dies in Betracht zieht, lautet:

$$\begin{array}{lccccc} & \ln(y_t) - \ln(y_0) = & 0.0558 & -0.0358\ln(n+x+\delta) & +0.0285\ln(S/Y) & -0.0110\ln(y_0) \\ (2) & & (1.12) & (1.75) & (4.64) & (3.20) \\ & & R^2 = 0.2517 & R^{2,adj} = 0.2240 & F = 9.083\,, & \end{array}$$

wobei hier die gleichgewichtigen Pro-Kopf-Einkommen (y^*) nicht länger konstant sind, sondern eine Funktion verschiedener Argumente $y^*(n, s, \delta, x, \ldots)$ darstellen. Das Hinzufügen der marginal signifikanten Bevölkerungswachstumsraten (bei identischen Werten von x und δ für jedes Land) sowie die Berücksichtigung der hochsignifikanten Investitionsquoten resultiert in einem Vorzeichenwechsel beim Koeffizient von $\ln(y_0)$, welcher nun negativ und zudem hochsignifikant ist. Wie in den Arbeiten von *Mankiw, Romer* und *Weil* (1992), *Barro* (1991a), *Barro* und *Wolf* (1992), *Barro* und *Lee* (1993, 1994), *Barro* und *Sala-i-Martin* (1991, 1992a,b, 1995) spiegelt dieser signifikant negative Schätzkoeffizient das Phänomen der konditionellen Konvergenz wider.

Jedoch gibt es hier ein Problem: es ist nicht länger offensichtlich, daß die verschiedenen zusätzlichen Variablen $(n, s, \delta, x, \ldots)$ sich als signifikant erweisen, da sie Unterschiede in den Steady-State Outputniveaus und damit der Übergangsdynamik erklären;[3] sie könnten vielmehr auch Unterschiede in den Steady-State Wachstumsraten selbst reflektieren. Um diese Zuweisung treffen zu können, müßte die Produktionstechnologie näher spezifiziert werden, denn während bei einer Cobb-Douglas Technologie das Steady-State Wachstum unabhängig von diesen Faktoren ist, können bei anderen funktionellen Formen der Produktionsfunktion, etwa bei einer Technologie mit konstanter Substitutionselastizität (CES),[4] die Steady-State Wachstumsraten sehr wohl von diesen Faktoren $(n, s, \delta, x, \ldots)$ abhängen. Es ist daher schwer zu sehen, welches der beiden Argument hier von Bedeutung ist. Grundsätzlich stellt sich daher die Frage, ob das beobachtbare Wachstum primär eine Übergangsdynamik, ein Gleichgewichtswachstum oder eine Mischform aus beidem widerspiegelt.

Zur Beantwortung dieser Frage werden in Abbildung 5 die verschiedenen Variablen, welche typischerweise in ländervergleichenden Wachstumsregressionen verwendet werden, in Relation zum Anfangsniveau und zur durchschnittlichen

---

3 Bei gegebenen Anfangswerten des realen Pro-Kopf-BIP impliziert eine Abhängigkeit des Steady-State Pro-Kopf-BIP von den Sparquoten und Bevölkerungswachstumsraten eine korrespondierende Abhängigkeit der Wachstumsraten des Pro-Kopf-BIP in der Übergangsdynamik von den selben Faktoren.

4 Siehe beispielsweise *Young* (1927), *Romer* (1986, 1990, 1991), *Lucas* (1986) und *King* und *Rebelo* (1993) zu diesem Punkt.

Wachstumsrate des Pro-Kopf-Bruttoinlandsproduktes dargestellt. Diese graphische Analyse soll Aufschluß darüber geben, ob diese zusätzlichen Regressoren bei der Analyse der konditionellen Konvergenz primär kollinear zur Wachstumsrate oder zum Anfangsniveau des Pro-Kopf-Bruttoinlandsproduktes sind. Die Abbildungen 5(a) bis 5(c) zeigen eine positive Korrelation des Pro-Kopf-Bruttoinlandsproduktes mit den Investitionsquoten und eine negative Korrelation mit dem Staatskonsum und den Bevölkerungswachstumsraten, wobei jeweils ausgeprägte Nicht-Linearitäten und eine erhebliche Streuung beobachtbar sind. Insgesamt vermitteln diese Graphiken deutlich den Eindruck einer Cluster-Korrelation: während für Entwicklungsländer und OECD-Länder gesondert kein Zusammenhang zwischen diesen Variablen offensichtlich ist, ergibt sich bei gemeinsamer Betrachtung der so unterschiedlichen Ländergruppen der Eindruck eines nicht-linearen Zusammenhangs in Abbildung 5(a) bis 5(c). Ein etwas unterschiedliches Bild ergibt sich für die Wachstumsraten: während für das Bevölkerungswachstum weiterhin der Eindruck einer Cluster-Korrelation besteht, ergibt sich für die Investitionsquoten in Abbildung 5(d) eine konsistent positive Korrelation für die Gesamtstichprobe und für beide Ländergruppen getrennt. Dies ist konsistent mit den empirischen Ergebnissen von *Levine* und *Renelt* (1992) und *DeLong* und *Summers* (1991, 1992), die als einzige robuste Korrelation die Beziehung zwischen Wirtschaftswachstum und Investitionsquoten nachweisen.[5] Diese Korrelation bezieht sich jedoch offensichtlich primär direkt auf das Gleichgewichtswachstum und nicht indirekt auf die Konvergenzdynamik aufgrund von Niveauunterschieden im gleichgewichtigen Pro-Kopf-Bruttoinlandsprodukt.

Abbildungen 5(g) und 5(j) analysieren den Zusammenhang zwischen den Humankapitalniveau und dem Niveau sowie der Wachstumsrate des Pro-Kopf-Bruttoinlandsproduktes. Aus Abbildung 5(g) wird die konsistent positive Korrelation zwischen den beiden Niveaugrößen für Entwicklungsländer und OECD-Länder getrennt und für beide Ländergruppen gemeinsam sichtbar. *Mankiw, Romer* und *Weil* (1992) bauen diese Größe als dritten Produktionsfaktor neben physischem Kapital und Arbeit in das Solow-Modell ein. Eine Regression in Anlehnung an *Mankiw, Romer* und *Weil* (1992) ergibt:

$$
\begin{array}{llllll}
 & \ln(y_t) - \ln(y_0) = & 0.0852 & -0.0276\ln(n+x+\delta) & & \\
 & & (1.67) & (1.35) & & \\
(3) & & & +0.0267\ln(S/Y) & +0.0064\ln(SCHOOL) & -0.0143\ln(y_0) \\
 & & & (4.38) & (2.04) & (3.82) \\
 & & R^2 = 0.2886 & R^{2,adj} = 0.2530 & F = 8.112\,, &
\end{array}
$$

---

[5] Die Untersuchung der Robustheit der Resultate wurde durchgeführt, indem jeweils andere Variablen abwechselnd in den Wachstumsregressionen hinzugefügt und vernachlässigt wurden.

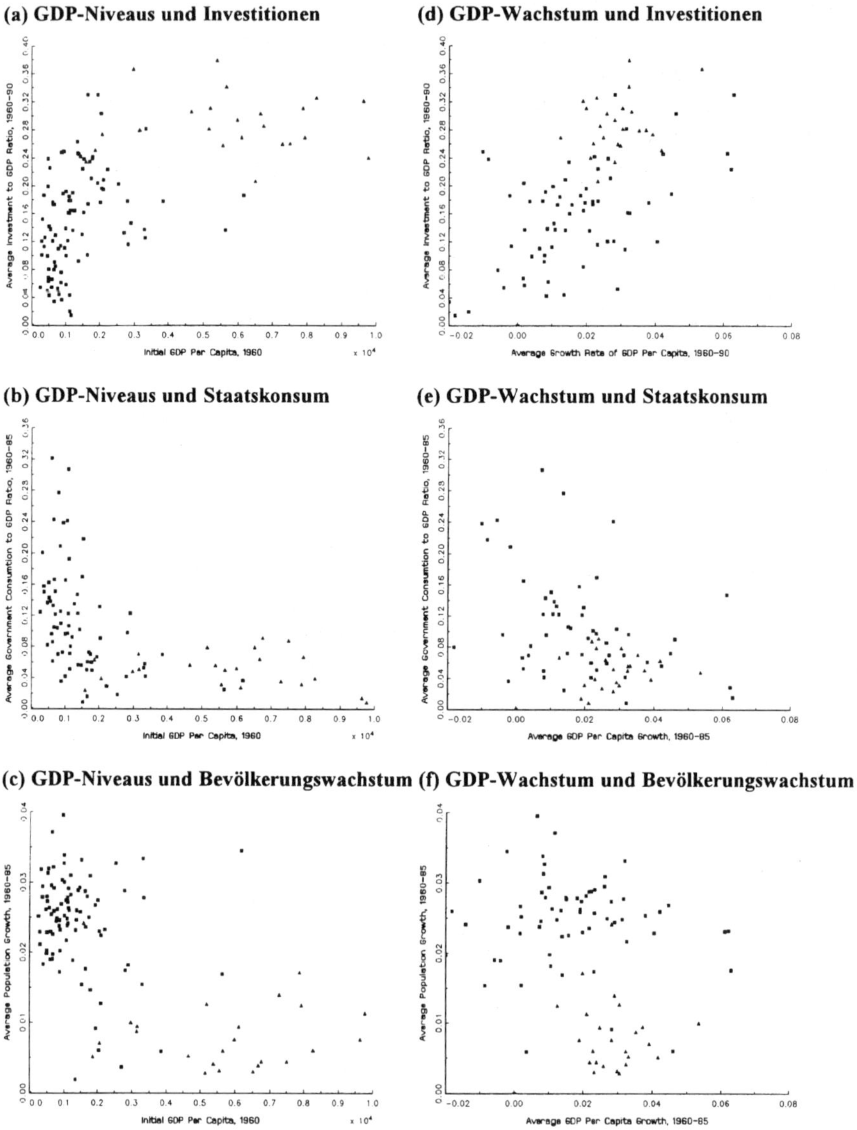

Abbildung 5: Niveaus und Wachstumsraten des GDP-Pro-Kopf und mögliche Bestimmungsgründe des Wirtschaftswachstums, 1960 - 85

Quelle: Eigene Berechnungen auf der Grundlage der Daten von *Barro* und *Lee* (1993).

Fortsetzung von Abbildung 5

(g) GDP-Niveaus und Humankapital

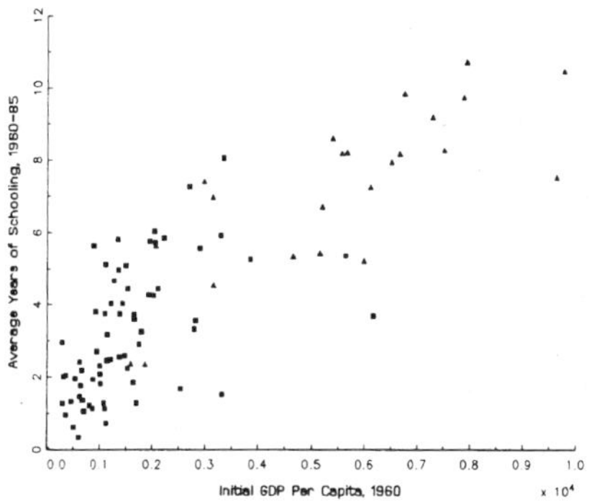

(j) GDP-Wachstum und Humankapital

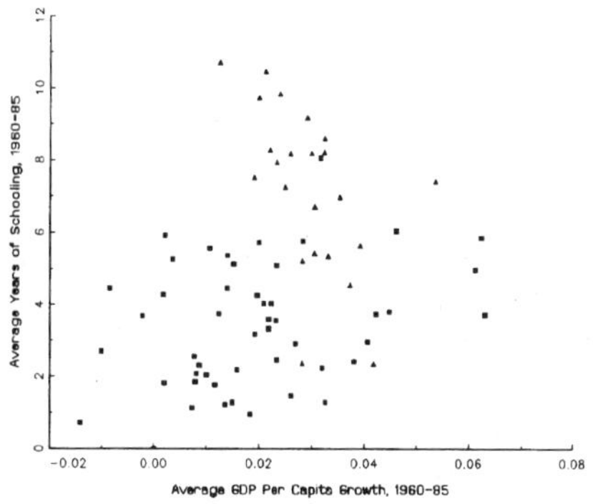

(h) GDP-Niveaus und Lebenserwartung

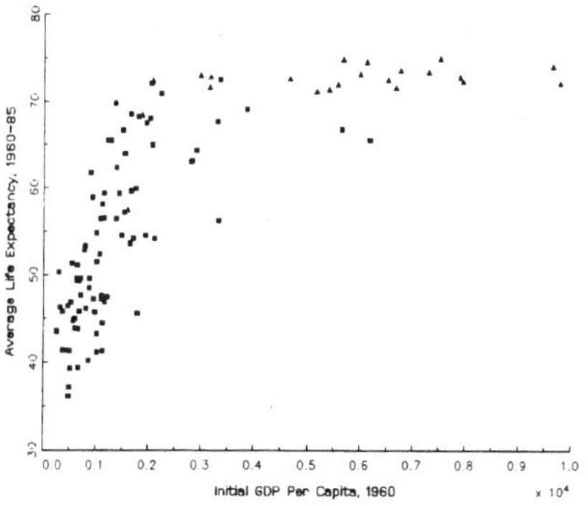

(k) GDP-Wachstum und Lebenserwartung

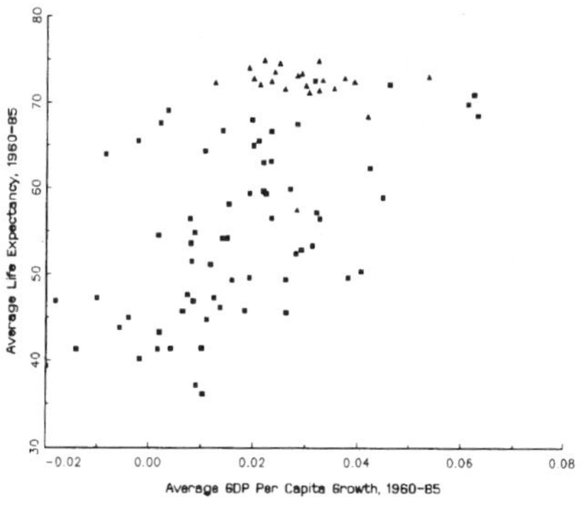

(i) GDP-Niveaus und Währungsrisiken

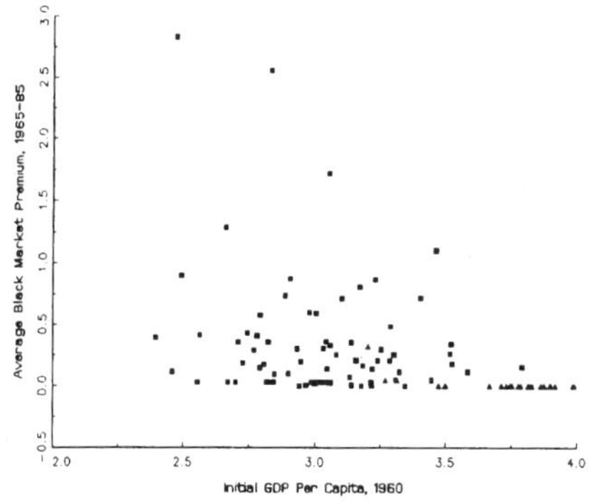

(l) GDP-Wachstum und Währungsrisiken

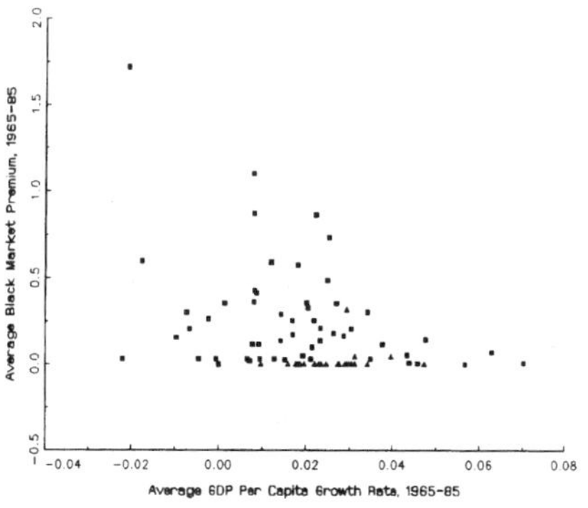

wobei als Schulbildungsvariable (SCHOOL) die Schuleinschreibungsquote für Männer im sekundären Bildungsbereich dient. Wie bei *Mankiw, Romer* und *Weil* (1992) ist diese Variable signifikant und hat das erwartete positive Vorzeichen.

Barro (1990), *Barro* und *Lee* (1993,1994), *Barro* und *Sala-i-Martin* (1991, 1992a,b, 1995), um nur einige Papiere zu nennen, haben die Zahl der in Wachstumsregressionen berücksichtigten Variablen signifikant erweitert. Auch diese Autoren konzentrieren sich primär auf den Zusammenhang zwischen Wirtschaftswachstum und Humankapital sowie Schulbildung. Die Schlüsselvariablen zur Erklärung des Wachstums im Ländervergleich von 85 Ländern sind neben den schon oben diskutierten Anfangswerten des Pro-Kopf-Bruttoinlandsproduktes (y_0), dem Bevölkerungswachstum ($n + x + \delta$), und den privaten Investitionsquoten (I/Y) insbesondere die staatliche Konsumquote (G/Y), die durchschnittliche Dauer der männlichen (MSS) und weiblichen (FSS) sekundären Schulbildung, die Lebenserwartung bei Geburt (LIFE), die Kinderquote als Anzahl der Kinder pro Frau (FERT), der Schwarzmarkt-Währungsrisikozuschlag (BMP) und ein Maß für politische Instabilität, gemessen als die durchschnittliche Zahl der Revolutionen pro Jahr (REVOL). Abbildung 5 stellt einige dieser Variablen dar, wobei wie zuvor sich erneut der Eindruck der nicht-linearen Cluster-Korrelation für den Zusammenhang mit den Niveaus des Pro-Kopf-Bruttoinlandsproduktes aufdrängt, während für die Wachstumsraten keine systematische Beziehung vorliegt.

Die Regressiongleichung (4) reproduziert ein typisches Ergebnis dieser Literatur. Wie in den Arbeiten von *Barro* und *Lee* (1994) wurde die gesamte Untersuchungsperiode (1965 - 85) in zwei Jahrzehnte unterteilt (1965 - 75, 1975 - 85) und die Regressionsgleichung für beide Perioden gemeinsam als verbundene Instrumental-Variablen-Schätzung (INST) ermittelt:[6]

$$
\begin{array}{lllll}
\ln(y_t) - \ln(y_0) = & -0.0381 C_{65-75} & -0.0478 C_{75-85} & +0.0139 MSS & -0.0118 FSS \\
 & (0.57) & (0.71) & (2.19) & (1.64) \\
 & & +0.0655 \ln(LIFE) & +0.1123 \ln(I/Y) & -0.1964 \ln(G/Y) \\
(4) & & (3.38) & (3.14) & (4.17) \\
 & & -0.0351 \ln(BMP) & -0.0120 REVOL & -0.0265 \ln(y_0) \\
 & & (2.77) & (1.07) & (5.72)
\end{array}
$$

$$R^2_{65-75} = 0.5266 \quad R^2_{75-85} = 0.0265 \quad \text{Res.} - \text{Korr.} = 0.523\,.$$

Das Ausgangsniveau des Pro-Kopf-Bruttoinlandsproduktes hat nun einen hochsignifikant negativen Koeffizienten, der eindeutig die Hypothese der konditionellen Konvergenz belegt. Die Faktoren, die das Wirtschaftswachstum fördern, sind die Lebenserwartung (als Gesundheitsmaß) und die private Investitionsquote, welche beide hochsignifikant sind und das erwartete positive Vorzeichen haben. Die

6 Für eine detailierte Beschreibung der exakten Definition der Variablen und die Begründung der Wahl der Instrumente wird auf die Diskussion in *Barro* und *Lee* (1993) and *Barro* und *Sala-i-Martin* (1995) verwiesen.

Faktoren, welche das Wachstum hemmen, sind die staatliche Konsumquote, der Schwarzmarkt-Währungsrisikozuschlag und die politische Instabilität. Schließlich spielt ebenso wie bei *Barro* und *Lee* (1994) die Schulbildung auf dem sekundären Niveau eine bedeutende Rolle bei der Erklärung des Wachstums: männliche und weibliche Schulbildung sind gemeinsam signifikant wenn beide in die Regression aufgenommen werden. Das Anfangsniveau der männlichen sekundären Schulbildung hat das erwartete positive Vorzeichen und ist signifikant auf den 5-Prozent-Niveau, während die weibliche sekundäre Schulbildung mit einem überraschenden negativen Vorzeichen auftaucht und isoliert nicht signifikant ist. *Barro* und *Lee* (1994) geben keine befriedigende Erklärung für diese Resultat, aber *Barro* und *Sala-i-Martin* (1995) schlagen folgende Interpretation der beiden Variablen vor: zur Erklärung des negativen Vorzeichens sind die Unterschiede zwischen männlicher und weiblicher sekundärer Schulbildung als ein Maß für die Rückständigkeit eines Landes anzusehen, wobei ein höheres Maß an Rückständigkeit höhere Wachstumsraten über den Konvergenzmechanismus eröffnet. *Stokey* (1994) weist andererseits darauf hin, daß die Unterschiede zwischen männlicher und weiblicher sekundärer Bildung als eine Art „Chop-Stick-Variable" dienen, welche die ostasiatischen Tiger-Staaten hervorhebt, da diese Länder die stärksten Unterschiede zwischen männlichen und weiblichen Bildungsquoten aufweisen. Sie schlägt daher vor, zur Vermeidung dieses Effektes die weibliche sekundäre Ausbildung aus der Regression herauszunehmen. Zur Beurteilung der Relevanz dieser beiden Argumente wurde die obige Gleichung unter einigen Koeffizientenrestriktionen erneut geschätzt. Um die Interpretation von *Barro* und *Sala-i-Martin* (1995) zu untersuchen, daß männliche und weibliche sekundäre Schulbildung lediglich als Maß für die Rückständigkeit eines Landes anzusehen sind, wurde die Koeffizientenrestriktion $b_2 = -b_3$ getestet. Diese Restriktion konnte auf dem 5-Prozent-Niveau nicht abgelehnt werden während die Restriktion $b_2 = b_3 = 0$ auf dem 1-Prozent-Niveau verworfen wurde. Zur Berücksichtigung der Kritik von *Stokey* (1994) wurde die obige Regression mit der durchschnittlichen Sekundärbildung (ASS) in der Gesamtbevölkerung anstelle der männliche und weibliche Bildung erneut berechnet. Die Instrumental-Variablen-Schätzung ergab:

$$
(5)\quad
\begin{array}{lllll}
\ln(y_t) - ln(y_0) = & -0.0312 C_{65-75} & -0.0402 C_{75-85} & +0.0047 ASS & \\
 & (0.46) & (0.59) & (1.57) & \\
 & & +0.0693 \ln(LIFE) & +0.1211 \ln(I/Y) & -0.2145 \ln(G/Y) \\
 & & (3.48) & (3.38) & (4.69) \\
 & & -0.0368 \ln(BMP) & -0.0090 REVOL & -0.0294 \ln(y_0) \\
 & & (2.82) & (0.79) & (6.73)
\end{array}
$$

$$
R^2_{65-75} = 0.5242 \quad R^2_{75-85} = -0.0479 \quad \text{Res.} - \text{Korr} = 0.525\,.
$$

Diese Schätzergebnis zeigt, daß die durchschnittliche Sekundärbildung nur eine geringe Rolle bei der ländervergleichenden Analyse von Unterschieden im Wirtschaftswachstum spielt, da diese Variable nicht signifikant ist. Dies legt die

Schlußfolgerung nahe, daß der Zusammenhang zwischen Wachstum und sekundärer Bildung weder besonders robust noch besonders bedeutend ist.

Die obige Aussage impliziert jedoch nicht, daß Bildung generell ohne Bedeutung für das Wachstum ist. *Barro* und *Lee* (1994) weisen nach, daß die Dauer der primären und höheren weiblichen und männlichen Schulbildung sowohl individuell als auch gemeinsam signifikant sind wenn sie zusätzlich zur sekundären Bildung in die Regressionen aufgenommen werden. Dieses Resultat ist wenig überraschend, da einerseits eine Kollinearität zwischen weiblicher und männlicher Bildungsdauer besteht und andererseits auch eine hohe Kollinearität der Bildungsvariablen auf verschiedenen Bildungsniveaus festgestellt wurde. Die Autoren demonstrieren ferner, daß ähnliche Ergebnisse erzielt werden, falls anstatt der durchschnittlichen Schuldauer die Schulabschlußquoten oder die Schuleinschreibungsquoten zugrunde gelegt werden. Auch dieses Resultat ist kaum überraschend, wenn man berücksichtigt, daß ebenfalls eine hohe Kollinearität zwischen Bildungsdauer und Schulabschlußquoten oder die Schuleinschreibungsquoten besteht.[7] Anstatt die Robustheit der Ergebnisse zu untermauern, demonstriert diese Invarianz der Ergebnisse in Bezug auf die konkrete Spezifikation der Regressionsgleichung lediglich die hohe Kollinearität und die fragliche Qualität der Daten. Besonders kritisch ist dabei zu sehen, daß fehlende Werte interpoliert wurden, indem man die Daten von Ländern in ähnlichen Entwicklungsstufen als Referenzwerte verwendet hat. Diese Eigenschaft der Daten verzerrt die Resultate in Richtung Uniformität, was zur Folge hat, daß solche Argumente zur Robustheit des Zusammenhangs zwischen Wirtschaftswachstum und Bildung nicht zu überzeugen vermögen.

IV. Absolute Konvergenz, konditionelle Konvergenz oder Gleichgewichtswachstum?

Während die oben diskutierte empirische Evidenz die Beziehung zwischen Wirtschaftswachstum und Bildungsstandards allgemein in Frage stellt, soll in diesem Abschnitt das Ergebnis der konditionellen Konvergenz kritisch hinterfragt werden.

Im Solow-Modell ohne technischen Fortschritt ist die gleichgewichtige Wachstumsrate Null und Unterschiede in den Steady-State Niveaus des Pro-Kopf-Outputs sind eine Funktion der Bevölkerungswachstumsrate (n), der Investitionsquote (s), der Abschreibungsrate (δ) und technologischer Faktoren wie der Produktivität des Faktors Kapital in der Cobb-Douglas Produktionsfunktion. Alle diese Faktoren sind im Solow-Modell konstant, und daher bedingen Länderunterschiede in diesen Konstanten lediglich persistente Unterschiede in den Steady-State Niveaus des Pro-Kopf-Outputs. In der empirischen Umsetzung dieses Testansatzes kann jedoch nicht unkritisch von der Konstanz dieser Variablen ausgegangen werden. Im Gegenteil, reale Bevölkerungswachstumsraten und Investitionsquoten zeigen eine erhebliche zeitliche Variabilität, und dies muß in der Teststrategie berücksichtigt werden. In den empirischen Ansätzen von *Mankiw, Romer* und *Weil* (1992), *Barro* (1990), *Barro* und *Lee* (1993,1994) oder *Barro* und *Sala-i-Martin* (1991, 1992a,b, 1995) ist dies nicht der Fall. Dieses Versäumnis ist umso kritischer zu beurteilen, je mehr die Faktoren, welche den Steady-State beeinflussen, eine spezifische zeitliche Entwicklungsdynamik aufweisen, welche durch absolute Konvergenz gekennzeichnet ist, denn dies impliziert, daß diese Faktoren selbst zu einem identischen Steady-State konvergieren. Definitionsgemäß können solche Faktoren keine persistenten Unterschiede in den Steady-States erklären, und die Aussagekraft von Tests zur konditionellen Konvergenz ist in diesem Fall äußerst fraglich, ja sogar irreführend. Die Macht solcher Tests ist daher ohne besondere Vortests, z. B. auf Stationarität der Regressoren, nicht zu beurteilen.

Die oben geäußerten Bedenken in Bezug auf die Aussagekraft von konditionellen Konvergenztests ergänzt die Kritik von *Cohen* (1992, 1993) an diesen Tests. *Cohen* (1992, 1993) stellt auf die Endogenität des Ausgangsniveaus des Pro-Kopf-Bruttoinlandsproduktes (y_0) ab, welches nicht als exogener Regressor unterstellt werden darf, da diese Variable im Solow-Modell endogen durch die Anfangswerte der Bevölkerungswachstumsraten (n), der Abschreibungsraten (δ), der Raten des technischen Fortschritts (x), und der privaten Sparquoten (s) bestimmt wird. Diese Endogenität muß modelliert werden, und das resultierende simultane Gleichungssystem erfordert die Anwendung von System-Schätzverfahren (z. B. Full-Information-Maximum-Likelihood, FIML). Die Relevanz der Kritik von *Cohen* (1992, 1993) ist unbestritten. Die im vorliegenden Beitrag geäußerte Kritik stellt ebenfalls auf die Endogenität der Regressoren in den konditionellen Konvergenztests ab, sie hebt jedoch hervor, daß neben den Anfangswerten des Pro-Kopf-Bruttoinlandsproduktes (y_0) auch die übrigen Regressoren wegen der Dynamik ihrer zeitlichen Entwicklung nicht als exogen unterstellt werden können, insbesondere dann nicht, wenn ihre zeitliche Entwicklung durch eine weltweite Konvergenzdynamik gekennzeichnet ist.

Um die empirische Relevanz dieses Argumentes zu untermauern wird auf Abbildung 6 verwiesen. Jedes der einzelnen Fenster von Abbildung 6 stellt die durchschnittliche Wachstumsrate der jeweiligen Variable im Intervall zwischen 1960-85 relativ zum Anfangswert dieser Variable im Jahr 1960 dar, wobei wiederum die 95 in *Barro* und *Sala-i-Martin* (1991, 1992a,b, 1995) verwendeten Länder verwendet wurden. Abbildungen 6(a) und 6(b) sind im gegenwärtigen Kontext besonders relevant, da sie auf das häufig verwendete Humankapitalmaß der sekundären Schulbildung von Männern und Frauen abstellen. Es wird offensichtlich, daß männliche und weibliche Schulbildung absolute Konvergenz aufweisen. Dies kann dadurch verifiziert werden, daß der Schätzkoeffizient des Anstiegsparameters einer Regressionsgerade durch diese Punktwolke signifikant negativ ist, sowohl für männliche als auch weiblich Sekundärbildung. Dies bedeutet, daß Länder mit geringen Anfangswerten der Schulbildung entsprechend einen relativ stärkeren Fortschritt bei dem Ausbau der Bildung erzielt haben als Länder mit schon anfänglich hohen Bildungsstandards. Internationale Ausbildungsprogramme, wie etwa die UNESCO-

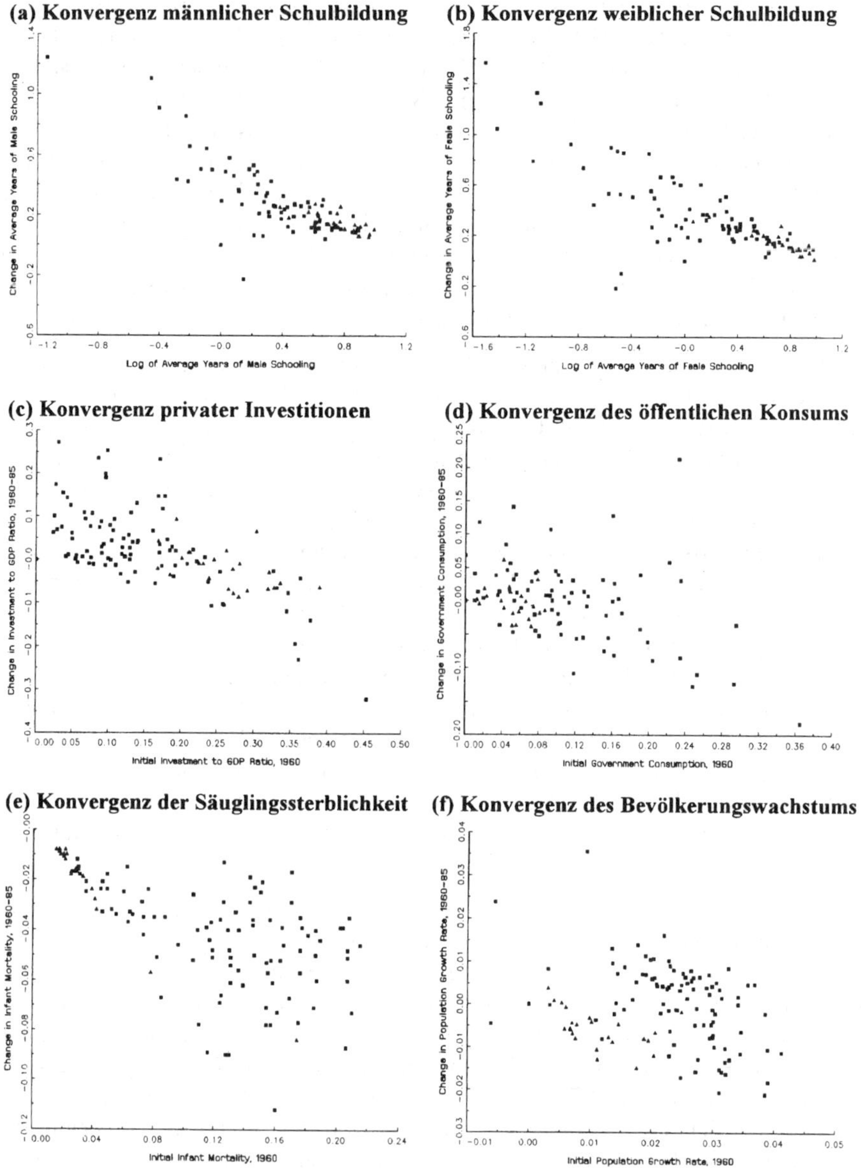

Abbildung 6: Absolute Konvergenz der Bestimmungsfaktoren des Wachstums, 1960 - 1985

Quelle: Eigene Berechnungen auf der Grundlage der Daten von *Barro* und *Lee* (1993).

Fortsetzung von Abbildung 6

(g) Konvergenz der Lebenserwartung

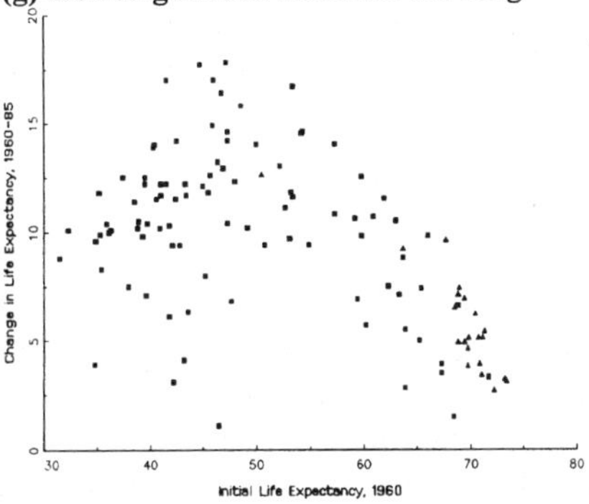

(h) Konvergenz der Kinderquoten

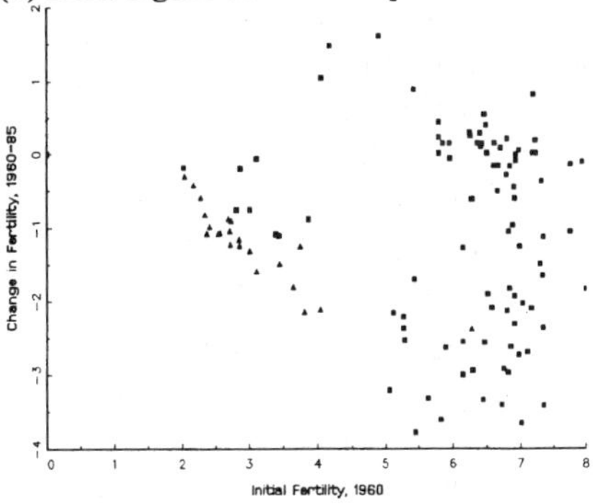

(i) Konvergenz des Außenhandels

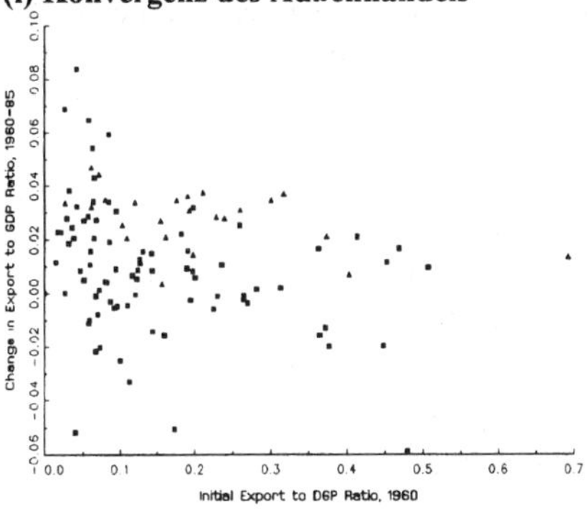

(j) Konvergenz der Finanzmarktsysteme

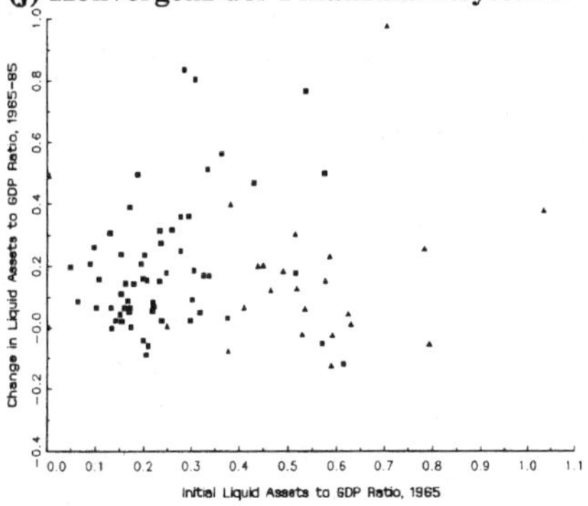

(k) Konvergenz der Währungsrisiken

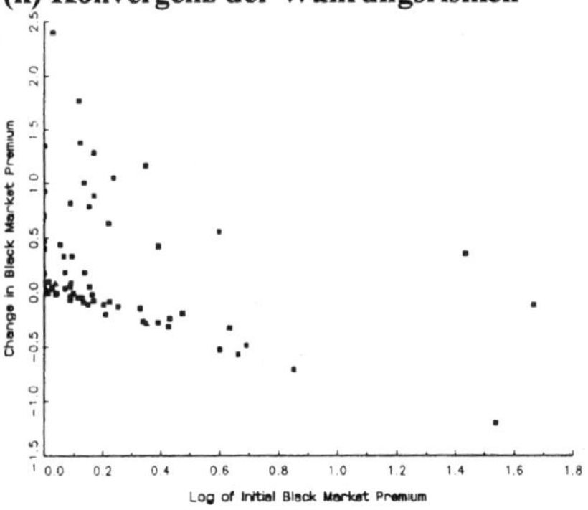

(l) Konvergenz der Politischen Instabilität

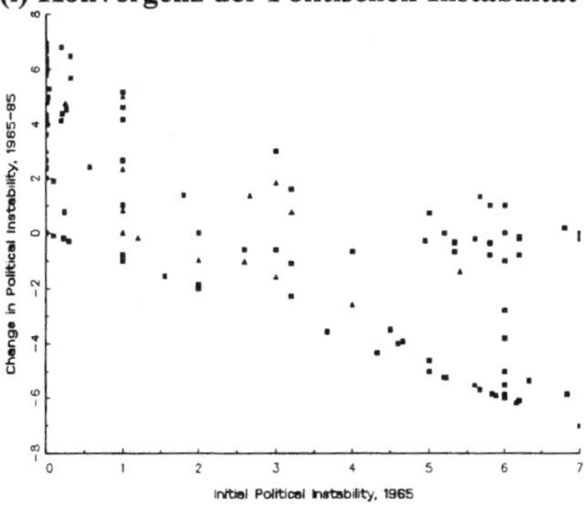

Aktivitäten, haben in diesem Aufholprozeß sicherlich eine nicht unbedeutende Rolle gespielt. Ferner impliziert dieser Aufholprozeß, daß bei unveränderter Dynamik alle Länder der Welt eventuell ein identisches Steady-State Bildungsniveau erreichen werden, wenn dies auch Zeit benötigt. Da langfristig jedoch die Humankapitalunterschiede zwischen Ländern verschwinden werden, können Humankapital und Schulbildung nicht herangezogen werden, um langfristige Unterschiede in den Pro-Kopf-Bruttoinlandsprodukten der Länder zu erklären. Die Argumentation von *Mankiw, Romer* und *Weil* (1992), *Barro* (1990), *Barro* und *Lee* (1993,1994), oder *Barro* und *Sala-i-Martin* (1991, 1992a,b, 1995) zu diesem Punkt ist somit empirisch widerlegbar und falsch.

Ähnliche Aussagen können zu den privaten Investitionsquoten und zum Staatskonsum getroffen werden, da auch in Abbildung 6(c) und 6(d) ein gewisses Maß an absoluter weltweiter Konvergenz feststellbar ist. Tendenzen zu absoluter Konvergenz liegen auch bei der Säuglingssterblichkeit (6e), den Bevölkerungswachstumsraten (6f), den Schwarzmarkt-Währungszuschlägen (6k) oder dem Maß der politischen Instabilität (6l) vor. Jedoch weisen die Lebenserwartung bei Geburt (6g) und die Anzahl der Kinder pro Frau (6h) lediglich innerhalb der OECD-Länder starke Tendenzen zur Konvergenz auf, während im weltweiten Vergleich keine absolute Konvergenz feststellbar ist. Ebenso verhält es sich mit der Entwicklung und dem Ausbau des internationalen Handels und des inländischen Systems der Finanzintermediation. Auch hier sind keine Konvergenz- oder Aufholtendenzen der Entwicklungsländern erkennbar. Diese Feststellung ist interessant, da sie nahelegt, daß die mangelnde weltweite Konvergenz der Pro-Kopf-Bruttoinlandsprodukte primär mit diesen sozioökonomischen Faktoren und dem mangelnden Fortschritt bei der internationaler Handels- und Finanzmarktintegration einhergeht und weniger mit Humankapitalfaktoren und Bildungstandards zu tun hat.

Zusammenfassend sei erwähnt, daß aufgrund der absoluten weltweiten Konvergenz vieler häufig verwendeter Regressoren diese Variablen ungeeignet sind um die weltweiten Unterschiede in den langfristigen gleichgewichtigen Pro-Kopf-Bruttoinlandsprodukten zu erklären. Dies genau ist jedoch die Philosophie des Testansatzes der konditionellen Konvergenz; er ist somit vollkommen unbrauchbar. Bei absoluter Konvergenz von Faktoren wie dem Humankapital sagen die Schätzergebnisse eigentlich nur etwas dazu aus, inwieweit neben den Anfangswerten der Pro-Kopf-Bruttoinlandsprodukte die anfänglichen Abweichungen von Faktoren wie dem Humankapital von seinem Gleichgewichtswert die Konvergenzdynamik des Modells beeinflußt. Dies ist in einem Eingleichungsmodell nicht testbar, denn zur Herleitung der testbaren reduzierten Form müßte eine Taylor-Approximation des gesamten multivariaten Systems in der Nähe des Gleichgewichtes erfolgen und Systemschätzverfahren sollten zur empirischen Überprüfung verwendet werden.

V. Zusammenfassung und Politikempfehlungen

Der vorliegende Beitrag hat eine Reihe von Problemen in der empirischen Literatur zum Zusammenhang zwischen Wirtschaftswachstum und Bildungsstandards aufgezeigt. Zunächst wurde auf die mangelnde Datenqualität hingewiesen, welche durch die Notwendigkeit zur Interpolation nicht vorhandener Erhebungsdaten bedingt ist. Die gewählte Interpolationsmethode verzerrt die Daten in Richtung Uniformität von Entwicklungsländern einerseits und Industrieländern andererseits. Dies akzentuiert die Unterschiede zwischen beiden Ländergruppen, und Cluster-Korrelationen sind die Folge. Ferner ist die hohe Multikollinearität der verschiedenen Regressoren ein zentrales Problem dieser Literatur. Auch sind die Schätzergebnisse oft nicht robust und die Frage der Kausalitätsrichtung der Zusammenhänge ist vollkommen ungeklärt. Schließlich liegen erhebliche Testprobleme in der Endogenität fast aller Regressoren begründet, und der Testansatz ist nur unter extrem restriktiven Bedingungen überhaupt anwendbar. Ein in der vorliegenden Arbeit besonders hervorgehobenes Problem hängt mit der Dynamik der exogenen Variablen zusammen. Diese weisen bis auf wenige Ausnahmen absolute weltweite Konvergenz auf, was den traditionellen Testansatz zur Überprüfung konditioneller Konvergenz unbrauchbar macht.

Die Politikimplikationen der hier präsentierten Ergebnisse sind wie folgt: zunächst wurde gezeigt, daß die Abwesenheit absoluter Konvergenz der Pro-Kopf-Einkommen zwischen Entwicklungs- und Industrieländern nicht durch die typischerweise verwendeten Variablen wie Humankapital, Schulbildung, private Investitionsquoten, Staatskonsum, oder Bevölkerungswachstum erklärbar ist. Diese Faktoren weisen starke Tendenzen zu absoluter Konvergenz auf, wenn auch diese Konvergenz langsam erfolgen mag. Was stärker für die Abwesenheit absoluter Konvergenz der Pro-Kopf-Einkommen verantwortlich zu sein scheint sind diejenigen Faktoren, welche selbst im Zeitablauf nicht konvergieren. Hier hemmen insbesondere der mangelnde Fortschritt bei der internationalen Handelsintegration und beim Ausbau der inländischen Finanzmärkte die Entwicklungsdynamik. Globale Marktliberalisierung ist hier notwendig: neben der weiteren Globalisierung der Finanzmärkte sind insbesondere Handelspolitiken mit dem Ziel einer Reduktion der Asymmetrie in den Handelsstrukturen zwischen Industrie- und Entwicklungsländern geboten. Zweitens scheint mangelnde medizinische Infrastruktur nach wie vor ein Haupthindernis bei der Überwindung von Armutsfallen zu sein. Die Lebenserwartung liegt in einigen Entwicklungsländern immer noch im Durchschnitt der Bevölkerung bei 30-40 Jahren; dies ist nur rund die Hälfte des entsprechenden Wertes von Industrieländern. Die wirklich schlechte Nachricht dabei ist, daß es hier keine Anzeichen einer Verbesserung der Situation gibt. Da die Lebenserwartung typischerweise einen positiven und signifikanten Schätzkoeffizienten in Wachstumsregressionen hat, wäre eine Steigerung der Lebenserwartung ein zentaler Wachstumsimpuls für Entwicklungsländer. Die Verbesserung der medizinischen Infrastruktur ist hier die zentrale Politikaufgabe. Schulbildung und der Erwerb besonderer produktiver Fähigkeiten hat in der neueren Wachstumstheorie zwar eine zentrale Bedeutung für das Wirtschaftswachstum, aber die empirischen Daten besagen, daß die Erhöhung der Lebensproduktivität mittels einer Erhöhung der Lebenserwartung in Entwicklungsländern einen erheblichen Wachstumseffekt bedingen würde.

Literatur

Aschauer, David Alan, „Is Public Expenditure Productive?“, Journal of Monetary Economics, 23 (1989), S. 177-200.

Barro, Robert J., „Economic Growth in a Cross Section of Countries“, Quarterly Journal of Economics, 106, 2 (1991a), S. 407-443.

– A Cross Country Study of Growth, Saving, und Government, in: B. Douglas Bernheim und John B. Shoven (Hrsg.), National Saving und Economic Performance, Chicago (1991b), University of Chicago Press.

Barro, Robert J. / *Lee,* Jong-Wha, „International Comparisons of Educational Attainment“, Journal of Monetary Economics, 32, 3 (Dez).

– Sources of Economic Growth, Carnegie-Rochester Conference Series on Public Policy (1994).

Barro, Robert J. / *Sala-i-Martin,* Xavier, „Convergence across States und Regions“, Brookings Papers on Economic Activity, No. 1 (1991), S. 107-182.

– „Convergence“, Journal of Political Economy, 100, 2 (1992a), S. 223-251.

– „Regional Growth und Migration: A Japan-United States Comparison“, Journal of the Japanese und International Economies, 6, (1992b), S. 312-346.

– Economic Growth, McGraw-Hill, New York, (1995).

Barro, Robert J. / *Mankiw,* Gregory N. / *Sala-i-Martin,* Xavier, „Capital Mobility in Neoclassical Models of Growth“, NBER Working Paper No. 4206 (Nov. 1992), also printed as Centre for Economic Policy Research Discussion Paper No. 1019, (1994).

Barro, Robert J. / *Wolf,* Holger, „Data Appendix to ‚Economic Growth in a Cross Section of Countries‘“, Mimeo (1989).

Ben-David, Dan, „Convergence Clubs and Diverging Economies“, Centre for Economic Policy Research Discussion Paper No. 922, (1994).

Benhabib, Jess / *Spiegel,* Mark M., The Role of Human Capital and Political Instability in Economic Development, unpublished paper, New York University (März 1993).

Cohen, Daniel, „Tests of the Convergence Hypothesis: A Critical Note“, Centre for Economic Policy Research Discussion Paper No. 691, (1992).

– „Two Notes on Economic Growth and the Solow Mode“, Centre for Economic Policy Research Discussion Paper No. 780, (1993).

DeLong, J. Bradford / *Summers,* Lawrence H., „Equipment Investment and Economic Growth", Quartely Journal of Economics, 106, 2 (Mai 1991), S. 445-502.

– „How Robust is the Growth-Machinery Nexus", Mimeo, (Juni 1992).

Desdoigts, Alain, „Changes in the World Income Distribution: A Non-Parametric Approach to Challenge the Neoclassical Convergence Argument", Université Paris Dauphine Discussion Paper, (Okt.1994).

Easterly, William / *Rebelo,* Sergio, „Fiscal Policy and Economic Growth: An Empirical Investigation", Journal of Monetary Economics, 32 (Dez. 1993), S. 417-458.

de la Fuente, Angel / *Vives,* Xavier, „Infrastructure and Education as Instruments of Regional Policy: Evidence from Spain", Economic Policy 20, (1995), S. 13-51.

King, Robert G. / *Rebelo,* Sergio, „Transitional Dynamics and Economic Growth in the Neoclassical Model", American Economic Review, 83, 4 (Sept. 1993), S. 908-931.

Lee, Jong-Wha, „International Trade, Distortions, and Long-Run Economic Growth", IMF Staff Papers, 40 (Juni 1993), S. 299-328.

Levine, Ross / *Renelt,* David, „A Sensitivity Analysis of Cross-Country Growth Regressions", American Economic Review, 82, 4 (Sept. 1992), S. 942-963.

Lucas, Robert E., Jr., „On the Mechanics of Development Planning", Journal of Monetary Economics, 22, 1 (Juli 1988), S. 3-42.

Mankiw, N. Gregory / *Romer,* David / *Weil,* David N., „A Contribution to the Empirics of Economic Growth", Quarterly Journal of Economics, 107, 2 (Mai 1992), S. 407-432.

Miller, Ron, „Time-Series Estimation of Convergence Rates", Columbia University Discussion Paper (Feb. 1995).

Quah, Danny, „Galton's Fallacy and Tests of Convergence Hypothesis", Scandinavian Journal of Economics, 95, 4 (1993), S. 427-443.

– „Empirics of Growth and Convergence", Mimeo (Oct. 1994).

– „Regional Convergence Clusters across Europe", Centre for Economic Policy Research Discussion Paper No. 1286 (Jan. 1996).

Rebelo, Sergio, „Long-Run Policy Analysis and Long-Run Growth", Journal of Political Economy, 99, 3 (Juni 1991), S. 500-521.

Romer, Paul M., „Increasing Returns and Long-Run Growth", Journal of Political Economy, 94, 5 (Okt. 1986), S. 1002-1037.

– „Endogenous Technological Change", Journal of Political Economy, 98, 5 (Okt. 1990), Part II, S. 71-102.

– „Idea Gaps and Object Gaps in Economic Development", Journal of Monetary Economics, 32 (Dez. 1993), S. 534-573.

Solow, Robert M., „A Contribution to the Theory of Economic Growth", Quarterly Journal of Economics, 70, 1 (Feb. 1956), S. 65-94.

– „Perspectives on Growth Theory", Journal of Economic Perspectives, 8, No. I. (Winter 1994), S. 45-54.

Stokey, Nancy L., „Comments on Barro and Lee ‚Sources of Economic Growth'", Carnegie-Rochester Conference Series on Public Policy (1994).

Summers, Robert / *Heston,* Alan, The Penn World Table (Mark 5): „An Expanded Set of International Comparisons", 1950-1988, Quarterly Journal of Economics, 106, 2 (Mai 1991), S. 327-368.

– Penn World Tabels, Version 5.5, available on diskette from the National Bureau of Economic Research, Cambridge MA (1993).

Young, Allyn, „Increasing Returns and Economic Progress", Economic Journal, 38 (Dez. 1928), S. 527-542.

Sektorale Produktivitätseffekte der Hochschulbildungs- und Wissenschaftsausgaben in Hamburg*

Von *Wilhelm Pfähler, Christian Clermont* und *Ulrich Hofmann,* Hamburg

Zusammenfassung

In diesem Beitrag werden sektorale Produktivitätseffekte der Hamburger Hochschulbildungs- und Wissenschaftsausgaben für den Zeitraum zwischen 1970 und 1992 ökonometrisch geschätzt. Zu diesem Zweck bilden wir eine öffentliche Forschungskapitalvariable und eine Humankapitalvariable, die als öffentliche Produktionsfaktoren in die sektoralen Produktionsfunktionen eingehen. Die Schätzung erfolgt mit Hilfe einer reduzierten Translog-Produktionsfunktion. Im Ergebnis zeigt sich für Hamburg ein hochsignifikanter, zwischen den Sektoren allerdings stark variierender positiver Produktivitätseffekt des Forschungskapitals sowie ein signifikant positiver/negativer Einfluß auf die Grenzproduktivität des Kapitals/der Arbeit. Das Humankapital hat dagegen keinen signifikanten Grenzproduktivitätseffekt.

„As with much in economics, the importance of human capital is easier to prove in theory than to measure" (The Economist, June 24th 1995: 89)

I. Einleitung

In der Diskussion über die internationale Wettbewerbsfähigkeit und die Standortattraktivität der Bundesrepublik Deutschland rücken die Ausgaben für Hoch-

* Die Autoren sind Herrn Müller und Herrn Zielke vom Statistischen Landesamt Hamburg sowie Herrn Seeliger von der Universität Hamburg und Herrn Vogt von der Wissenschaftsbehörde Hamburg für die Zurverfügungstellung einiger nicht veröffentlichter Daten und ihre stets freundliche Auskunftsbereitschaft sehr zu Dank verpflichtet. Der Universität Hamburg danken wir für die finanzielle Unterstützung der Arbeit. Wir danken auch Werner Bönte, Almut Gottschall, Ulrich Lehmann-Grube und Peter Stahlecker für ihre Diskussionsbereitschaft und eine kritische Durchsicht des Beitrags. Viel Mühe und Sorgfalt haben unsere wissenschaftlichen Hilfskräfte Peter Uhde, Antje Korn und Martin Voss bei der Datensammlung an den Tag gelegt. Dafür sei ihnen herzlich gedankt. Für alle verbleibenden Mängel beschuldigen sich die Autoren gegenseitig.

schulbildung und Wissenschaft wieder in den Mittelpunkt des politischen Interesses. Man hat erkannt, daß die Einkommen und die Beschäftigung in einem Land, das mit hohen Arbeitskosten, hohen Unternehmensteuern und hoher Regulierungsdichte belastet ist, nur gesichert werden können, wenn man sich technologische und zeitliche Vorsprünge im internationalen Innovations-, Adaptions- und Diffusionswettbewerb herausarbeitet. Zu diesem Zweck muß das „Wissenskapital" in unserer Volkswirtschaft ständig und schneller als bei den Konkurrenten erneuert und vermehrt werden. Dieses „Wissenskapital" reicht von Hochschulbildung über wissenschaftliche Grundlagenforschung und anwendungsorientierte Forschung und Entwicklung bis zum Wissenstransfer.

In der föderal strukturierten Bundesrepublik sind die bedeutendsten staatlichen Investoren in dieses Wissenskapital die Bundesländer. Denn die Bundesländer haben die Aufgaben- und Ausgabenhoheit über Bildung und Wissenschaft (Art. 30, 70 GG), soweit diese nicht im Rahmen der Gemeinschaftsaufgabe „Aus- und Neubau von Hochschulen ..." (Art. 91a GG) sowie bei der „Bildungsplanung und Wissenschaftsförderung" (Art. 91b GG) vom Bund mitgetragen werden. Aus vielfältigen Gründen werden die Haushaltsspielräume der Länder in den letzten Jahren immer enger, so daß in den Landesparlamenten und Parlamentsausschüssen auch die Frage auftaucht, ob und in welchem Umfang bei den Länderausgaben für Hochschulbildung und Wissenschaft gespart werden kann, ohne daß mit nachteiligen Folgen für die Wirtschaftskraft und Standortattraktivität (für mobile Faktoren) des Landes gerechnet werden muß. Diese Frage war auch der Ausgangspunkt der vorliegenden Untersuchung. Sie ist Bestandteil eines umfassenderen Projekts zur Erforschung der „Regionalwirtschaftliche(n) Bedeutung von Hochschulbildung und Wissenschaft als Wirtschafts- und Standortfaktor am Beispiel des Stadtstaates Hamburg" (vgl. *Pfähler/Clermont/Gabriel/Hofmann* [1997]).

In der ökonomischen Literatur befassen sich inzwischen mehrere Forschungszweige – noch fast unabhängig voneinander – mit der wirtschaftlichen Bedeutung von Hochschulbildung und Wissenschaft. Erwartungsgemäß stammt die überwiegende Mehrzahl von theoretischen und empirischen Arbeiten von Wissenschaftlern aus dem Zweig der Bildungsökonomie[1]. Im Mittelpunkt der Arbeiten dieses bildungsökonomischen Forschungszweigs steht traditionell die Frage, ob und in welcher Weise und Höhe Investitionen in das Humankapital die individuellen und gesamtwirtschaftlichen Angebots- und Nachfragebedingungen auf dem Arbeitsmarkt, einschließlich der Höhe und Verteilung der Lohneinkommen, beeinflussen. Unter dem Humankapital versteht man dabei allgemein die Gesundheit, den Ausbildungsstand und die Fähigkeiten der Erwerbsbevölkerung.[2] In jüngerer Zeit greifen jedoch auch andere Forschungszweige bildungsökonomische Fragestellungen

1 Siehe hierzu z. B. *Bowen* (1964), *Blaug* (1976), *Lazlo/Weißhuhn* (1980) und *Rosen* (1987).

2 Zu neueren Beiträgen der Messung des Humankapitals siehe *Barro/Jong-Wha* (1993) sowie *Mulligan/Sala-i-Martin* (1995 a,b).

auf. Die größte wissenschaftliche Publizität erreichen dabei die theoretischen und empirischen Arbeiten in der *Lucas* (1988)-Tradition zur humankapital-orientierten endogenen Wachstumstheorie. Das Hauptaugenmerk dieser neueren Arbeiten des wachstums-orientierten Forschungszweiges gilt der Frage, wie unterschiedliche Ausstattungen mit Humankapital – und nicht länger ein als exogen angenommener technischer Fortschritt – das regionale Wachstum sowie die Konvergenz oder Divergenz regionaler wirtschaftlicher Entwicklungen zu erklären in der Lage sind.[3] Neben dem Humankapital ist das Forschungs- und Entwicklungskapital (F&E-Kapital) ein weiterer wichtiger Bestandteil des Wissenskapitals einer Region. Dieser Form des Wissenskapitals widmet sich der F&E-orientierte Forschungszweig, der inzwischen auch in die endogene Wachstumstheorie eingebettet ist.[4] Schließlich erleben wir seit Ende der 80er Jahren eine Neuauflage der Diskussion zur Bedeutung der öffentlichen Infrastruktur für die Produktivitätsentwicklung in der Volkswirtschaft.[5] In diesem infrastruktur-orientierten Forschungszweig trifft man auch auf empirische Arbeiten, die die Produktivitätseffekte der einzelnen Kategorien von Infrastrukturausgaben getrennt zu erfassen versuchen. Einer dieser Bereiche ist die Hochschulbildungs- und Wissenschaftsinfrastruktur.

Im folgenden Beitrag sollen die sektorspezifischen Produktivitätseffekte speziell der Hamburger Hochschulbildung und Wissenschaft für den Zeitraum zwischen 1970-1992 geschätzt werden. Wir möchten mit dieser Untersuchung für den Stadtstaat Hamburg erstmals überprüfen, ob überhaupt und in welcher Höhe positive Produktivitätseffekte des öffentlichen Hochschulbildungs- und Wissenschaftsbereichs für die verschiedenen Sektoren der Hamburger Wirtschaft nachgewiesen werden können. Dabei führen wir die verschiedenen Forschungszweige zusammen, indem wir verschiedene Elemente der genannten Ansätze in unserer empirischen Untersuchung verwenden.

Der Beitrag ist wie folgt gegliedert: In Abschnitt II erläutern wir die produktionstheoretischen Grundlagen unserer Schätzung und entwickeln die in der Schätzung verwendeten Indikatoren für das Forschungskapital und das Humankapital. In Abschnitt III spezifizieren und erläutern wir unsere ökonometrische Schätzfunktion für die Ermittlung der sektoralen Produktivitätseffekte des Hamburger Forschungskapitals und des Humankapitals. Die Datengrundlage beschreiben wir in Abschnitt IV. In Abschnitt V präsentieren und diskutieren wir unsere Schätzergeb-

---

3 Die Bedeutung der Ausbildung und Wissenschaft wird in der theoretischen Wachstumsliteratur keineswegs erst in jüngerer Zeit hervorgehoben. Sie ist bereits in den sechziger Jahren von *Uzawa* (1965), *Phelps* (1966) und *Shell* (1967) betont worden. Siehe hierzu auch die Diskussion dieser Arbeiten in *von Weizsäcker* (1969), *Weißhuhn* (1972), *Wigger* (1993) und *Homburg* (1995). Einen guten Überblick der empirischen Arbeiten liefert Renelt (1991).

4 Vgl. hierzu die in *Pfähler/Bönte* (1996) besprochenen Beiträge.

5 Einen aktuellen Überblick über die theoretischen Grundlagen und die empirischen Befunde der Literatur zu den Produktivitätseffekten des öffentlichen Infrastrukturkapitals findet der Leser in *Gramlich* (1994), *Pfähler/Hofmann/Bönte* (1996) sowie in *Pfähler/Hofmann/Lehmann-Grube* (1995).

nisse. Der Beitrag schließt mit einer Zusammenfassung und Hinweisen für die weitere Forschung (Abschnitt VI.).

II. Produktionstheoretische Grundlagen

Vor der Untersuchung der Produktivitätseffekte von Hochschulbildung und Wissenschaft in Hamburg ist es zunächst notwendig, die möglichen Wirkungszusammenhänge zu erläutern. Grundsätzlich wird sowohl an Hochschulen als auch an anderen Wissenschaftseinrichtungen Wissen produziert. Die erfolgreiche Verwendung dieses Wissens im Produktionsprozeß der Hamburger Unternehmen führt zu positiven Produktivitätseffekten. Dabei lassen sich zwei Wirkungskanäle unterscheiden: Erstens werden an den Hochschulen Studenten ausgebildet, die nach Abschluß ihres Studiums dem Unternehmenssektor in Hamburg zur Verfügung stehen und ihr Wissen anwenden. Zweitens stellen die Hochschulen und die Wissenschaftseinrichtungen Forschungsergebnisse den Unternehmen in Hamburg unentgeltlich bereit.[6]

Es wird unmittelbar deutlich, daß der Wissenstransfer über Studenten immer personengebunden ist. Dagegen erfolgt die Übertragung von Forschungsergebnissen auf vielfältige Art und Weise. Fachbibliotheken, Vorträge, persönliche Gespräche zwischen Wissenschaftlern und Unternehmern etc. dienen dem Austausch und der Weitergabe von Wissen. Im folgenden bezeichnen wir das personengebundene Wissen als Humankapital und die frei verfügbaren Forschungsergebnisse als Forschungskapital.[7] Die Produktivitätseffekte des Human- und des Forschungskapitals werden im folgenden getrennt untersucht.

Zur Modellierung der Produktivitätseffekte sind in der Literatur verschiedene Wege eingeschlagen worden. Es liegt nahe, den Effekt des Humankapitals in Anlehnung an *Denison* (1962) zu analysieren. Denison behandelt Humankapital nicht als eigenständigen Produktionsfaktor, sondern berücksichtigt die Wirkung des Humankapitals, indem er mehrere Qualitäten des Faktors Arbeit unterscheidet. Diese Vorgehensweise ermöglicht es, ausbildungsspezifische Produktivitätsunterschiede zu ermitteln. Besser ausgebildete Personen dürften einen höheren Produktivitätsbeitrag leisten, der sich in einem entsprechend höheren Grenzprodukt und einer höheren Entlohnung äußert. Im Gegensatz zu den personengebundenen Effekten des Humankapitals werden die Produktivitätseffekte des Forschungskapitals meistens als Externalität modelliert. Das Forschungskapital geht als öffentliches Gut

---

6 Natürlich steht das in Hamburg produzierte Wissen nicht ausschließlich Hamburger Unternehmen zur Verfügung, sondern kann auch von Unternehmen in anderen Regionen genutzt werden. Die Problematik der geographischen Spillovers wird in unserem Beitrag jedoch ausgeklammert.

7 Die Begriffe Humankapital und Forschungskapital werden in diesem Beitrag somit relativ eng gefaßt (vgl. Einleitung).

in die Produktionsfunktion ein, d. h. es steht allen Unternehmen in vollem Umfang zur Nutzung zur Verfügung. Die Betrachtung des Forschungskapitals als eigenständigen Produktionsfaktor geht auf *Schultz* (1961, 1962) zurück. Ein positiver Produktivitätseffekt des Forschungskapitals dürfte sowohl die Entlohnung der privaten Produktionsfaktoren Arbeit und Kapital als auch die Unternehmensgewinne günstig beeinflussen.

Zur Analyse der sektoralen Produktivitätseffekte von Hochschulbildung und Wissenschaft bietet sich somit folgende allgemeine Formulierung der sektoralen Produktionsfunktionen in Hamburg an:

$$(1) \qquad Y_{it} = f(K_{it}, L_{it}^{u}, L_{it}^{q}, F_{t-\tau})$$

Dabei bezeichnet Y den Output, K die privaten Real-Kapitaldienste, L^u die Arbeitsleistung unqualifizierter Arbeitskräfte, L^q die Arbeitsleistung qualifizierter Arbeitskräfte und F die Leistungen des Forschungskapitals. Der Index i bezeichnet Sektoren bzw. Unternehmen, der Index t steht für Perioden. Das Forschungskapital erhält keinen Index, da es annahmegemäß allen Sektoren bzw. Unternehmen als regional öffentlicher Produktionsfaktor in gleichem Umfang zur Verfügung steht. Es ist unklar, mit welcher zeitlichen Verzögerung τ das Forschungskapital produktionswirksam wird. Auf diese Problematik wird in Abschnitt V. ausführlich eingegangen.

Die Schätzung des Produktivitätsbeitrags des Forschungskapitals (F) erfordert die Bildung eines Indikators für die Leistungen des Forschungskapitals. Dazu wird meistens eine Bestandsgröße Forschungskapital bestimmt. Dabei sind wenigstens drei Fragen abzuklären:

1. Wie wird dieser Forschungskapitalstock produziert?
2. Mit welchen Indikatoren kann man die Höhe des Forschungskapitalstocks messen?
3. Welcher Zusammenhang besteht zwischen den Leistungen des Forschungskapitalstocks und der Höhe des Forschungskapitalstocks?

Es ist naheliegend, sich bei der Lösung dieser Fragen zunächst daran zu orientieren, wie diese Fragen typischerweise bei der Erfassung des Realkapitalstocks beantwortet werden. Man stellt dann fest, daß die Produktion des Realkapitalstocks meist gar nicht thematisiert wird. Der Realkapitalstock resultiert aus der Akkumulation von preisbereinigten Netto-Investitionsausgaben, die annahmegemäß Eins zu Eins in unterschiedliche Bauten und Ausrüstungen transformiert werden können. Folglich ist der preisbereinigte Wert des Netto-Anlagevermögens der Indikator für den Realkapitalstock. Da oft nur Daten für die Netto-Investitionsausgaben zur Verfügung stehen, versucht man, den Wert des Kapitalstocks mit Hilfe der *perpetual inventory method* aus einem Anfangskapitalstock und den zurückliegenden

Netto-Investitionsausgaben zu ermitteln. In bezug auf die Dienstleistungen des Realkapitalstocks nimmt man in der Regel an, daß diese in einem proportionalen Verhältnis zur Höhe des Realkapitalstocks stehen, wobei der Wert des Proportionalitätsfaktors eventuell mit der Konjunktur variiert.

Betrachtet man nun das Forschungskapital, so kann man im Prinzip in gleicher Weise verfahren wie beim Realkapital: Forschungskapital wird durch Akkumulation von Hochschulbildungs- und Wissenschaftsausgaben – und nicht wie etwa bei *Lucas* (1988) durch Produktion – erstellt, wobei die Ausgaben Eins zu Eins in alternative Formen von Forschungskapital transformiert werden können. Der Bestand an Forschungskapital kann dann mit Hilfe der *perpetual inventory method* aus den Ausgaben ermittelt werden. Schließlich kann man gleichfalls zwischen dem Bestand an Forschungskapital und den Serviceleistungen dieses Kapitals eine proportionale Beziehung unterstellen. Im Prinzip verfahren wir im vorliegenden Beitrag auch in dieser Weise. Allerdings muß man beim Forschungskapital zusätzlich ein paar Besonderheiten in Betracht ziehen. Drei Besonderheiten wollen wir ansprechen:

(1) Bei der Ermittlung des Realkapitalstocks werden nur Investitionsausgaben in Betracht gezogen. Das Forschungskapital wird jedoch sowohl mit Investitionsausgaben als auch mit Personalausgaben und Sachausgaben produziert. Den Beitrag der einzelnen Ausgabenarten zur Erstellung des Forschungskapitals könnte man nur ermessen, wenn man Kenntnis von Forschungsproduktionsfunktionen hätte, die auch die Substitutionalitätsbeziehungen zwischen diesen Ausgabenarten erfassen. Da diese in der Regel nicht bekannt sind, bleibt der empirischen Forschung bislang nur die Möglichkeit, das Forschungskapital aus der Gesamtheit aller Hochschulbildungs- und Wissenschaftsausgaben zu akkumulieren. Bei der Ermittlung des Forschungskapitals sollten nur die Hochschulausgaben berücksichtigt werden, die der Forschung dienen. Die „Einheit von Forschung und Lehre" im deutschen Hochschulwesen ermöglicht jedoch keine derartige Trennung der einzelnen Ausgabenarten. Damit dürfte es in der Tendenz zu einer Überschätzung der Höhe des Forschungskapitalstocks kommen.

(2) Während die Investitionsausgaben zur Erhöhung des privaten Realkapitalstocks in der Regel relativ zügig produktionswirksam werden, kann zwischen den Ausgaben für Hochschulbildung und Wissenschaft und der Erhöhung des Forschungskapitalstocks ein längerer Zeitraum verstreichen. Diese Ausgaben werden für Forschungsprojekte verwendet, die sich meist über mehrere Jahre erstrecken und deren Ergebnisse für die Unternehmen erst nach Abschluß der Projekte und nach Überwindung der Wissenstransferhürden zur Verfügung stehen. Leider stehen gegenwärtig keine aureichenden Informationen über die Reifezeit von Hochschulbildungs- und Wissenschaftsausgaben zur Verfügung, so daß man sich mit Annahmen begnügen muß.

(3) Aus den ersten zwei Punkten ergibt sich unmittelbar auch das Problem des Wertverfalls bzw. der Abschreibung des Forschungskapitals. Dabei sind die Inno-

vations-, Adaptions- und Diffusionsdynamik der privaten Wirtschaft, das Patent- und Lizenzierungsrecht sowie das Patentierungs- und Lizenzierungsverhalten der privaten und öffentlichen Forscher zu berücksichtigen. In verschiedenen Studien, in denen die Produktivitätseffekte des privaten Forschungs- und Entwicklungskapitals (F&E) gemessen werden, wird eine jährliche F&E-Abschreibungsrate zwischen 10% und 20% angenommen (vgl. *Jaffe* 1986, *Bernstein/Nadiri* 1988, 1991, *Nadiri/Prucher* 1994 sowie *Bönte* 1996). Für öffentliches F&E-Kapital in den USA konstruieren *Nadiri/Mamuneas* (1994) Kapitalstöcke mit Abschreibungsraten von 10%, 12% und 15%. Da auch für das öffentliche Forschungskapital in Hamburg keine Informationen über die Abschreibungen vorliegen, bleibt auch hier nur die Möglichkeit, die Schätzung der Produktivitätseffekte des Forschungskapitals mit alternativen Abschreibungsraten sensitivitätsanalytisch zu untersuchen.

Mit diesen Erläuterungen kann der Indikator öffentlicher Forschungskapitalstock nach der *perpetual inventory method* wie folgt konstruiert werden (vgl. *Goto/Suzuki* 1989):

$$F_t = \sum_{i=1}^{N} \xi_i A_{t-i} + (1 - \delta) F_{t-1} \,, \tag{2}$$

wobei F_t der reale öffentliche (Netto-)Forschungskapitalstock am Anfang der Periode t ist und A_t die gesamten realen Hochschulbildungs- und Wissenschaftsausgaben in der Periode t sind. δ bezeichnet die periodische Abschreibungsrate des öffentlichen Forschungskapitals und ξ_i gibt den Anteil an, zu dem die Ausgaben der vorangegangenen Perioden A_{t-i} mit $i = 1 \ldots N$ in den Anfangskapitalstock der Periode t eingehen. Diese Formulierung impliziert, daß die Hochschulbildungs- und Wissenschaftsausgaben einer Periode nicht unmittelbar in vollem Umfang in den Anfangskapitalstock der Folgeperiode eingehen müssen. Da die Informationen über die zeitliche Wirksamkeit der gesamten Hamburger Hochschulbildungs- und Wissenschaftsausgaben nicht vorliegen, haben wir statt Gleichung (2) folgende vereinfachende Annahme getroffen:

$$F_t = A_{t-1} + (1 - \delta) F_{t-1} \tag{3}$$

Ausgehend von einem Anfangskapitalstock F_{t_0} zu Beginn des Jahres t_0 und einer Abschreibungsrate δ lassen sich mit Hilfe von Gleichung (3) aus den Hochschulbildungs- und Wissenschaftsausgaben die Forschungskapitalstöcke der Folgeperioden errechnen.

Problematisch ist bei diesem Ansatz sowohl die Bestimmung der richtigen Abschreibungsrate als auch die Ermittlung des Anfangskapitalstocks. Da die Abschreibungsrate nicht bekannt ist, werden wir zunächst eine Abschreibungsrate von 15% der Schätzung zugrunde legen und dann testen, wie die Ergebnisse auf eine Variation dieser Abschreibungsrate reagieren. Zur Ermittlung eines Anfangskapitalstocks werden in der Literatur verschiedene Methoden angewandt (siehe z. B. *Harhoff* 1994). In diesem Beitrag wählen wir den von *Hall/Mairesse* (1992), *Bönte* (1994) und *Harhoff* (1994) in der F&E-Spillover-Forschung verwendeten Ansatz. Dabei wird angenommen, daß der Forschungskapital-Akkumulationsprozeß bei konstanter Abschreibungsrate (δ) schon hinreichend lange Zeit andauerte und daß die realen Wissenschaftsausgaben in den Perioden vor dem Beobachtungszeitraum (*pre sample periods*) mit einer konstanten Rate (ψ) gewachsen sind, so daß sich der reale (Netto-)Forschungskapitalstock zum Jahresanfang (F_t) rekursiv durch

(4) $$F_t = \sum_{m=0}^{\infty}(1-\delta)^m A_{t-1-m} = \frac{A_t}{\delta+\psi}$$

bestimmen läßt.[8]

Die Ermittlung des Produktivitätsbeitrags des Humankapitals (H) kann durch die Bestimmung der Produktivitätsdifferenzen zwischen qualifizierter und nicht qualifizierter Arbeit erfolgen, wobei natürlich eine differenziertere Unterscheidung verschiedener Qualitäten des Faktors Arbeit möglich ist. Nehmen die an Hochschulen ausgebildeten Studenten eine Beschäftigung in der betrachteten Region auf, so erhöht sich der Einsatz qualifizierter Arbeit.

Die notwendigen Daten für ein solches Vorgehen liegen für Hamburg jedoch nicht vor. Es ist weder möglich, den Beschäftigten in Hamburg einen gewissen Qualifikationsgrad zuzuordnen, noch ist bekannt, wieviele Absolventen nach ihrem Studium eine Beschäftigung in Hamburg aufnehmen. Schießlich gibt es auch keine Informationen, wieviele Hochschulabsolventen aus anderen Regionen in Hamburg eine Beschäftigung aufnehmen. Für Hamburg liegen nur die Daten der aggregierten sektoralen Beschäftigung vor.

Die Schätzung der Produktivitätseffekte des personengebundenen Wissens nach der Methode von *Denison* (1962) ist somit für Hamburg nicht möglich. Um dennoch einen Anhaltspunkt über den Zusammenhang zwischen Humankapital und Produktivität in Hamburg zu erhalten, haben wir ein *second-best*-Verfahren gewählt. Das Verfahrens basiert auf der Annahme eines engen Zusammenhangs zwischen der Qualität der Hochschulausbildung und der Produktivität qualifizierter Arbeitskräfte. Unter dieser Annahme müßte eine Verbesserung der Hochschulausbildung zu einer Erhöhung der Grenz- und Durchschnittsproduktivität des Faktors Arbeit insgesamt führen. Als Qualitätsindikator für die Hochschulausbildung wählen wir die durchschnittlichen Hochschulausgaben je Studenten in den vergangenen fünf Jahren:

8 Die genaue Ermittlung von Gleichung (4) findet sich im Anhang.

(5) $$H_{t-\varphi} = \frac{\sum_{i=1}^{5} Z_{t-i-\varphi}}{5}$$

Dabei bezeichnet Z die Ausgaben der Stadt Hamburg für ihre Hochschulen. Da dieser Qualitätsindikator annahmegemäß in direkter Beziehung zum Humankapital steht, behalten wir die Bezeichnung H für diese Variable bei. φ gibt die Anzahl der Perioden wieder, nach denen die durchschnittlichen Hochschulausgaben die Humankapitalvariable H_t beeinflussen.

Bei unserer Schätzung der sektoralen Produktivitätseffekte von Hochschulbildung und Wissenschaft in Hamburg gehen wir somit von folgender allgemeiner sektoraler Produktionsfunktion aus:

(6) $$Y_{it} = f(L_{it}, K_{it}, F_{t-\tau}, H_{t-\varphi})$$

Die sektoralen Produktivitätseffekte werden in der empirischen Analyse durch die folgenden partiellen Ableitungen gemessen: $f_F, f_{LF}, f_{KF}, f_{LH}$. Dabei gibt f_F den direkten Produktivitätseffekt des Forschungskapitals an. Die Kreuzableitungen f_{LF} und f_{KF} zeigen die indirekten Produktivitätseffekte des Forschungskapitals auf die sektoralen Grenzproduktivitäten der privaten Faktoren Arbeit und Kapital an. Schließlich wird mit der Kreuzableitung f_{LH} ein weiterer indirekter Produktivitätseffekt, die Wirkung der Qualität der Hochschulausbildung auf die sektorale Grenzproduktivität der Arbeit, gemessen. Die zeitliche Verzögerung φ dieses indirekten Produktivitätseffektes ist, wie beim Forschungskapital, a priori unbestimmt. In Abschnitt V. werden Sensitivitätsanalysen mit alternativen Werten beider Verzögerungsvariablen durchgeführt.

III. Ökonometrische Spezifikation

Zur Ermittlung der direkten und indirekten Produktivitätseffekte des Forschungs- und Humankapitals haben wir einen produktionstheoretischen Schätzansatz gewählt. Im Prinzip könnten diese Effekte mit einer Translog-Produktionsfunktion geschätzt werden. Bei der Schätzung entsprechender Translog-Funktionen ergaben sich jedoch starke Multikollinearitätsprobleme. Wir haben daher vereinfachend angenommen, daß die Produktionsfunktion des Sektors i durch folgende modifizierte Cobb-Douglas-Funktion approximiert werden kann:

(7) $$Y_{it} = A_i \exp(\lambda t) L_{it}^{\beta_L + \frac{1}{2}\beta_{LF} \ln F_{t-\tau} + \beta_{LH} \ln H_{t-\varphi}} \\ (cu_t K_{it})^{\beta_K + \frac{1}{2}\beta_{KF} \ln F_{t-\tau}} \\ F_{t-\tau}^{\beta_F + \frac{1}{2}(\beta_{LF} \ln L_{it} + \beta_{KF} \ln K_{it})} \exp(\varepsilon_t)$$

Dabei bezeichnet Y die reale Bruttowertschöpfung, A einen technischen Niveauparameter, t einen Zeitindex, λ die Rate des exogenen Hicks-neutralen technischen Fortschritts und ε den Störterm. L steht für den Arbeitseinsatz und K für den realen Kapitalstock, der mit dem Auslastungsgrad cu gewichtet wurde. Die Kapitaldienste werden damit nicht mehr proportional zum Kapitalstock angenommen.[9] Die Humankapitalvariable (H) ist lediglich im Exponenten des Faktors Arbeit enthalten, da wir ausschließlich den Einfluß dieser Variablen auf die Grenzproduktivität des Faktors Arbeit messen wollen. Dagegen fließt das Forschungskapital F als zusätzlicher regional öffentlicher Produktionsfaktor in die sektoralen Produktionsfunktionen ein.

Zur Schätzung der indirekten Produktivitätseffekte des Forschungskapitals wurden die Produktionselastizitäten der privaten Faktoren (L, K) um entsprechende *second-order* Terme erweitert. Das bedeutet, daß die Grenzproduktivitäten der privaten Faktoren vom öffentlichen Forschungskapital abhängen und daß die Vorzeichen der zweiten Kreuzableitungen (f_{LF}, f_{KF}) a priori nicht festgelegt werden. Im Gegensatz dazu werden in Gleichung (7) die zweiten Eigenableitungen der Produktionsfaktoren – bei positiven ersten Ableitungen – als negativ und die Kreuzableitung zwischen Kapital und Arbeit als positiv angenommen ($f_{LL}, f_{KK}, f_{FF} < 0$ und $f_{KL} > 0$). Von *spillover*-Effekten in oder aus anderen Regionen sowie von Konsumeffekten des Forschungskapitals wird, wie bereits erwähnt, abgesehen.

Eine große Unsicherheit besteht in der Tatsache, daß keine genauen Informationen darüber vorliegen, mit welcher zeitlichen Verzögerung τ eine Erhöhung des Forschungskapitals produktionswirksam wird. Es ist zu vermuten, daß die erfolgreiche Adaption öffentlicher Forschungsergebnisse in neue Produkte und/oder verbesserte Prozesse mehrere Jahre dauert. In einer Studie des U.S. Bureau of Labor Statistics (1989) wird diese Lagstruktur untersucht. Sie beträgt für die angewandte Forschung etwa zwei Jahre und für die Grundlagenforschung fünf Jahre. *Park* (1995) schlägt daher in einer Studie über die internationalen öffentlichen Forschungs- und Entwicklungs-Spillover in zehn OECD-Ländern als gewichtetes Mittel eine Lagstruktur von drei bis vier Jahren vor. Wir folgten diesem Vorschlag und haben in unserer Studie Verzögerungen von drei bis fünf Jahren angenommen. Damit untersuchen wir die Ergebnisse in Bezug auf ihre Sensitivität bezüglich der Wahl der Lagstruktur.

Die modifizierte Cobb-Douglas Produktionsfunktion in Gleichung (7) läßt sich in logarithmierter Form als Eingleichungsmodell mit der Methode der kleinsten Quadrate (OLS) schätzen. Die Gleichung wird dann zu einer reduzierten Translog-Produktionsfunktion. Für die Schätzung dieser Funktion nehmen wir als Beobachtungspunkt den jeweiligen Mittelwert der exogenen Variablen an:

---

[9] In der Literatur besteht weitgehend Einigkeit darüber, daß diese Annahme die verwendete Produktionstechnologie besser beschreiben dürfte (siehe z. B. *Hulten* 1986).

(8)
$$\begin{aligned}\ln Y_{it} = \ln A_i &+ \beta_L(\ln L_{it} - \ln \bar{L}) + \beta_K(\ln K_{it}^{cu} - \ln \bar{K}^{cu}) \\ &+ \beta_F(\ln F_{t-\tau} - \ln \bar{F}) \\ &+ \beta_{LF}(\ln L_{it} - \ln \bar{L})(\ln F_{t-\tau} - \ln \bar{F}) \\ &+ \beta_{KF}(\ln K_{it}^{cu} - \ln \bar{K}^{cu})(\ln F_{t-\tau} - \ln \bar{F}) \\ &+ \beta_{LH}(\ln L_{it} - \ln \bar{L})(\ln H_t - \ln \bar{H}) + \lambda t + \varepsilon_t\end{aligned}$$

wobei K^{cu} der mit dem Auslastungsgrad gewichtete Nettokapitalstock ist. Die Produktionselastizitäten der Faktoren gegeben sich aus den ersten partiellen Ableitungen der Gleichung (8):

(9)
$$\mu_{YK_t} = \frac{\partial \ln Y_{it}}{\partial \ln K_{it}^{cu}} = \beta_K + \beta_{KF}(\ln F_{t-\tau} - \ln \bar{F})$$

(10)
$$\begin{aligned}\mu_{YL_t} = \frac{\partial \ln Y_{it}}{\partial \ln L_{it}} &= \beta_L + \beta_{LF}(\ln F_{t-\tau} - \ln \bar{F}) \\ &+ \beta_{LH}(\ln H_t - \ln \bar{H})\end{aligned}$$

(11)
$$\begin{aligned}\mu_{YF_{it}} = \frac{\partial \ln Y_{it}}{\partial \ln F_{t-\tau}} &= \beta_F + \beta_{LF}(\ln L_{it} - \ln \bar{L}) \\ &+ \beta_{KF}(\ln K_{it}^{cu} - \ln \bar{K}^{cu})\end{aligned}$$

Die Produktionselastizitäten der privaten Faktoren (μ_{YL_t}, μ_{YK_t}) sind in allen Sektoren annahmegemäß gleich, aber in den verschiedenen Perioden unterschiedlich hoch. Die Produktionselastizität des Forschungskapitales ($\mu_{YF_{it}}$) wurde dagegen sowohl sektoral als auch zeitlich als variabel spezifiziert. Aus den Gleichungen (9) bis (11) lassen sich unmittelbar die Grenzproduktivitäten der Faktoren an jedem Beobachtungspunkt errechnen.

Durch die Schätzung von Gleichung (8) ist es auch möglich, Aussagen über die Substitutionsbeziehungen zwischen den Faktoren zu treffen. Aus den Regressionsergebnissen lassen sich somit neben den direkten Produktivitätseffekten auch die indirekten Produktivitätseffekte der beiden Wissenschaftsvariablen errechnen. Es können im Prinzip an jedem Beobachtungspunkt alle Kreuzableitungen errechnet werden. Globale Aussagen sind häufig sehr schwierig, da die Varianz der Ergebnisse beachtlich ausfallen kann. Die Analyse der Schätzfunktion zeigt, daß für den Fall einer positiven Produktionselastizität des öffentlichen Forschungskapitals F_t zumindest globale Aussagen bezüglich der Vorzeichen der Kreuzableitungen $f_{KF_{it}}$ und $f_{LF_{it}}$ getroffen werden können. Damit kann die Frage beantwortet werden, ob das öffentliche Forschungskapital im Sinne von *Frisch* (1965) ein Grenzprodukt-Komplement ($f_{KF_{it}}, f_{LF_{it}} > 0$) oder ein Grenzprodukt-Substitut ($f_{KF_{it}}, f_{LF_{it}} < 0$) zu den privaten Faktoren darstellt (siehe *Hofmann/Bönte* 1994: 7 - 11). Für die Kreuzableitung $f_{jF_{it}}$ gilt:

(12) $$f_{jF_{it}} = \frac{f_{j_i}}{F_{t-\tau}} \left(\frac{\partial \ln Y_{it}}{\partial \ln F_{t-\tau}} + \frac{\beta_{jF}}{e_{j_i,t}} \right) = \frac{f_{j_i}}{F_{t-\tau}} (\mu_{YF_{it}} + \mu_{e_{j_i}F_t})$$

wobei e_j – unter der Annahme der Entlohnung der Produktionsfaktoren nach dem Grenzprodukt – den Einkommensanteil des Faktors $j = K_t, L_t$ angibt, d. h. $e_{L_{it}} = \frac{\partial \ln Y_{it}}{\partial \ln L_{it}} = \frac{a_{it} L_{it}}{Y_{it}}$ und $e_{K_{it}} = \frac{\partial \ln Y_{it}}{\partial \ln K_{it}} = \frac{r_{it} K_{it}}{Y_{it}}$ mit $\frac{\partial Y}{\partial L} = w =$ Lohnsatz und $\frac{\partial Y}{\partial K} = r =$ Kapitalkostensatz. Die Kreuzableitung $f_{jF_{it}}$ ist immer dann positiv, wenn β_{jF} einen statistisch signifikanten und positiven Wert aufweist. Ist β_{jF} dagegen statistisch signifikant kleiner Null, so folgt daraus nicht zwangsläufig ein negatives Vorzeichen für die Kreuzableitung $f_{jF_{it}}$. In diesem Fall ergibt sich an dem entsprechenden Beobachtungspunkt ein positives Vorzeichen der Kreuzableitung, wenn die Produktionselastizität des öffentlichen Forschungskapitales $\mu_{YF_{it}}$ absolut größer ist als die Elastizität des Einkommensanteils des Faktors j in Bezug auf das Forschungskapital $\left(\mu_{e_{j_i}F_t} = \frac{\beta_{jF}}{e_{j_i,t}} = \frac{\partial e_{j_i,t}}{\partial F_t} \frac{F_t}{e_{j_i,t}} \right)$. Der Koeffizient β_{LH} gibt die Wirkung des Qualitätsindikators der Hochschausbildung auf den Einkommensanteil des Faktors Arbeit, d. h. auf die Lohnquote, an. Ist $\beta_{LH} > 0$, so wirkt eine Verbesserung der Hochschulausbildung am Beobachtungspunkt erwartungsgemäß positiv auf die Grenzproduktivität der Arbeit und läßt eine steigende Entlohnung erwarten.

IV. Datengrundlage

Zur Untersuchung der sektoralen Produktivitätseffekte des Hamburger Forschungs- und Humankapitals für die Hamburger Wirtschaft werden im Rahmen eines produktionstheoretischen Schätzansatzes folgende Daten benötigt: (1) die Beschäftigten der zu untersuchenden Sektoren, (2) die realen privaten Netto-Kapitalstöcke der Sektoren, (3) die Hochschulbildungs- und Wissenschaftsausgaben in Hamburg und (4) die reale Bruttowertschöpfung der zu untersuchenden Sektoren. Die Datenlage in Hamburg ermöglicht eine kombinierte Längsschnitt-Querschnittsanalyse für fünf Sektoren – Baugewerbe, Verarbeitendes Gewerbe, Handel, Verkehr und Dienstleistungen (ohne Wohnungsvermietung) – für den Zeitraum von 1970-1992. Daten für längere Zeiträume und eine tiefere sektorale Disaggregation liegen nicht vor. Die benötigten Daten zu den Beschäftigten und der Bruttowertschöpfung entstammen den Veröffentlichungen der Statistischen Landesämter (1994 a,b). Die realen Netto-Kapitalstöcke der Sektoren wurden uns vom Statistischen Landesamt Hamburg zur Verfügung gestellt, die Daten für den Netto-Wissenschaftskapitalstock haben wir selbst geschätzt.

Die Arbeitsleistungen werden durch das effektive jährliche Arbeitsvolumen in Mio. Stunden gemessen. Dieses ergibt sich aus der Multiplikation der Beschäftigten im Sektor i mit der durchschnittlichen – um Urlaubs- und Krankheitszeit bereinigten – Jahresarbeitszeit pro Beschäftigten und ist der Beschäftigtenzahl vorzuziehen, da es die starke Reduktion der Arbeitszeit während des Beobachtungszeitraumes berücksichtigt. Die durchschnittliche jährliche Arbeitszeit pro Beschäftigten fiel von 1949 Stunden im Jahr 1970 auf 1617 Stunden im Jahr 1992.

Die privaten Kapitalleistungen werden durch den realen Netto-Kapitalstock K (in Preisen von 1991) gemessen, wobei als exogener Korrekturfaktor für den Kapitalstock der vom IFO-Institut ermittelte Auslastungsgrad cu für das Verarbeitende Gewerbe gewählt wurde.

Die Kapitalleistungen des Forschungskapitals werden durch den realen Netto-Forschungskapitalstock F(in Preisen von 1991) gemessen. Die Datengrundlage zur Konstruktion dieses Netto-Forschungskapitalstocks mit Hilfe der *perpetual inventory method* gemäß den Gleichungen (3) und (4) sind die Hochschulbildungs- und Wissenschaftsausgaben der Stadt Hamburg. Diese sind in den Haushaltsplänen der Behörde für Wissenschaft und Forschung der Freien und Hansestadt Hamburg zu finden und werden mit einiger Verzögerung jährlich in den Rechnungsergebnissen des öffentlichen Gesamthaushaltes vom Statistischen Bundesamt veröffentlicht (Fachserie 14). Die Hamburger Brutto-Hochschulbildungs- und Wissenschaftsausgaben setzen sich aus den Ausgabenpositionen Hochschulen und Wissenschaft und Forschung außerhalb der Hochschulen zusammen.[10] Die Brutto-Hochschulausgaben der Stadt Hamburg beziehen sich auf sieben städtische Hochschulen und das Universitäts-Krankenhaus Eppendorf (UKE). Zu den städtischen Hochschulen gehören – nach der Rangordnung der Zahl ihrer Studierenden (1993) – die Universität Hamburg incl. UKE (44 207), die Fachhochschule Hamburg (15 271), die Technische Universität Hamburg-Harburg (2 511), die Hochschule für Wirtschaft und Politik (2 379), die Hochschule für Bildende Künste (1 380), die Fachhochschule für öffentliche Verwaltung (1 067) und die Hochschule für Musik und Theater (880). Die Universität der Bundeswehr Hamburg (2 204) liegt nicht und die sehr kleine Evangelische Fachhochschule für Sozialpädagogik (153) nur zu rund 50% in der Ausgabenverantwortung der Stadt Hamburg. Sie sind deshalb hier nicht in den städtischen Brutto-Hochschulausgaben enthalten. Vom UKE, das 1993 mit 799,2 Mio DM rund 47,3% der Brutto-Hochschulausgaben – aber aufgrund eigener Einnahmen nur 22,1% der Netto-Hochschulausgaben – Hamburgs tätigte, sind keine sektoralen Produktivitätseffekte zu erwarten. Deshalb werden die städtischen Brutto-Hochschulausgaben um diesen Betrag gekürzt. Die Ausgaben für Wissenschaft und Forschung außerhalb der Hochschulen enthalten vor allem die Ausgaben für die gemeinsame Bund-Länder-Forschungsförderung (gemäß Art. 91b GG), das Deutsche Elektronen-Synchroton (DESY), das Hamburger Weltwirtschaftlich Archiv (HWWA), das Heinrich-Pette-Institut, das GKSS-Forschungszentrum Geesthacht sowie die Wissenschafts- und Forschungsverwaltung.

---

[10] Die Brutto-Ausgaben enthalten auch die Verwaltungseinnahmen und die Zuschüsse und Zuwendungen. Unter den Zuschüssen und Zuwendungen machen die Drittmittel den größten Anteil aus. Eine detaillierte Analyse des Stands, der Struktur und der Entwicklung der Ausgaben findet sich in *Pfähler/Clermont/Gabriel/Hofmann* (1997).

Die städtischen (Brutto-)Hochschulbildungs- und Wissenschaftsausgaben wurden von 1965 bis 1992 erfaßt. Die laufenden Personal- und Sachausgaben machten mit meistens weit über 80% stets den größten Teil dieser Ausgaben aus. Die übrigen Ausgaben sind Ausrüstungs- und Bauinvestitionen, wobei der Ausrüstungsanteil im Beobachtungszeitraum bei durchschnittlich 37% der gesamten Investitionen lag (vgl. Hofmann 1996: 62%). Die gesamten Ausgaben wurden mit dem Deflator für die öffentliche Bruttowertschöpfung der Stadt Hamburg in reale Größen umgerechnet (in Preisen von 1991). Zunächst haben wir den öffentlichen Forschungskapitalstock für den Jahresanfang des Jahres 1965 ermittelt. Als (konstante) *pre-sample* Wachstumsrate der Hochschulbildungs- und Wissenschaftsausgaben wählten wir dann die durchschnittliche Wachstumsrate der Investitionen der Bundesländer in das Unterrichtswesen von 1960 bis 1970 ($\psi = 7,9\%$), die vom Deutschen Institut für Wirtschaftsforschung ermittelt wurde (siehe DIW 1994: 214). Für die Höhe der Abschreibungsrate des Forschungskapitals haben wir alternative Annahmen zugrundegelegt, die zu einer unterschiedlichen Höhe des Anfangskapitalstocks für das Jahr 1965 führten. Die Forschungskapitalstöcke der Folgeperioden konnten dann mit Gleichung (3) errechnet werden. Da die empirische Untersuchung der Produktivitätseffekte des öffentlichen Forschungskapitalstocks für den Zeitraum von 1970 bis 1992 vorgenommen wird, ist – je nach gewählter Verzögerung τ – ein gewisser Teil des geschätzten Anfangskapitalstock von 1965 bereits abgeschrieben.

V. Schätzergebnisse

Bei der Schätzung der Produktiviätseffekte des Forschungs- und Humankapitals gemäß Gleichung (8) sind wir folgendermaßen vorgegangen: Zunächst haben wir die Annahme getroffen, daß (i) die Abschreibungsrate des Forschungskapitals $\delta = 15\%$ beträgt, (ii) das Forschungskapital mit einer zeitlichen Verzögerung von $\tau = 3$ Jahren und (iii) der Qualitätsindex für das Humankapital (H) unmittelbar ($\varphi = 0$) produktivitätswirksam werden. Die Schätzgleichung (8) wurde mit diesen Annahmen als OLS-Modell, als *fixed effects model* (FE-Modell) sowie als *random effects model* (RE-Modell) geschätzt. In einem ersten Schritt diskutieren wir die Stabilität der Schätzresultate in bezug auf eine Variation von τ. Dabei gehen wir ausschließlich auf die durchschnittlichen und noch nicht auf die sektoralen Produktivitätseffekte der beiden Wissensvariablen ein. In einem zweiten Schritt variieren wir die zeitliche Verzögerung φ. Abschließend untersuchen wir, wie sich die Ergebnisse bei alternativen Abschreibungsraten δ verändern.

In allen Analyseschritten wurden jeweils die drei angesprochenen Schätzmodelle überprüft. Bei allen Schätzungen wurde für die Gleichung (8) die Hypothese von konstanten Skalenerträgen in den privaten Faktoren nicht bestätigt. Daher wurden dem Schätzmodell keine Parameterrestriktionen auferlegt. Die OLS-Schätzung ergab in allen Fällen unplausible Schätzresultate. Die Hypothese identischer sektoraler Niveauparameter ($B = A_i$, $i = 1, \ldots, 5$) wurde mit einem entsprechenden

F-Test verworfen. Aus diesem Grund haben wir Gleichung (8) als FE- und RE-Modell mit sektorspezifischen Effekten geschätzt.[11] Ein Vergleich dieser beiden Modelle mit dem Hausmann-Test ergab, daß die Nullhypothese der Nicht-Korrelation der erklärenden Variablen mit der verborgenen Heteroskedastie abgelehnt werden muß, d. h. das RE-Modell ist die geeignete Spezifikation. Damit wird angenommen, daß sich das sektorale technische Niveau nicht systematisch unterscheidet. Abweichungen vom einheitlichen technischen Niveau sind somit zufällig und in

Tabelle 1

Schätzergebnisse der reduzierten Translog-Produktionsfunktion (8)

	– Abhängige Variable: $\ln Y$ –						Adj	
	β_L	β_K	β_F	β_{LF}	β_{KF}	β_{LH}	λ	R^2	m
I. $\tau = 3$									
OLS	1.122***	0.066***	0.617***	-0.475*	0.322%***	0.017	0.010*	0.925	115
	(0.041)	(0.017)	(0.120)	(0.275)	(0.077)	(0.229)	(0.006)		
FE	0.472***	0.461***	0.297**	-0.568***	0.324%***	0.022	0.006	0.738	115
	(0.142)	(0.181)	(0.133)	(0.204)	(0.059)	(0.178)	(0.004)		
RE	0.690***	0.225***	0.421***	-0.490***	0.34%***	-0.041	0.007**	0.754	115
	(0.100)	(0.081)	(0.113)	(0.198)	(0.053)	(0.168)	(0.004)		
Hausmann-Statistik (FE vs. RE): $\chi^2(7) = 11.324$, % Annahme-Wahrscheinlichkeit = 0.125									
II. $\tau = 4$									
OLS	1.122***	0.066***	0.617***	-0.475*	0.322%***	0.017	0.010*	0.925	115
	(0.041)	(0.017)	(0.120)	(0.275)	(0.077)	(0.229)	(0.006)		
FE	0.467***	0.465***	0.271**	-0.543***	0.305%***	0.013	0.006	0.743	115
	(0.136)	(0.170)	(0.117)	(0.209)	(0.053)	(0.195)	(0.004)		
RE	0.679***	0.233***	0.377***	-0.461***	0.323%***	-0.038	0.008**	0.758	115
	(0.099)	(0.080)	(0.103)	(0.204)	(0.048)	(0.189)	(0.004)		
Hausmann-Statistik (FE vs. RE): $\chi^2(7) = 11.637$, % Annahme-Wahrscheinlichkeit = 0.1131									
III. $\tau = 5$									
OLS	1.121***	0.066***	0.503***	-0.371	0.292***	0.058	0.011*	0.926	115
	(0.040)	(0.017)	(0.169)	(0.323)	(0.066)	(0.319)	(0.006)		
FE	0.450***	0.491***	0.244**	-0.557**	0.284%***	-0.021	0.005	0.749	115
	(0.128)	(0.158)	(0.104)	(0.226)	(0.047)	(0.227)	(0.004)		
RE	0.664***	0.248***	0.337***	-0.457**	0.302%***	-0.056	0.007**	0.761	115
	(0.097)	(0.079)	(0.095)	(0.220)	(0.048)	(0.224)	(0.004)		
Hausmann-Statistik (FE vs. RE): $\chi^2(7) = 12.348$, % Annahme-Wahrscheinlichkeit = 0.090									

Anmerkungen:
*,**,*** statistisch signifikant auf dem 10%, 5%, 1% Niveau. OLS = ordinary least square, FE = fixed effects model, RE = random effects model. Die Zahlen in Klammern sind die Standardabweichungen, die bei der OLS-Schätzung mit Hilfe von White's Heteroskedastie-konsistenter Kovarianz-Matrix kalkuliert wurden. m = Anzahl der Beobachtungen.

11 Das FE-Modell wurde auch mit zeitpunktspezifischen Dummy-Variablen geschätzt („fixe Zeiteffekte“). Diese Schätzungen führten zu statistisch insignifikanten Parameterschätzungen für die Dummy-Variablen. Auf eine weitere Untersuchung fixer Zeiteffekte wurde daher verzichtet.

ihrer Ausprägung sektoral verschieden. Der Übersichtlichkeit halber wird in allen Tabellen auf eine Dokumentation der Parameterschätzungen der Konstanten sowie der Dummy-Variablen für die sektoralen Niveauparameter verzichtet. Bei der Diskussion der Schätzresultate konzentrieren wir uns auf die RE-Modelle.

In Tabelle 1 sind die Ergebnisse des ersten Schritts unserer Analyse dargestellt. Es zeigt sich, daß die geschätzten Koeffizienten sehr robust in bezug auf eine Variation der Lagstruktur des öffentlichen Forschungskapitals (τ) sind. In allen Modellen sind die geschätzten Koeffizienten für die privaten Produktionsfaktoren und das öffentliche Forschungskapital statistisch auf eincm Niveau von 1% signifikant. Das korrigierte Bestimmtheitsmaß (Adj. R^2) liegt in allen Fällen über 0.75. Die geschätzten Koeffizienten für die durchschnittliche Arbeitselastizität (β_L) sowie für die durchschnittliche Kapitalelastizität (β_K) sind mit Werten zwischen 0.66 und 0.69 bzw. 0.23 und 0.25 sehr plausibel.

Die geschätzte durchschnittliche Elastizität des öffentlichen Forschungskapitals (β_F) ist in allen Schätzungen statistisch auf einem Niveau von 1% signifikant und positiv. Sie sinkt in den verschiedenen Schätzungen am Beobachtungspunkt von $\beta_F = 0.42$ ($\tau = 3$) auf $\beta_F = 0.34$ ($\tau = 5$). Die geschätzte Elastizität des öffentlichen Forschungskapitals ist am Beobachtungspunkt in allen Fällen höher als die Kapitalelastizität. Da sich sowohl das korrigierte Bestimmtheitsmaß (Adj. R^2) als auch die Hausmann-Statistik mit zunehmendem τ leicht verbessern, konzentriert sich die weitere Diskussion auf Modelle mit der Laglänge $\tau = 5$.

Der statistisch hoch signifikante Koeffizient $\beta_{KF} = 0.34$ des RE-Modells impliziert nach Gleichung (12), daß das öffentliche Forschungskapital die Grenzproduktivität des Kapitals in allen betrachteten Sektoren erhöht und der Einkommensanteil des Kapitals steigt. Dagegen ist der Koeffizient $\beta_{LF} = -0.31$ statistisch signifikant negativ, d. h. die Lohnquote nimmt infolge einer Erhöhung des öffentlichen Forschungskapitals ab. In jedem Fall führt damit eine Erhöhung des Forschungskapitals zu einer kapitalintensiveren Produktion.

Der Koeffizient für die Qualität des Hochschulausbildungsniveaus (β_{LH}) ist in allen Schätzungen statistisch insignifikant. Das bedeutet, daß während des Beobachtungszeitraums eine Erhöhung der Hochschulausgaben keinen signifikanten Beitrag zur Erhöhung der Grenzproduktivität der Arbeit (bzw. zur Steigerung des Lohnniveaus) geleistet hat.

In dem zweiten Schritt unserer Analyse haben wir die Variable H in alternativen Schätzungen mit bis zu fünfjähriger Verzögerung φ aufgenommen. Alle bisher besprochenen Ergebnisse werden durch diese Variation unwesentlich verändert. Insbesondere änderte sich nicht das Resultat eines statistisch insignifikanten Koeffizienten β_{LH}. Auf eine Dokumentation dieser Ergebnisse wird deshalb verzichtet.

Der dritte Schritt der Analyse beinhaltet die Variation der Abschreibungsrate (δ). Es wurde bereits betont, daß dies ein zentrales Problem darstellt. Eine höhere (niedrigere) Abschreibungsrate führt zu einem niedrigeren (höheren) Anfangskapi-

Tabelle 2

Schätzergebnisse der reduzierten Translog-Produktionsfunktion (8) bei $\tau = 5$ für verschiedene Abschreibungsraten δ des öffentlichen Forschungskapitals

– Abhängige Variable: $\ln Y$ –

	β_L	β_K	β_F	β_{LF}	β_{KF}	β_{LH}	λ	Adj R^2	m
IV. $\tau = 5$; $\delta = 0.05$									
FE	0.497***	0.454***	0.376***	-0.489**	0.245%***	-0.063	0.004	0.763	115
	(0.126)	(0.160)	(0.137)	(0.227)	(0.037)	(0.271)	(0.006)		
RE	0.688***	0.234***	0.488***	-0.392*	0.258%***	-0.059	0.003	0.774	115
	(0.094)	(0.078)	(0.126)	(0.214)	(0.034)	(0.272)	(0.006)		
Hausmann-Statistik (FE vs. RE): $\chi^2(7) = 11.459$, % Annahme-Wahrscheinlichkeit = 0.120									
V. $\tau = 5$; $\delta = 0.10$									
FE	0.473***	0.470***	0.294***	-0.537**	0.267%***	-0.052	0.002	0.757	115
	(0.128)	(0.160)	(0.115)	(0.243)	(0.042)	(0.260)	(0.004)		
RE	0.675***	0.240***	0.392***	-0.424*	0.283%***	-0.053	0.004	0.768	115
	(0.096)	(0.079)	(0.105)	(0.232)	(0.039)	(0.260)	(0.004)		
Hausmann-Statistik (FE vs. RE): $\chi^2(7) = 11.748$, % Annahme-Wahrscheinlichkeit = 0.109									
III. $\tau = 5$; $\delta = 0.15$									
FE	0.450***	0.491***	0.244**	-0.557**	0.284%***	-0.021	0.005	0.749	115
	(0.128)	(0.158)	(0.104)	(0.226)	(0.047)	(0.227)	(0.004)		
RE	0.664***	0.248***	0.337***	-0.457**	0.302%***	-0.056	0.007**	0.761	115
	(0.097)	(0.079)	(0.095)	(0.220)	(0.048)	(0.224)	(0.004)		
Hausmann-Statistik (FE vs. RE): $\chi^2(7) = 12.348$, % Annahme-Wahrscheinlichkeit = 0.0897									
VI. $\tau = 5$; $\delta = 0.20$									
FE	0.426***	0.518***	0.207**	-0.565**	0.294%***	-0.014	0.007**	0.742	115
	(0.129)	(0.157)	(0.097)	(0.207)	(0.051)	(0.120)	(0.003)		
RE	0.653***	0.257***	0.298***	-0.479**	0.313%***	-0.058	0.010***	0.753	115
	(0.098)	(0.079)	(0.089)	(0.204)	(0.048)	(0.191)	(0.003)		
Hausmann-Statistik (FE vs. RE): $\chi^2(7) = 13.224.$, % Annahme-Wahrscheinlichkeit = 0.0668									
VII $\tau = 5$; $\delta = 0.30$									
FE	0.383***	0.577***	0.146	-0.559***	0.295***	-0.077	0.008**	0.7728	115
	(0.131)	(0.158)	(0.091)	(0.184)	(0.057)	(0.171)	(0.003)		
RE	0.636***	0.273***	0.240***	-0.486***	0.317%***	-0.050	0.012***	0.739	115
	(0.100)	(0.079)	(0.083)	(0.182)	(0.054)	(0.154)	(0.003)		
Hausmann-Statistik (FE vs. RE): $\chi^2(7) = 14.279$, % Annahme-Wahrscheinlichkeit = 0.046									

Anmerkungen:
*,**,*** statistisch signifikant auf dem 10%, 5%, 1% Niveau. OLS = ordinary least square, FE = fixed effects model, RE = random effects model. Die Zahlen in Klammern sind die Standardabweichungen, die bei der OLS-Schätzung mit Hilfe von White's Heteroskedastie-konsistenter Kovarianz-Matrix kalkuliert wurden. m = Anzahl der Beobachtungen.

talstock und verändert die Entwicklung des Forschungskapitalstocks. Da praktisch keine Information über diese Verfallsrate öffentlichen Wissens vorliegt, haben wir die Gleichung (8) auch mit Abschreibungsraten des Forschungskapitals von 5, 10, 20 und 30 Prozent geschätzt. Dadurch können die Schätzergebnisse auf ihre Sensitivität bezüglich einer Variation der Abschreibungsrate überprüft werden. Die Regressionergebnisse sind in Tabelle 2 zusammengefaßt.

Grundsätzlich verändern sich die Ergebnisse in Höhe und Signifikanzniveau kaum. Alle geschätzten Koeffizienten bleiben, mit Ausnahmen der Koeffizienten für *H* und zum Teil für *t*, statistisch signifikant. Am Mittelwert nimmt die Produktionselastizität des Forschungskapitals mit zunehmender Abschreibungsrate ab; sie sinkt von $\beta_F = 0.49$ $(\delta = 0.05)$ auf $\beta_F = 0.24$ $(\delta = 0.3)$. Die Höhe der geschätzten Koeffizienten für die Produktionselastizitäten der privaten Faktoren verändern sich in den Schätzungen dagegen nur geringfügig. Sie bleiben damit in allen Fällen plausibel.

Insgesamt zeigen die Schätzungen mit den unterschiedlichen Annahmen bezüglich der Abschreibungsrate des öffentlichen Forschungskapitalstocks, daß die Ergebnisse auch erstaunlich stabil in Bezug auf eine Variation der Abschreibungsrate reagieren. Alle Koeffizienten deuten immer in die gleiche Richtung. Die Wirkung des öffentlichen Forschungskapitals ist in allen Fällen statistisch signifikant und sehr hoch. Dagegen haben die durchschnittlichen Hochschulausgaben je Studenten keinen statistisch signifikanten Einfluß auf die Arbeitsproduktivität im Hamburger Unternehmenssektor.

Ein Vergleich der korrigierten Bestimmtheitsmaße zeigt, daß sich die Güte der Schätzungen gemessen an diesem Maß mit abnehmender Abschreibungsrate tendenziell leicht erhöht. Eine mögliche Interpretation dieser Tatsache ist, daß von einer geringen Abschreibungsrate des öffentlichen Forschungskapitals auszugehen ist. Ein hoher Anteil an Grundlagenforschung könnte dabei eine geringe Verfallsrate öffentlichen Wissens erklären.

VI. Diskussion der Schätzergebnisse

Insgesamt hat sich bei den verschiedenen Schätzungen gezeigt, daß sich die Ergebnisse bei einer Variation von φ und τ nur geringfügig verändern. Unter Verwendung der stabilsten und plausibelsten Ergebnisse, nämlich für $\varphi = 0$ und $\tau = 5$, diskutieren wir im folgenden ausführlich die direkten und die indirekten sektoralen Produktivitätseffekte des Forschungs- und Humankapitals in Hamburg. Da die bisherige Analyse zeigt, daß die Ergebnisse nicht neutral auf eine Variation der Abschreibungsrate δ reagieren, diskutieren wir die Ergebnisse für die einzelnen Sektoren bei unterschiedlichen Werten von δ.

In Tabelle 3 sind die durchschnittlichen sektoralen Elastizitäten und Grenzproduktivitäten des öffentlichen Forschungskapitals zusammengefaß *t*. Die Höhe der geschätzten Elastizitäten und der damit verbundenen Grenzproduktivitäten des öffentlichen Forschungskapitals erscheint in den meisten Fällen unglaubwürdig. Es zeigt sich, daß der geschätzte Koeffizient für den öffentlichen Forschungskapitalstock mit zunehmender Abschreibungsrate sinkt und somit scheinbar etwas plausiblere Werte annimmt. Diese Tendenz wird auch in den sektoralen Elastizitäten sichtbar. Die Grenzproduktivitäten des öffentlichen Forschungskapitals verhalten sich jedoch nicht so eindeutig. Während die Grenzproduktivitäten des Forschungskapitals im Bausektor, Handel und im Verarbeitenden Gewerbe mit zunehmender Abschreibungsrate für das öffentliche Forschungskapital tendenziell leicht sinken, steigt die Grenzproduktivität für den Verkehrssektor und das Dienstleistungsgewerbe stark an.

Tabelle 3

Sektorale Produktionselastizitäten (μ_{YF}) und Grenzproduktivitäten (f_F) des Forschungskapitals für verschiedene Abschreibungsraten (δ) des Forschungskapitals*

δ	Baugewerbe		Verarb. Gewerbe		Verkehr		Handel		Dienstleistungen	
	μ_{YW}	f_F	μ_{YW}	f_F	μ_{YW}	f_F	μ_{YW}	f_F	μ_{YW}	f_F
$\delta = 0.05$	0.344	0.220	0.403	1.265	0.820	1.128	0.363	0.605	0.511	1.726
$\delta = 0.10$	0.174	0.150	0.246	1.021	0.700	1.391	0.201	0.466	0.365	1.792
$\delta = 0.15$	0.167	0.187	0.238	1.288	0.725	1.911	0.191	0.584	0.365	2.385
$\delta = 0.20$	0.126	0.168	0.193	1.242	0.701	2.317	0.145	0.546	0.324	2.667
$\delta = 0.30$	0.067	0.106	0.134	1.090	0.648	3.036	0.085	0.430	0.266	3.119

Anmerkungen:
* Die Werte geben die Elastizität bzw. Grenzproduktivität des Forschungskapitals am sektoralen Mittelwert an. Aus Tabelle 2 geht hervor, daß alle Werte auf einem Niveau von 1% statistisch signifikant sind.

In der Höhe unterscheiden sich die Produktivitätseffekte des öffentlichen Forschungskapitals erheblich. Die Wirkung ist in allen Schätzungen für den Dienstleistungssektor, das Verkehrs- sowie das Verarbeitende Gewerbe am stärksten, während die Wirkung im Baugewerbe am niedrigsten ausfällt. Die Höhe der sektoralen Grenzproduktivitäten des öffentlichen Forschungskapitals sind mit 22% für den Bausektor und bis zu 173% für den Dienstleistungssektor allerdings auch bei einer Abschreibungsrate von 5% unplausibel.

Eine Ursache für die Überschätzung kann das ermittelte Niveau des Forschungskapitalstocks sein. Erhöht man dieses Niveau um einen konstanten Prozentsatz, so verringert sich auch die Grenzproduktivität des Forschungskapitals in derselben Relation. Um zu plausiblen Ergebnissen zu kommen, ist jedoch eine erhebliche Steigerung des Forschungskapitals notwendig. Es ist in diesem Zusammenhang auch zu bedenken, daß in die Schätzung des öffentlichen Forschungskapitalstocks die gesamten Hochschulbildungs- und Wissenschaftsausgaben der Stadt Hamburg einfließen. Da ein nicht unerheblicher Teil dieser Ausgaben ausschließlich der Studentenausbildung und Verwaltung gilt, erscheint eher eine Überschätzung des Forschungskapitalstocks wahrscheinlich. Auf der anderen Seite kann im Rahmen des gewählten Ansatzes die *pre sample* Wachstumrate der Wissenschaftsausgaben mit 7,9% als zu hoch angenommen sein. Schließlich ist denkbar, daß das gewählte Verfahren zur Ermittlung des Anfangskapitalstocks zu Schätzfehlern geführt hat.

Die relativ einfache ökonometrische Spezifikation ist eine weitere mögliche Ursache für die zu hohen direkten Produktivitätseffekte des Forschungskapitals. In unserem relativ einfachen Eingleichungsmodell werden möglicherweise wesentliche Faktoren außer acht gelassen. Das Bestimmtheitsmaß in Höhe von etwa 0.75 verdeutlicht, daß nur dreiviertel der Variationen der endogenen Variablen durch die erklärenden Variablen unseres Schätzmodells erklärt werden können. Die Einbeziehung weiterer erklärender Variablen, wie z. B. der öffentlichen Basisinfrastruktur, könnte zu niedrigeren Produktivitätseffekten des Forschungskapitals führen.

Da die exakte Höhe der direkten sektoralen Produktivitätseffekte des öffentlichen Forschungskapitals aufgrund der zahlreichen Unsicherheiten relativ schwer zu ermitteln ist, sind Richtung und Robustheit der Schätzergebnisse sowie das Signifikanzniveau besonders hervorzuheben. So bestätigen unsere Ergebnisse, daß das öffentliche Forschungskapital einen signifikanten Beitrag zur sektoralen Produktivitätsentwicklung in Hamburg geleistet hat.

In Richtung und Signifikanzniveau stehen unsere Ergebnisse im Einklang mit den Ergebnissen anderer Studien für die USA, in denen die ökonomischen Wirkungen öffentlicher monetärer (Hochschul-) Bildungs- sowie Forschungskapitalvariablen untersucht wurden (siehe Tabelle 4). Nur *Park* (1995) erhält mit der Schätzung einer einfachen Cobb-Douglas Produktionsfunktion (in ersten Differenzen) für zehn OECD-Länder Produktionselastizitäten des öffentlichen F&E-Kapitals von 8%, die statistisch insignifikant und negativ werden, wenn das private F&E-Kapital in die Schätzgleichung aufgenommen wird.

Der direkte Produktivitätseffekt des öffentlichen Forschungskapitals für den Hamburger Unternehmenssektor deutet auch darauf hin, daß die räumliche Nähe der Unternehmen zu den Hochschulen und Wissenschaftseinrichtungen eine hohe Bedeutung haben dürfte. Damit finden die Ergebnisse von *Harhoff* (1994b) Bestätigung, der in einer umfangreichen Studie für Deutschland einen Zusammenhang zwischen der Gründungshäufigkeit von Unternehmen im Hochtechnologiebereich und der geographischen Nähe zu öffentlichen Wissenschaftseinrichtungen nachgewiesen hat.

Interessant und hervorzuheben sind auch die Ergebnisse für die indirekten Produktivitätseffekte des öffentlichen Forschungskapitals. Alle Schätzungen bestätigen einen statistisch hoch signifikanten und positiven Effekt des Forschungskapitals auf die Grenzproduktivität des sektoralen Realkapitals ($f_{KF_{it}} > 0$). Der Effekt des Forschungskapitals auf die Grenzproduktivität der Arbeit ist jedoch negativ ($f_{LF_{it}} < 0$), da mit der Ausnahme des Modells (IV) in allen Schätzungen $\mu_{YF_{it}} < |\mu_{e_{L_i} F_t}|$ ist (vgl. Gleichung (12)). Auch im Modell (IV) ergibt sich nur bei einer relativ unrealistischen sektoralen Lohnquote von $e_{L_i} > 0.80$ nach Gleichung (12) ein positiver indirekter Produktivitätseffekt. In jedem Fall fördern somit zunehmende öffentliche Forschungsaktivitäten die Kapitalintensität der Produktion. Forschungskapital und Realkapital sind Grenzprodukts-Komplemente, d. h. erhöhte Hochschulbildungs- und Wissenschaftsausgaben induzieren langfristig private Investitionen. Forschungskapital und Arbeit sind dagegen Grenzprodukts-Substitute.

Tabelle 4

Empirische Ergebnisse zur Bedeutung der öffentlichen Hochschulbildung und Wissenschaft

Autor	Sample	Schätzansatz	Humankapitalvariable (HK)	Ergebnis für HK[a]
Dalenberg/ Patridge (1994)	Panel Data 28 Städte 1966-1981 USA	OLS und 2SLS Schätzung auf die gesamte und sektorale Beschäftigung	laufende Bildungsausgaben (Drei-Jahres-Differenzen)	0.004 bis 0.041[b]
Evans/Karras (1994)	Panel Data 48 Staaten 1970-1986 USA	OLS Schätzung on Translog- und Cobb-Douglas-Produktionsfunktionen	laufende Bildungsausgaben	0.028 bis 0.074**
Garcià-Milà/ McGuire (1992)	Panel Data 48 Staaten 1969-1983 USA	OLS Schätzung einer Cobb-Douglas-Produktionsfunktion	5-Jahres-Durchschnitt der Bildungsausgaben[c]	0.072 bis 0.165***
Helms (1985)	Panel Data 48 Staaten 1965-1975 USA	OLS und GLS Schätzung auf das Einkommen	laufende Ausgaben für höhere Bildung	0.0055 bis 0.0272*[d]
Nadiri/ Mamuneas (1994)	Panel Data 12 Industrien 1955-1986 USA	Schätzung einer Translog-Kostenfunktion	öffentlicher F&E-Kapitalstock	– 0.009 bis – 0.056***
Park (1995)	Panel Data OECD-Länder 1970-1987	OLS und GLS Schätzung einer Cobb-Douglas Produktionsfunktion (erste Differenzen)	öffentlicher F&E-Kapitalstock	(*ns*)

*, **, *** signifikant auf dem 10%, 5%, 1% Niveau, Ergebnisse ohne Stern sind statistisch insignifikant. OLS = ordinary least square, GLS = generalized least square, 2SLS = two-stage least square

[a] Alle Ergebnisse sind als Elastizitäten der Humankapitalvariable in Bezug auf die zu erklärende Variable zu interpretieren. Bei Produktionsfunktionen handelt es sich somit um die Outputelastizität und bei Kostenfunktionen um die Kostenelastizität.

[b] Regressiert wurde sowohl auf die gesamte städtische Beschäftigung als auch auf die Beschäftigung einzelner Sektoren. Die Ergebnisse sind für die Sektoren überwiegend statistisch nicht signifikant. Für die gesamte städtische Beschäftigung ergeben sich z.T. statistisch signifikante Ergebnisse.

[c] Es wurde alternativ eine quantitative Humankapitalvariable (durchschnittliche Dauer der Schulausbildung) benutzt, mit der nach Aussage der Autoren die Ergebnisse bestätigt wurden.

[d] Die Ergebnisse sind zum Teil auf einem statistisch höheren Niveau signifikant.

Dieses Ergebnis steht im Gegensatz zu den Schätzresultaten, die *Nadiri/Mamuneas* (1994) für zwölf Sektoren in den USA erhalten. Nadiri/Mamuneas kommen durch die Schätzung einer Translog-Kostenfunktion zu dem Resultat, daß der öffentliche F&E-Kapitalstock ein Hicks-Allen-Substitut zum privaten Kapitalstock und ein Hicks-Allen-Komplement zum Faktor Arbeit ist. Auch der sogenannte *factor bias effect* deutet in ihrer Schätzung auf eine arbeitsintensivierende und kapitalsparende Wirkung des öffentlichen F&E-Kapitals hin.

Ein weiteres und überraschendes Ergebnis unserer Studie ist, daß eine Erhöhung der Hochschulausgaben je Studenten zu keiner Produktivitätssteigerung des Faktors Arbeit führte. Unterstellt man, daß eine verbesserte Lehre zu höheren Produktivitätsbeiträgen der Absolventen im Hamburger Unternehmenssektor führt, so impliziert dieses Ergebnis, daß höhere Hochschulausgaben im Beobachtungszeitraum nicht mit einer Verbesserung der Hochschulausbildung verbunden waren.

VII. Zusammenfassung und Schlußfolgerungen

In diesem Beitrag wurden im Rahmen eines einfachen produktionstheoretischen Schätzansatzes die sektoralen Produktivitätseffekte der Hochschulbildungs- und Wissenschaftsausgaben in Hamburg untersucht. Zu diesem Zweck wurde aus den laufenden Personal-, Sach- und Investitionsausgaben ein öffentlicher Forschungskapitalstock ermittelt. Außerdem wurde mit den durchschnittlichen Hochschulausgaben je Studenten ein Qualitätsindikator für die Hochschulausbildung gebildet. Folgende Ergebnisse sind festzuhalten:

1. Das öffentliche Forschungskapital, das durch die Akkumulation der Hamburger Hochschulbildungs- und Wissenschaftsausgaben gebildet wurde, hat einen signifikant positiven direkten Produktivitätseffekt. Dieses Ergebnis ist unabhängig von der gewählten Lagstruktur, der unterstellten Abschreibungsrate des öffentlichen Forschungskapitalstocks sowie von der Höhe des geschätzten Forschungs-Anfangskapitalstocks.

2. Der direkte Produktivitätseffekt des öffentlichen Forschungskapitalstocks ist für das Dienstleistungs-, das Verkehrs- und das Verarbeitende Gewerbe am höchsten und für das Baugewerbe am niedrigsten.

3. Das öffentliche Forschungskapital hat einen signifikant negativen indirekten Effekt auf die Grenzproduktivität der Arbeit. Damit dürfte ein negativer Effekt auf die Entlohnung des Faktors Arbeit einhergehen.

4. Das öffentliche Forschungskapital hat einen signifikant positiven indirekten Effekt auf die private Grenzproduktivität des Kapitals. Eine Erhöhung des öffentlichen Forschungskapitals erhöht die Kapitalintensität der Produktion und zieht ceteris paribus mobiles Kapital in die Region.

5. Die anhand der durchschnittlichen Hochschulausgaben je Studenten gemessene Qualität der Hochschulausbildung in Hamburg steht in keiner Beziehung zur Arbeitproduktivität im privaten Sektor Hamburgs.

Wie unsere Sensitivitätsanalysen gezeigt haben, sind diese Ergebnisse statistisch hoch signifikant und sehr stabil. Das Niveau der geschätzten Produktionselastizität des öffentlichen Forschungskapitals ist jedoch in allen Schätzungen zu hoch. Dafür gibt es wenigstens drei Erklärungen, die gleichzeitig Ansatzpunkte für zukünftige Forschung liefern: (i) Bei der Konstruktion des Forschungskapitalstocks kann es zu einer Unterschätzung des Niveaus gekommen sein. Unsere Analyse hat ergeben, daß alle Koeffizienten bei Niveauvariationen des Forschungskapitals statistisch signifikant bleiben und die Grenzproduktivitäten mit zunehmender Höhe des Forschungskapitalstocks abnehmen. (ii) Es ist möglich, daß unser einfaches Schätzmodell – vor allem durch fehlende erklärende Variablen, wie z. B. die städtische Basisinfrastruktur – nicht vollständig spezifiziert ist. Dadurch ist wahrscheinlich, daß der geschätzte Koeffizient des öffentlichen Forschungskapitals in unserem Modell die Effekte anderer erklärender Variablen mitmißt. (iii) Da unsere Schätzungen mit aggregierten Daten durchgeführt wurden, können Scheinkorrelationen aufgrund nicht-stationärer Zeitreihen nicht ausgeschlossen werden.

Die zukünftige Forschung sollte sich daher auf eine Erweiterung des Modellrahmens und die Einbeziehung weiterer erklärender Variablen konzentrieren. Daneben sollte versucht werden, die Ergebnisse dieses Beitrages mit weiter disaggregierten Daten zu überprüfen. Eine sorgfältige ökonometrische Analyse könnte dann zu noch aussagekräftigeren Ergebnissen führen.

Anhang

Ermittlung des Anfangskapitalstocks für das öffentliche Forschungskapital

Wenn man annimmt, daß der Wissensakkumulationsprozeß bei konstanter Abschreibungsrate (δ) schon hinreichend lange Zeit andauerte, so läßt sich der reale Forschungskapitalstock zum Jahresanfang %(F_t) rekursiv durch

$$(A1)\quad F_t = \lim_{m\to\infty}\left[A_{t-1} + (1-\delta)A_{t-2} + (1-\delta)^2 A_{t-3} + \ldots + (1-\delta)^m A_{t-1-m}\right] = \sum_{m=0}^{\infty}(1-\delta)^m A_{t-1-m}$$

bestimmen. Nimmt man nun weiter an, daß die realen Wissenschaftsausgaben in den Perioden vor dem Beobachtungszeitraum (*pre sample periods*) mit einer konstanten Rate (ψ) gewachsen sind, dann gilt für jedes beliebige m:

$$(A2)\qquad A_{t-1} = (1+\psi)^m A_{t-1-m}\,.$$

Unter dieser zusätzlichen Annahme läßt sich Gleichung (4) nun wie folgt schreiben:

$$(A3)\qquad F_t = \lim_{m\to\infty}\left[A_{t-1} + \frac{A_{t-1}}{(1+\psi)}(1-\delta) + \frac{A_{t-1}}{(1+\psi)^2}(1-\delta)^2 + \ldots + \frac{A_{t-1}}{(1+\psi)^m}(1-\delta)^m\right] = A_{t-1}\sum_{m=0}^{\infty}\left(\frac{1-\delta}{1+\psi}\right)^m$$

Durch Umformung dieser Gleichung ergibt sich eine einfache Formel für die Berechnung des Forschungskapitalstocks am Jahresanfang des ersten Beobachtungszeitpunktes:

$$(A4)\qquad F_t = \frac{A_{t-1}}{1-\frac{(1-\delta)}{(1+\psi)}} = \frac{A_t}{\delta+\psi}$$

Datenanhang

t	Yb	Yv	Yh	Ydl	Yvg	Kb	Kv	Kh	Kdl	Kvg	cu	Lb	Lv	Lh	Ldl	Lvg	F	H
1970	4735	6844	9733	17224	22676	2190	21532	7698	14313	9420	89,7	146291650	235507804	359630390	326367050	511697223	2856	28502
1971	5004	6797	9850	17488	23582	2179	24016	8014	16023	10409	91,0	143712342	232604946	342242496	332477676	487846170	2999	26363
1972	5338	7155	10056	18205	23173	2159	26458	8270	17492	11977	86,7	137243087	224043857	339449448	338590467	460993331	3282	25353
1973	5372	7572	10811	17739	24884	2194	28360	8575	18849	12981	87,0	136029254	222112776	332042309	343465838	437372928	3589	24570
1974	4829	8009	11188	17337	25169	2217	29502	8979	20406	14370	82,5	121396337	214101261	317413080	344452780	406101463	3937	24398
1975	4292	8097	10460	17222	23447	2138	30902	9128	21383	15404	76,6	103232789	206413416	297427636	345668770	370417083	4122	23149
1976	4717	8628	11228	17973	23918	2072	30965	9192	22064	15685	82,9	108129519	209096432	297172121	361082487	356502155	4203	23009
1977	4604	8821	11819	18889	24258	2070	31474	9402	22883	15813	84,2	104304760	206671492	284480276	354788639	354010191	4209	21981
1978	4200	8968	12356	19598	24818	2014	32583	9597	23867	15684	84,4	98948491	198973129	274355075	368216812	341282853	4205	20484
1979	4391	9554	12341	20996	25570	1965	33000	9876	25278	15781	87,8	98274068	193410212	270074516	372176780	335770173	4205	18363
1980	4418	9898	11413	21637	23628	1973	32829	10119	26820	15972	82,3	101010242	188205969	269677218	380236986	332300809	4223	16972
1981	4253	10303	11477	21835	22821	1946	32618	10306	28461	16086	79,2	99514324	185047954	268449727	384935915	326981564	4269	15938
1982	4082	10768	10773	22808	21761	1859	32541	10350	30106	15763	76,8	93010669	181041875	268360243	378022886	316194995	4370	15420
1983	4055	10849	11547	23760	23246	1775	32276	10351	31206	15384	78,6	91660902	175578318	265201006	373500988	297919522	4492	14815
1984	4042	10462	12489	24222	23693	1711	32607	10384	32430	15025	80,3	88739960	168887300	260461656	377022719	284910035	4568	14385
1985	3630	10930	12501	25462	23712	1623	32361	10356	33097	14684	83,7	80457896	164647211	254781358	378104789	276985003	4666	14062
1986	3810	10581	12249	26813	24524	1561	32158	10348	33657	14353	84,1	82178778	161307344	254145012	380760829	273534923	4781	13687
1987	3497	10734	12491	28596	18886	1499	31392	10368	34165	14144	83,8	78773632	157490368	254780170	385775596	266761714	4920	13609
1988	3496	11051	11895	30656	18476	1434	30210	10408	35131	14092	86,1	76249378	155336900	259411165	397583406	264078263	5057	13761
1989	3561	11208	12180	33219	19004	1400	29090	10540	35903	14362	88,3	75700728	151792272	261995760	409147920	262476000	5160	13883
1990	3798	11504	12839	37078	17788	1398	28521	10724	37346	14659	89,4	76574558	146838952	260342474	425473283	255705080	5257	14018
1991	3998	11939	14286	38374	18985	1417	28435	10973	39395	15239	87,0	76277810	149176121	258873413	444445736	257910593	5351	14197
1992	3988	12133	14119	39578	17668	1417	28648	11349	41748	16046	83,5	77706642	149461842	265067893	469964957	256578076	5472	14050

Erläuterungen: t=Zeit; Y=reale Bruttowertschöpfung (in Preisen von 1991); K=realer Nettokapitalstock (in Preisen von 1991); L=Beschäftigtenstunden; F=realer Forschungskapitalstock bei einer Abschreibungsrate von 15% (in Preisen von 1991); H=reale Hochschulausgaben je Student in den vergangenen fünf Jahren; b=Bausektor, v=Verkehrssektor, h=Handel, vg=Verarbeitendes Gewerbe, dl=Dienstleistungsgewerbe; cu=IFO-Kapazitätsauslastungsgrad; Y,K,F sind in Mio. DM, H in DM, L in Stunden angegeben. Nähere Angaben siehe Abschnitt 4.

Literatur

Barro, R. J. / *Lee,* J.-W. (1993): „International Comparision of Educational Attainment". Journal of Monetary Economics, Vol. 32, 363-394.

Bernstein, J. / *Nadiri,* M. I. (1988): „Interindustry R&D, Rates of Return, and Production in High-Tech Industries". American Economic Review, Vol. 78, 429-434.

– (1991): „Product Demand, Cost of Production, Spillovers, and the Social Rate of Return to R&D". NBER Working Papers #3625.

Blaug, M. (1976): „The Empirical Status of Human Capital Theory: A Slightly Jaundiced Survey". Journal of Economic Literature, Vol. 14, 827-855.

Bönte, W. (1996): F&E-Spillover und ihre Auswirkungen auf die Kosten der Produktion. Jahrbücher für Nationalökonomie und Statistik, Bd. 216/2, 209-225.

Bowen, W. G. (1964): Assessing the Economic Contribution of Education: An Appraisal of Alternative Approaches, in: Harris, S.E. (ed.): Economic Aspects of Higher Education, OECD, Paris, 177-200.

Dalenberg, D. R. / *Partridge,* M. D. (1994): „The Effects of Taxes, Expenditures, and Public Infrastructure on Metropolitean Aera Employment", University of Montana, mimeo.

Denison, E. F. (1962): „The Sources of Economic Growth in the United States and the Alternative before Us. Committee for Economic Development", New York.

Deutsches Institut für Wirtschaftsforschung [DIW] (1994): Wechselwirkungen zwischen Infrastrukturausstattung, strukturellem Wandel und Wirtschaftswachstum. Zur Bedeutung wirtschaftsnaher Infrastruktur für die Entwicklung in den neuen Bundesländern. Gutachten im Auftrage des Bundesministers für Wirtschaft. Bearb. von S. Bach, M. Gornig, F. Stille und U. Voigt, Berlin.

Evans, P. / *Karras,* G. (1994): „Are Government Activities Productive? Evidence from a Panel of U.S. States". The Review of Economics and Statistics, Vol. 76, 1-11.

Freie und Hansestadt Hamburg (lfd. Jgg): Haushaltsplan. Einzelplan 3.2., Behörde für Wissenschaft und Forschung.

Frisch, R. (1965): Theory of Production, Dordrecht.

Garcià-Milà, T. / *McGuire,* T. J. (1992): „The Contribution of Publicy Provided Inputs to State Economies". Regional Science and Urban Economics, Vol. 22, 229-241.

Goto, A. / *Suzuki,* K. (1989): „R&D Capital, Rate of Return on R&D Investment and Spillover of R&D in Japanese Manufacturing Industries". Review of Economics and Statistics, Vol. 71, 555–564.

Gramlich, E. M. (1994): „Infrastructure Investment: A Review Essay". Journal of Economic Literature, Vol. XXXII, 1176–1196.

Hall, B. H. / *Mairesse,* J. (1992): „Exploring the Relationship between R&D and Productivity in French Manufacturing Firms". NBER Working Paper #3956.

Harhoff, D. (1994): „R&D and Productivity in German Manufacturing Firms", University of Mannheim, mimeo.

Helms, L. J. (1985): „The Effect of State and Local Taxes on Economic Growth: A Time Series-Cross Section Approach". The Review of Economics and Statistics, Vol. 67, 574-582.

Hofmann, U. (1996): Produktivitätseffekte der öffentlichen Infrastruktur – Meßkonzepte und empirische Befunde für Hamburg. Dissertation, Frankfurt am Main.

Hofmann, U. / *Bönte,* W. (1994): Produktivitätseffekte der Infrastruktur. Ein Überblick über neuere empirische Ergebnisse. Diskussionsbeiträge zum Regionalen Standortwettbewerb, Nr. 8. Institut für Allokation und Wettbewerb, Universität Hamburg.

Homburg, S. (1995): „Humankapital und endogenes Wachstum". Zeitschrift für Wirtschafts- und Sozialwissenschaften, Bd. 115, 339-366.

Hulten, C. R. (1986): „Productivity Change, Capacity Utilisation, and the Sources of Efficiency Growth". Journal of Econometrics, Vol. 33, 31–50.

Jaffe, A. B. (1986): „Technological Opportunity and Spillovers of R&D". American Economic Review, Vol. 7, 984-1001,

Lazlo, A. / *Weißhuhn,* G. (1980): Ökonomie der Bildung und des Arbeitsmarktes, in: Bundesinstitut für Berufsbildungsforschung (Hrsg.), Schriften zur Berufsbildungsforschung, Bd. 59, Hannover.

Lucas, R. E. (1988): „On the Mechanics of Economic Development". Journal of Monetary Economics, Vol. 22, 3-42.

Mulligan, C. B. / *Sala-i-Martin,* X. (1995a): „A Labour-Income-Based Measure of the Value of Human Capital: An Application to the States of the United States". CEPR Discussion Paper No. 1146, London.

– (1995b): „Measuring Aggregate Human Capital". NBER Working Paper #5016.

Nadiri, M. I. / *Mamuneas,* T. P. (1994): „The Effects of Public Infrastructure and R&D Capital on the Cost Structure and Performance of U.S. Manufacturing Industries". Review of Economics and Statistics, Vol. 76, 22-37.

Nadiri, M. I. / *Prucha,* I. (1994): „Estimation of the Depreciation Rate of Physical and R&D Capital in the U.S. Total Manufacturing Sector". Journal of Economic Inquiry, Vol. 34, 43-56.

Park, W. G. (1995): „International R&D Spillover and OECD Economic Growth". Economic Inquiry, Vol. XXXIII, 571-591.

Pfähler, W. / *Bönte,* W. (1996): F&E-Spillover und F&E-Politik. Zur theoretischen und empirischen Fundierung der F&E-Politik, in: J. Kruse und O.G. Mayer (Hrsg.): Aktuelle Probleme der Wettbewerbs- und Wirtschaftspolitik, Hamburg, 59-81.

Pfähler, W. / *Hofmann,* U. / *Lehmann-Grube,* U. (1995): Infrastruktur und Wirtschaftsentwicklung. Kritische Bestandsaufnahme, Erweiterungen und Fallstudien, in: Oberhauser A. (Ed.): Finanzierungsprobleme der deutschen Einheit III. Schriften des Vereins für Socialpolitik, Band 229/III, Duncker & Humblot, Berlin, 71-187.

Pfähler, W. / *Hofmann,* U. / *Bönte,* W. (1996): „Does Extra Public Infrastructure Matter? An Appraisal of Empirical Literature". Finanzarchiv, Bd. 53, 68-112.

Pfähler, W. / *Clermont,* Ch. / *Gabriel,* Ch. / *Hofmann,* U. (1997): Bildung und Wissenschaft als Wirtschafts- und Standortfaktor, Nomos Verlagsgesellschaft, Baden-Baden.

Phelps, E. (1966): „Models of Technical Progress and the Golden Rule of Research". Review of Economic Studies, Vol. 33, 133-145.

Renelt, D. (1991): „Economic Growth: A Review of the Literature". World Bank Working Paper WPS 678.

Rosen, S. (1987): Human Capital, in: Eatwell, J., M. Milgate and P. Newman (ed.): The New Palgrave. A Dictionary of Economics, Bd. 2/4, London, New York, Tokio, 681–690.

Schultz, T. W. (1961): „Investment in Human Capital". American Economic Review, Vol. 51, 1-17.

– (1962): Education and Economic Growth, in: H.B. Nelson (Ed.): Social Forces Influencing American Education. The 60th Yearbook of the National Society for the Study of Education, Chicago 1961.

Shell, K. (1967): „A Model of Incentive Activity and Capital Accumulation", in: Essays of the Theory of Optimal Economic Growth, M.I.T. Press, Cambridge, Mass.

Statistisches Bundesamt (lfd. Jgg. 1965 bis 1973): Öffentliche Finanzwirtschaft. Fachserie L Finanzen und Steuern, Reihe 1 Hauswirtschaft von Bund, Ländern und Gemeinden, Bd. II Jahresabschlüsse, Wiesbaden.

– (lfd. Jgg. 1974 bis 1991): Rechnungsergebnisse des öffentlichen Gesamthaushaltes. Fachserie 14 Finanzen und Steuern, Reihe 3.1, Wiesbaden.

– Statistisches Bundesamt (lfd. Jgg. 1983 bis 1991): Prüfungen an Hochschulen. Fachserie 11 Bildung und Kultur, Reihe 4.2, Wiesbaden.

Statistische Landesämter (1994a): „Entstehung, Verteilung und Verwendung des Sozialprodukts in den Ländern des früheren Bundesgebietes. Revidierte Ergebnisse von 1970 bis 1992". Volkswirtschaftliche Gesamtrechnungen der Länder, Heft 22.

– (1994b): „Entstehung, Verteilung und Verwendung des Sozialprodukts in den Ländern der Bundesrepublik Deutschland 1970 bis 1993". Volkswirtschaftliche Gesamtrechnungen der Länder, Heft 23.

Statistisches Landesamt Hamburg (lfd. Jgg. 1965 bis 1988): Statistische Berichte B.I.3 (ab 1973: B.III.1): Unterricht und Bildung, Rechtspflege, Wahlen. Hamburg.

Universität Hamburg (lfd. Jgg.): Statistischer Bericht.

U.S. Department of Labor, Bureau of Labor Statistics (1989): „The Impact of Research and Development on Productivity Growth". Bulletin 2331, Washington, D.C.

Uzawa, H. (1965): „Optimal Technical Change in an Aggregate Model of Economic Growth". International Economic Review, Vol. 6, 18-31.

Weißhuhn, G. (1972): „Ausbildung, Forschung und Entwicklung in der modernen Wachstumstheorie als Grundlage der Bildungsplanung". Konjunkturpolitik, 18 Jg., 53-66.

Weizsäcker, C. C. v. (1969): „Forschungsinvestitionen und makroökonomische Modelle – ein wirtschaftstheoretisches Dilemma?" Kyklos, Vol. XXII, 454-466.

Wigger, B. (1993): Akkumulation, Faktorstruktur und wirtschaftliches Wachstum, Dissertation Göttingen.

Humankapitalabschreibung, Wachstum und Arbeitslosigkeit

Thomas Gries, Stefan Jungblut und *Henning Meyer,* Paderborn

Zusammenfassung

Der in nahezu allen Industrieländern seit mehreren Jahrzehnten andauernde, kontinuierliche Anstieg der Arbeitslosigkeit hat (erneut) die Frage aufgeworfen, inwieweit ein Zusammenhang zwischen Wachstum und Arbeitslosigkeit besteht. Wachstum und Unterbeschäftigung scheinen miteinander einhergehende oder sogar bedingende Prozesse zu sein. Trotz voller Flexibilität der Märkte läßt sich zeigen, daß im Steady-State Unterbeschäftigung für einen bestimmten Arbeitsfaktor entstehen kann. Lohnanpassungen alleine können Vollbeschäftigung nicht mehr erzeugen. Technischer Fortschritt ist nicht nur wie in traditionellen Wachstumsmodellen wachstumsfördernd, er hat auch eine Rationalisierungswirkung, die bei fehlender Humankapitalbildung auf dem Arbeitsmarkt Unterbeschäftigung erzeugt. Die Reichweite der Erstausbildung ist bei hoher Geschwindigkeit des technischen Fortschritts nicht ausreichend, um Arbeitslosigkeit im Alter zu vermeiden.

I. Einleitung

Die Hypothese, daß dem Wachstumsprozeß Mechanismen inhärent sind, die zur Entstehung von Arbeitslosigkeit führen können, steht der eher traditionellen Sichtweise gegenüber, Arbeitslosigkeit als kurzfristiges Ungleichgewichtsphänomen zu interpretieren. Der kurzfristigen Sichtweise zufolge wird Arbeitslosigkeit hauptsächlich durch (adverse) makroökonomische Schocks verursacht, die aufgrund von Rigiditäten des ökonomischen Systems nicht in ausreichendem Maße und hinreichend schnell absorbiert werden, um jederzeitige Vollbeschäftigung zu gewährleisten. Langfristig allerdings werden nach dieser Auffassung die Anpassungsreaktionen dazu führen, daß sich Beschäftigung und Arbeitslosenquote wieder auf ihrem natürlichen Niveau einpendeln, das durch strukturelle Merkmale der Ökonomie bestimmt wird.

Aufbauend auf dieser Sichtweise erfolgt die Analyse von Unterbeschäftigungsproblemen überwiegend in kurzfristigen Modellen, in denen die Bestimmungs-

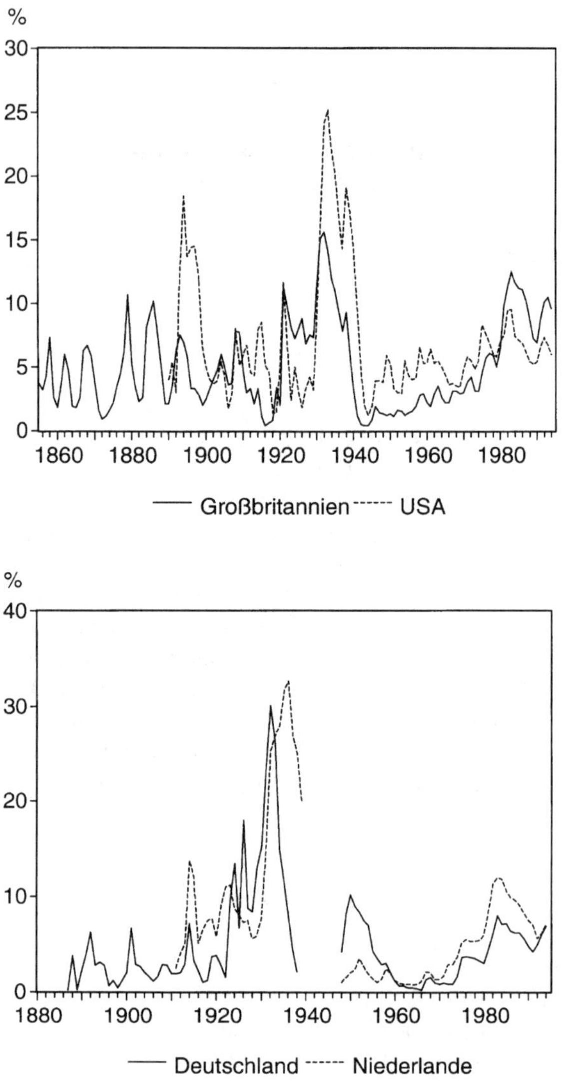

Abb. 1: Langfristige Entwicklung der Arbeitslosenquote in ausgewählten Industrieländern.

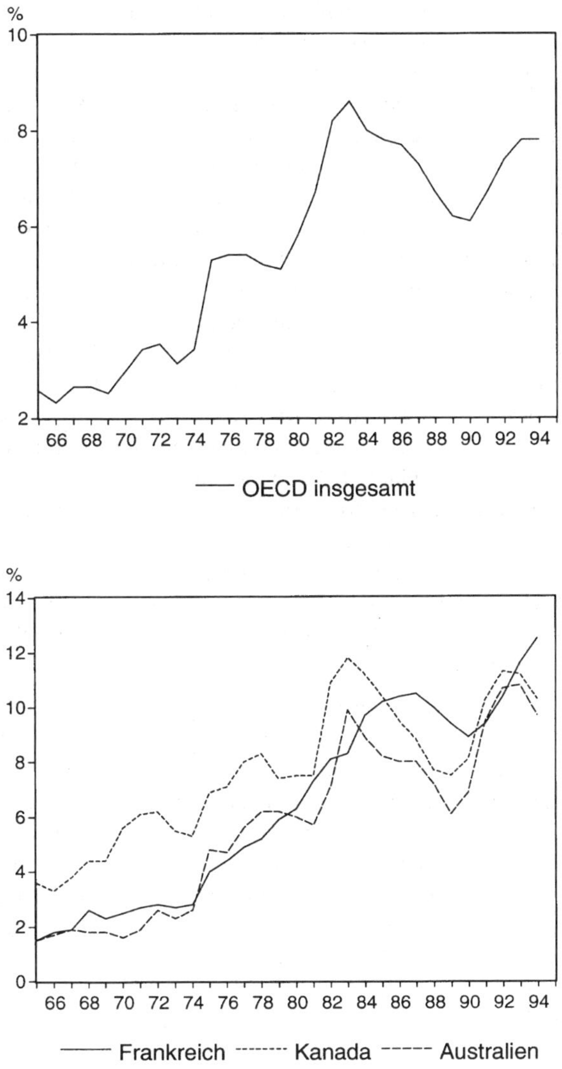

Abb. 2: Entwicklung der Arbeitslosenquote in ausgewählten Industrieländern, 1955 - 94.

Quelle: Großbritannien 1865 - 1954: *Feinstein* (1972); USA 1890 - 99: *C. Romer* (1986); USA 1900 - 38: *U.S. Department of Commerce* (1973); USA 1939 - 54: *U.S. Government Printing Office* (1989); Deutschland 1887 - 1954: *Mitchell* (1980); Niederlande 1911 - 54: *Mitchell* (1980); alle Länder 1954 - 94: *OECD, Economic Outlook:* versch. Jahrgänge.

gründe der langfristigen wirtschaftlichen Entwicklung nicht explizit erfaßt werden. Dieser Grundansatz liegt den meisten Beschäftigungsmodellen zugrunde, die seit dem Ende der 70er Jahre im Rahmen der Neuen Keynesianischen Makroökonomik entstanden sind. Im Mittelpunkt dieser Ansätze steht die mikroökonomische Fundierung nominaler und realer Rigiditäten des ökonomischen Systems.[1] Mit der Existenz nominaler Preisrigiditäten läßt sich erklären, warum Veränderungen der gesamtwirtschaftlichen Nachfrage nicht vollständig durch Preisanpassungen der Anbieter absorbiert werden und sich deshalb auf die Faktormärkte – insbesondere den Arbeitsmarkt – auswirken können.[2] Sie liefern damit eine Erklärung für den beobachteten trade-off zwischen Inflation und Beschäftigung. Die Existenz realer Lohnrigiditäten wird demgegenüber dafür verantwortlich gemacht, daß trotz bestehender Unterbeschäftigung kein ausreichender Lohndruck entsteht, um ein vollbeschäftigungskonformes Reallohnniveau herbeizuführen. Die Entstehung solcher Rigiditäten wird mit der Existenz impliziter Kontrakte[3] begründet oder durch Ansätze der Effizienzlohntheorie[4], Gewerkschafts- und Verhandlungsmodelle[5] oder Insider-Outsider Modelle[6] erklärt. Diese Modellansätze haben wesentlich zu einem besseren Verständnis derjenigen strukturellen Faktoren beigetragen, die die Höhe der gleichgewichtigen Arbeitslosenquote bestimmen. Allerdings bleiben in den genannten Modellen solche Faktoren aus der Betrachtung ausgenommen, die für die langfristige wirtschaftliche Entwicklung einer Ökonomie relevant erscheinen, insbesondere die Akkumulation von Human- bzw. Realkapital und die Entwicklung des technischen Fortschritts.

Bei der Analyse von Wachstumsprozessen hingegen wird – unter Hinweis auf die langfristig gegebene Flexibilität der Preise – von Unterbeschäftigungsproblemen abstrahiert. Dies gilt für die traditionelle neoklassische Wachstumstheorie wie auch die Modelle der Neuen Wachstumstheorie[7] gleichermaßen. Im Mittelpunkt der wachstumstheoretischen Diskussion steht gegenwärtig nach wie vor die Frage, welche Gründe für die Entstehung und Umsetzung von neuem Wissen verantwortlich sind, während Beschäftigungswirkungen der damit verbundenen Konvergenz- und Anpassungsprozesse nicht berücksichtigt werden. Die Konzeption der Wachstumstheorie baut als Vollbeschäftigungstheorie auf der Annahme auf, daß Unterbeschäftigungssituationen ausschließlich kurzfristige Phänomene sind. Es ist fraglich, ob diese Sichtweise – angesichts der stilisierten Fakten – der langfristigen

---

1 Eine detailliertere Darstellung der nachfolgend genannten Ansätze findet sich in *Nickell* (1991) oder *Benassi/Chirco/Colombo* (1994).

2 *Akerlof/Yellen* (1985), *Mankiw* (1985).

3 Siehe z. B. *Azariardis* (1975) und *Grossman/Hart* (1981).

4 *Shapiro/Stiglitz* (1984), *Foster/Wan* (1984), *Weiss* (1991) und *Akerlof* (1982, 1984).

5 *McDonald/Solow* (1981), *Blanchard* (1986), *Layard/Nickell* (1985).

6 *Solow* (1985) und *Lindbeck/Snower* (1988).

7 *P. M. Romer* (1986, 1987, 1990), *Lucas* (1988) und *Grossman/Helpman* (1991). Eine kritische Diskussion dieser Ansätze findet sich in *Gries/Wigger/Hentschel* (1994).

wirtschaftlichen Entwicklung der Industrieländer gerecht wird. Es stellt sich die Frage, ob nicht

- die Wachstumstheorie mit ihrem Postulat der Vollbeschäftigung einen wesentlichen möglichen Aspekt von Wachstumsprozessen, nämlich den der langfristigen Unterbeschäftigung ausblendet,
- die Unterbeschäftigungstheorie mit ihrer Betonung kurzfristiger Rigiditäten einen wesentlichen Aspekt von Unterbeschäftigungssituationen, nämlich die Wirkung der Wachstumskräfte auf den Arbeitsmarkt vernachlässigt.

Die Entwicklung der Arbeitslosenquote von Großbritannien, den Vereinigten Staaten, Deutschland und den Niederlanden seit dem vergangenen Jahrhundert ist in Abb. 1 wiedergegeben. Die Zeitreihen lassen erkennen, daß die Entwicklung der Arbeitslosigkeit über den gesamten Zeitraum von kurzfristigen Schwankungen geprägt wird und unterstützen insofern die traditionelle Sichtweise. Gleichzeitig läßt sich aber auch erkennen, daß die Arbeitslosenquote im Zeitablauf deutliche Niveauveränderungen aufweist, die über längere Zeiträume hinweg andauern. Insbesondere seit der ersten Hälfte der 40er Jahre, spätestens aber seit Mitte der 60er Jahre, läßt sich ein bis in die Gegenwart andauernder Anstieg der Arbeitslosenquote erkennen. Diese Entwicklung beschränkt sich nicht nur auf die genannten vier Länder. Vielmehr sind nahezu alle Industriestaaten von dieser Entwicklung betroffen (vgl. Abb. 2). Im Hinblick auf die modelltheoretische Erfassung dieses Phänomens ist entscheidend, daß der Anstieg der Arbeitslosigkeit über einzelne Konjunkturphasen hinweg andauert. Darüberhinaus weisen eine Reihe von empirischen Studien darauf hin, daß sich die natürliche Arbeitslosenquote in den vergangenen Jahrzehnten ähnlich wie die tatsächliche Arbeitslosenquote entwickelt hat, also ebenfalls deutlich angestiegen ist (Vgl. Tab. 1).[8] Diese Entwicklung läßt sich allerdings nur zum Teil auf der Grundlage der oben dargestellten Beschäftigungsmodelle erklären. Insbesondere für den Zeitraum seit den 80er Jahren lassen sich keine makroökonomischen Störungen oder strukturelle Veränderungen feststellen, die so stark ausgeprägt waren, daß auf ihrer Grundlage der weiterhin andauernde Anstieg der gleichgewichtigen Arbeitslosenquote erklärt werden könnte. Dieses Erklärungsdefizit hat dazu geführt, verstärkt die Möglichkeit einer langfristig andauernden Wirkung kurzfristiger Schocks (Hysterese) als Erklärungsansatz in Betracht zu ziehen[9], allerdings besteht gegenwärtig wenig Konsens über die theoretische und empirische Bedeutung dieser Ansätze.[10]

---

[8] Siehe auch *Layard/Nickell* (1985), *Johnson/Layard* (1986) oder *Layard/Nickell/Jackman* (1991). Eine vergleichende Betrachtung verschiedener Studien findet sich bei *Cromb* (1993).

[9] *Hargreaves-Heap* (1980), *Blanchard/Summers* (1986, 1987), *Layard/Nickell* (1986), *Sneessens/Drèze* (1986), *Carlin/Soskice* (1989) *Layard/Nickell/Jackman* (1991), *Cross* (1988).

[10] *Amable* et alt. (1995).

Tabelle 1

Aktuelle und natürliche Arbeitslosenquoten, ausgewählte OECD-Länder

	1957 - 66	1967 - 74	1975 - 78	1979 - 82	1983 - 87
Großbritannien					
natürliche Rate	2,03	4,25	7,53	10,47	–
aktuelle Rate	2,03	3,78	6,80	11,28	–
Deutschland					
natürliche Rate	2,03	1,06	3,82	3,34	6,00
aktuelle Rate	1,38	1,12	3,89	4,51	8,00
Japan					
natürliche Rate	1,56	1,89	2,47	2,37	2,80
aktuelle Rate	1,56	1,25	2,04	2,18	2,80
USA					
natürliche Rate	5,18	4,71	7,80	6,20	6,00
aktuelle Rate	5,18	4,35	7,05	7,31	7,60

Quelle: 1957 - 1982: *Layard/Nickell* (1985); 1983 - 87: *OECD* (1986).
Anmerkungen: 1986 - 87 OECD Projektionen.

Vor dem Hintergrund der dargestellten Arbeitsmarktentwicklung – dem seit mehreren Jahrzehnten andauernden Anstieg der Arbeitslosigkeit und der anhaltenden Kontroverse über die zugrundeliegenden Ursachen dieser Entwicklung – erscheint es notwendig, die Aufmerksamkeit verstärkt auf die Bedeutung langfristiger ökonomischer Entwicklungsmechanismen zu richten und deren Analyse auf der Grundlage eines Wachstumsmodells vorzunehmen, das trotz vollständig flexibler Preis- und Marktmechanismen die Möglichkeit von Unterbeschäftigungssituationen zuläßt. Zwei Thesen lassen sich formulieren:

1. Unabhängig von kurzfristigen Rigiditäten – also auch im Rahmen neoklassischer Modellstrukturen mit voller Lohn-, Preis- und Marktflexibilität – kann der Wachstumsprozeß dauerhafte Unterbeschäftigung erzeugen. Wachstum und Unterbeschäftigung können einander bedingende Prozesse sein. Lohnflexibilität allein führt nicht automatisch zur Vollbeschäftigung.
2. Die durch den Wachstumsprozeß entstehende Unterbeschäftigung wird durch eine unzureichende Qualifizierung der Arbeitskräfte, also durch mangelndes Humankapital verursacht. Unterbeschäftigung entsteht durch Mangel an Qualifizierung.

Das Modell, das im folgenden dargestellt wird, erklärt langfristige, unfreiwillige Arbeitslosigkeit. Mit einem Jahrgangskapitalmodell wird eine Putty-Clay Technologie zugrundegelegt. Die betrachteten Produktionsfaktoren sind zwei verschiedene Arbeitsformen, flexible und unflexible Arbeit. Es wird gezeigt, daß im langfristigen Gleichgewicht Arbeitslosigkeit existieren kann. Als Ergebnis erhält man Arbeitslose, die keine Chance haben, wiedereingestellt zu werden, weil ihr Humankapital vollständig abgeschrieben ist und es damit keinen ökonomischen Wert mehr hat.

II. Ein Jahrgangshumankapitalmodell

Mit einem einfachen Modell aus der Klasse der Jahrgangskapitalmodelle soll beiden oben formulierten Thesen ein theoretisches Fundament gegeben werden:

Die besondere Stärke von Jahrgangskapitalmodellen besteht in einer angemesseneren Modellierung der Zusammenhänge von technischem Fortschritt und Kapital respektive Humankapital. In der traditionellen Modellierung der Jahrgangskapitalmodelle ist die Technologie Bestandteil der sie tragenden Maschine. Die neu eingesetzte Maschine repräsentiert die jeweils aktuelle Technologie. Das Kapital ist somit Vehikel des technischen Fortschritts. Wird in einer Periode eine Investitionsentscheidung getroffen, bedeutet dies – bei der aktuellen Technologie – die Entscheidung für einen bestimmten Produktionsprozeß und damit für eine bestimmte Faktorintensität. Eine Periode später – bei fortgeschrittener Technologie – wird die Entscheidung erneut für die dann aktuellen Investitionen getroffen. Der gesamte Kapitalstock setzt sich damit aus den verschiedenen Kapitaljahrgängen mit den zum jeweiligen Entstehungszeitpunkt der Maschinen vorhandenen Technologien zusammen. Für die aggregierten Kapitalintensitäten sind drei Möglichkeiten denkbar, die sehr unterschiedliche ökonomische Konsequenzen haben:[11]

	Aktuelle Investitionsentscheidung und Wahl der Kapitalintensität	Anpassungsmöglichkeit des in der Vergangenheit gebildeten Kapitalstocks
Putty-Putty	Flexible Wahl der Kapitalintensität bei den aktuellen Investitionen. Optimale Wahl der Kapitalintensität in der Gegenwart.	Flexible Wahl der Kapitalintensität ist bei den alten, bereits vorhanden Investitionsgütern möglich. Auch die alten Maschinen lassen sich so umrüsten, daß die aktuell gewünschte Kapitalintensität eingestellt werden kann.
Putty-Clay	Flexible Wahl der Kapitalintensität bei den aktuellen Investitionen. Optimale Wahl der Kapitalintensität in der Gegenwart.	Die alten Maschinen verkörpern eine ganz bestimmte Technologie und einen ganz bestimmten Produktionsprozeß. Die Kapitalintensität der alten Maschinen ist nicht veränderbar. Die in der Vergangenheit gewählten Produktionsprozesse sind als echte Historie nicht mehr veränderbar.
Clay-Clay	Limitationale Technologie läßt auch bei den aktuellen Investitionsentscheidungen keine Anpassung zu.	Limitationale Technologie auch bei den in der Vergangenheit eingesetzten Kapitaljahrgängen.

Die realistischste dieser drei Möglichkeiten ist die Putty-Clay-Variante. In der Gegenwart ist eine große Flexibilität bei der Wahl der aktuellen Produktionsprozesse möglich. Sind die entsprechenden Produktionsprozesse in Form der Kapital-

[11] Putty: formbar; Clay: starr.

güter ausgewählt und installiert, ist eine Veränderung im nachhinein nicht mehr möglich. Der Wachstumsprozeß hat damit eine echte Historie. Im folgenden wird ähnlich wie bei *Bliss* (1968) eine Putty-Clay Technologie modelliert.[12]

Produktionsfaktoren

Wird der Kapitalbegriff nicht nur auf Maschinenkapital beschränkt, sondern umfassender gesehen und um Humankapital erweitert, zeigt sich ebenfalls die besondere Eignung dieser Modellklasse für die Formulierung des technischen Fortschritts im Wachstumsprozeß. Diese Übertragung der Idee der Jahrgangskapitalmodelle auf Humankapitaljahrgänge soll im folgenden Modellansatz vorgenommen werden, denn auch hinsichtlich des Humankapitals sind Kapitaljahrgänge erkennbar.

Unterstellt werden zwei Gruppen von Arbeit:

unflexible Arbeit: Dieser Arbeitsfaktor ist dadurch gekennzeichnet, daß er eine Erstausbildung, also eine Humankapitalausstattung beim Eintritt ins Arbeitsleben erhält. In dieser Erstausbildung wird der Umgang mit den gerade aktuellen Technologien vermittelt, so daß die gerade vermittelte Ausbildung die modernste mögliche ist. Nach dieser einmaligen Ausbildung (Humankapitalausstattung) in der Jugend, ist diese Arbeitsgruppe jedoch nicht mehr in der Lage, sich eigenständig den Umgang mit neuen Technologien anzueignen. Da durch technischen Fortschritt das einmal gebildete Humankapital veraltet, ist die unflexible Arbeit nicht für den Einsatz mit neueren Technologien späterer Jahre ausgebildet, sie ist nicht für neuere Technologien verwendbar. Die unflexible Arbeit bleibt an der Technologie ihres Ausbildungsjahres haften. Da annahmegemäß kein permanenter Weiterbildungsprozeß stattfindet, ensteht eine Kohorte von Humankapitaljahrgängen, deren Inhaber die jeweiligen Arbeitsjahrgänge sind.

flexible Arbeit: Die Ausbildung der flexiblen Arbeit ist darauf ausgerichtet, alle eingesetzten Technologiejahrgänge handhaben zu können. Sie ist also in allen Technologiejahrgängen einsetzbar. Ein Wechsel von einer alten auf eine neue Technologie verursacht definitionsgemäß keine Anpassungskosten. Die besonderen Fähigkeiten dieses Arbeitsfaktors erlauben diese extreme Flexibilität. Wegen der Flexibilität ist dieser Arbeitsfaktor in der Lage, technischen Fortschritt zu nutzen. Der technische Fortschritt bewirkt daher eine Quasivermehrung der flexiblen Arbeit.

---

12 Das Modell überträgt wesentliche Ansätze und Ideen von *Bliss* (1968) auf den Arbeitsmarkt bzw. auf die Humankapitalbildung. Auch zu dem Modell von *Phelps* (1963) existieren einige Bezüge, auf die an entsprechender Stelle hingewiesen wird.

Angenommen wird eine Aufteilung des gesamten exogenen Arbeitsangebotes N^s in unflexible Arbeiter N_1^s und flexible Arbeiter N_2^s. Es ist

$$N^s = N_1^s + N_2^s.$$

Diese Aufteilung sei exogen gegeben und konstant.

Das gesamte physische Arbeitsangebot der unflexiblen Arbeiten N_1^s setzt sich aus dem Angebot der einzelnen Jahrgänge zusammen. Es wird angenommen, daß die Jahrgänge alle gleich groß sind, also die ausscheidenen Jahrgänge gerade durch die neu hinzukommenden ersetzt werden ($N_{1,V}^s(v) = N_{1,V}^s$).[13]

$$N_1^s(t) = \int_{t-T}^{t} N_{1,V}^s(v)dv = TN_{1,V}^s ,$$

wobei T das Gesamtlebensalter bzw. das Verrentungsalter der Arbeiter bezeichnet.

Zum Zeitpunkt des Arbeitseintritts sind die unflexiblen Arbeiter in der Lage, die neueste Technologie zu benutzen. Bezeichnet man mit h_V die pro Kopf Humankapitalausstattung eines unflexiblen Arbeiters, so ergibt als Humankapital H_V des Jahrgangs t[14]

$$H_V(t) = h_V(t)N_{1,V}^s .$$

Das physische Arbeitsangebot der flexiblen Arbeit N_2^s setzt sich ebenfalls aus den einzelnen Jahrgängen zusammen. Die Flexibilität bedeutet aber gerade, daß die flexiblen Arbeiter in allen Jahrgängen einsetzbar sind. Ausscheidende Jahrgänge werden durch die neu hinzukommenden ersetzt, so daß gerade

$$N_2^s = \text{const.}$$

gilt.[15] Das gesamte Arbeitsangebot wird entsprechend der Nachfrage auf die einzelnen Jahrgänge verteilt. Um flexible Arbeit in Effizienzeinheiten zu betrachten,

---

13 Grundsätzlich werden alle Jahrgangsgrößen mit einen Subindex V für Vintage indiziert. Die gesamte unflexible Arbeit N_1^s setzt sich somit aus den einzelnen Jahrgängen $N_{1,V}^s$ zusammen.

14 Da der Kapitalaspekt des Humankapitals betont werden soll, wird es nicht durch einen Lohnsatz, sondern durch eine Verzinsung entlohnt.

15 Die flexiblen Arbeiter stammen wie die unflexiblen aus T verschiedenen Jahrgängen, d. h. es ist $N_2^s(t) = \int_{t-T}^{t} N_{2,V}^s(v)dv = TN_{2,V}^s$. Da die Arbeiter jedoch nicht an einen bestimmten Jahrgang gebunden sind, kann auf einer Einführung der zusätzlichen Variable $N_{2,V}^s = \frac{N_2^s}{T}$ verzichtet werden.

wird technischer Fortschritt eingeführt. Der technische Fortschritt ist exogen gegeben und wird mit λ_V bezeichnet. Er wächst annahmegemäß mit der Rate $\hat{\lambda}$. Da die flexible Arbeit in der Lage ist, den technischen Fortschritt zu nutzen, wirkt dieser gerade auf diesen Faktor und führt zu dessen Quasivermehrung. Die flexible Arbeit eines Jahrganges in Effizienzeinheiten $\Lambda_V(t)$ ist das Produkt der flexiblen Arbeit in physischen Einheiten $N^d_{2,V}(t)$ und dem Effizienzparameter $\lambda_V(t)$:

$$\Lambda_V(t) = \lambda_V(t) N^d_{2,V}(t) \; .$$

Die gesamte Arbeitsnachfrage setzt sich aus den Nachfragen der einzelnen Jahrgänge zusammen. Bezeichnet man mit $m(t)$ das Alter der ältesten eingesetzten Technologie, so erhält man die Gesamtnachfrage nach unflexibler Arbeit:

$$N^d_1(t) = \int_{t-m(t)}^{t} N^d_{1,V}(v)dv = m(t) N^d_{1,V} \; .$$

Hier wird weiter die Annahme gemacht, daß die Jahrgänge entweder vollständig oder gar nicht eingesetzt werden, die eingesetzten Technologien sollen voll ausgelastet werden. Dies bedeutet für einen bestimmten Jahrgang, daß $N^d_{1,V}(v) = N^s_{1,V} = N_{1,V}$ oder $N^d_{1,V}(v) = 0$ gilt.[16] Für die Nachfrage nach flexibler Arbeit ergibt sich entsprechend:

$$N^d_2(t) = \int_{t-m(t)}^{t} N^d_{2,V}(v)dv \; .$$

Diese Gleichung besagt, daß die flexiblen Arbeiter von den neuesten $m(t)$ Technologiejahrgängen nachgefragt werden. Eine genaue Zuordnung einzelner Anbieter flexibler Arbeit auf bestimmte Jahrgänge kann nicht vorgenommen werden.

Die Vollbeschäftigungsbedingung zum Zeitpunkt t für die unflexible Arbeit lautet:

$$N^s_1 = N^d_1 \quad \Longleftrightarrow \quad TN_{1,V} = m(t) N_{1,V} .$$

Die unflexible Arbeit ist demnach genau dann vollbeschäftigt, wenn $T = m(t)$ gilt. Die vollständige Abschreibung des Technologie- und damit auch des Humankapitaljahrganges der unflexiblen Arbeit entspricht genau den exogen geplanten

16 *Bliss* (1968) geht zunächst – allgemeiner als dies hier dargestellt wird – von einer Nichtvollauslastung der Maschinen aus. Später wird die Annahme der Vollauslastung übernommen.

Verrentungsalter. Zur Erklärung von Arbeitslosigkeit ist diese Bedingung entscheidend. Während T (Verrentungsalter) exogen gegeben ist, wird $m(t)$ (vollständiges Abschreibungsalter) endogen bestimmt. Die folgenden Modellgleichungen dienen im wesentlichen dazu, einen Rahmen zu schaffen, der es erlaubt, das Alter der eingesetzten Technologie zu bestimmen.

Als Vollbeschäftigungsbedingung für die flexible Arbeit ergibt sich entsprechend[17]

(1) $$N_2^s = N_2^d \iff N_2^s = \int_{t-m(t)}^{t} N_{2,V}^d(v)dv \,.$$

Die Nachfrage nach flexibler Arbeit wird später modellendogen bestimmt. Gleichung (1) wird im Steady-State immer erfüllt sein, d. h. im langfristigen Gleichgewicht wird keine flexible Arbeit unbeschäftigt sein. Dies bedeutet aber gerade, daß die Bedingung (1) limitierend wirkt und somit die Bestimmungsgleichung für das Alter der eingesetzten Technologie $m(t)$ ist. Durch die Bedingung (1) wird entschieden, wie viele Jahrgänge noch mit flexibler Arbeit ausgestattet werden können. Ein Jahrgang scheidet dann aus, wenn er älter als die neuesten $m(t)$ Jahrgänge ist, die nachgefragt werden.[18]

Produktion

Da eine Putty-Clay Technologie modelliert wird, können zu jedem Zeitpunkt, in dem effiziente Faktorverhältnisse gewählt werden, die Produktionsfaktoren gegeneinander substituiert werden. Es wird eine Produktionsfunktion mit konstanten Skalenerträgen unterstellt, die den Putty-Teil des Modells beschreibt. Wird die Humankapitalintensität κ als

(2) $$\kappa = \frac{H_V}{N_{2,V}^d}$$

definiert und eine Coob-Douglas Funktion unterstellt, so erhält man

$$\begin{aligned} Y_V(v) &= F\big(H_V(v), \Lambda_V(v)\big) = F\big(H_V(v), N_{2,V}^d(v)\lambda_V(v)\big) \\ &= N_{2,V}^d(v)\; f\big(\kappa(v), \lambda_V(v)\big) = N_{2,V}^d(v)\kappa(v)^{\alpha}\lambda_V(v)^{1-\alpha} \,. \end{aligned}$$

17 Hätte man $N_{2,V}^s = \frac{N_2^s}{T}$ eingeführt, so ergäbe sich die Vollbeschäftigungsbedingung als $TN_{2,V}^s = \int_{t-m(t)}^{t} N_{2,V}^d(v)dv$. Das Arbeitsangebot, welches aus T verschiedenen Jahrgängen stammt, wird bei Vollbeschäftigung auf die $m(t)$ neuesten Jahrgänge aufgeteilt.

18 *Phelps* (1963) bezeichnet diese Gleichung als Bestimmungsgleichung für den Lohnsatz der flexiblen Arbeit. Dahinter steht die Sichtweise, daß der Lohnsatz sich gerade so anpaßt, daß die Vollbeschäftigungsbedingung gilt.

Der gesamte Output zu einem Zeitpunkt t setzt sich aus der Summe der einzelnen Jahrgänge zusammen:

$$(3) \qquad Y(t) = \int_{t-m(t)}^{t} Y_V(v)dv \,.$$

Effiziente Faktoreinsätze

Die Bestimmung des effizienten Faktoreinsatzverhältnisses erfolgt über einen Optimierungsansatz, der mit einem neoklassischen Investitionskalkül für Humankapital vergleichbar ist. Durch optimale Wahl des Faktorverhältnisses κ werden die abdiskontierten Gewinnströme einer Humankapitalinvestition maximiert. Effiziente Humankapitalinvestitionen müssen gleichzeitig zwei Bedingungen erfüllen: 1. Der Gegenwartswert der zukünftigen Erträge der Humankapitalinvestition muß gerade der Humankapitalinvestition entsprechen – Null-Gewinnbedingung, dies bestimmt $r(t)$. 2. Die Humankapitalintensität κ muß gerade die zukünfigen Gewinne maximieren – Gewinnmaximierungsbedingung.

Null-Gewinnbedingung: Die Periodengewinne einer Technologie setzen sich aus den Erträgen der Technologie, gegeben durch $F(H_V(t), \Lambda_V(t))$, abzüglich den Lohnkosten der flexiblen Arbeit $w(v)N^d_{2,V}(t)$ zusammen.[19] Durch Abdiskontierung der zukünftigen Erträge erhält man den Gegenwartswert der Investition. Für den Zeitpunkt t entsprechen die Investitionskosten den Investitionserträgen:

$$(4) \qquad H_V(t) = \int_{t}^{t+m(t)} \Big(F\big(H_V(t), \Lambda_V(t)\big) - w(v)N^d_{2,V}(t)\Big) \exp\Big(-\int_{t}^{v} r(z)dz\Big)dv \,.$$

Diese Gleichung ist als interne Zinsfußgleichung für den Zinssatz, d. h. für die Quasirente des Humankapitals der unflexiblen Arbeit zu verstehen. Es wird gezeigt, daß im Steady-State $r(t) = r =$ konst. gilt.

Gewinnmaximierungsbedingung: Wird von Gleichung (4) in Intensitätsform geschrieben, so erhält man

$$\kappa(t) = \int_{t}^{t+m(t)} \Big(f\big(\kappa(t), \lambda_V(t)\big) - w(v)\Big) \exp\Big(-\int_{t}^{v} r(z)dz\Big)dv \,.$$

Das Faktoreinsatzverhältnis κ wird so gewählt, daß die Gewinne der Humankapitalinvestition maximiert werden. Der Gegenwartswert sollte bei Variationen von

19 Der Lohnsatz der flexiblen Arbeit ist als einzige Größe von v und nicht wie die anderen Größen von t abhängig. Ist die Investition zum Zeitpunkt t getätigt worden, so ist die Produktionstechnologie fest – Clay-Teil. Somit sind F und $N^d_{2,V}$ fest. Der Lohnsatz der flexiblen Arbeit ist jedoch nicht fest, er steigt im Zeitverlauf.

κ stationär sein, d. h. die partielle Ableitung von Gleichung (4) nach κ muß verschwinden:

(5)
$$\frac{\partial f}{\partial \kappa}\int_t^{t+m(t)} \exp\left(-\int_t^v r(z)dz\right)dv = 1 \,.$$

Diese Bedingung bestimmt das optimale Faktoreinsatzverhältnis bzw. die Humankapitalintensität κ und somit zusammen mit der Gleichung (2) die Nachfrage nach flexibler Arbeit $N^d_{2,V}(t)$.

Die Entlohnung der flexiblen Arbeit erfolgt entsprechend der Arbeitsproduktivität der ältesten eingesetzten Technologie. Da die flexible Arbeit in dem Sinne homogen ist, daß man sie für alle Jahrgänge einsetzen kann, ergibt sich für den Lohnsatz[20]

(6)
$$w(t) = \frac{\partial Y}{\partial N^d_2} = \frac{Y_V\big(t-m(t)\big)}{N^d_{2,V}\big(t-m(t)\big)} = F\Big(\kappa\big(t-m(t)\big), \lambda_V\big(t-m(t)\big)\Big)\,.$$

Die Entlohnung der unflexiblen Arbeit ist durch dessen Quasirente $r(t)$ gegeben. Der Ertrag über die gesamte Lebensarbeitszeit eines Humankapitaljahrgangs entspricht gerade dem Wert H_V. Das Humankapital wird ökonomisch endogen abgeschrieben. Das heißt aber gerade, daß die Entlohnung unflexibler Arbeit mit zunehmendem Arbeitsalter sinkt. Nach $m(t)$ Jahren ist die Entlohung gerade null; dann scheidet der Humankapitaljahrgang aus, weil er vollständig abgeschrieben ist. Das Humankapital wird um so schneller abgeschrieben, je größer die Quasirente $r(t)$ ist.

Bildungsniveauentscheidung

Die absolute Höhe der Humankapitalinvestitionen H_V ist durch eine exogene Quote der Bildungsausgaben gegeben. Bezeichnet man die Quote für Bildungsausgaben mit τ, so ergibt sich:

(7)
$$H_V = \tau Y.$$

---

20 Die Bedingung (6) ist äquivalent zu $w(t+m(t)) = F(\kappa(t), \lambda_V(t))$. Nach $m(t)$ Jahrgängen ist der Lohnsatz gerade so hoch, daß alle Erträge der eingesetzten Technologie durch die Lohnkosten aufgebraucht werden. Daher interpretiert *Phelps* (1963) diese Bedingung als Ausscheidungsbedingung und damit als Bestimmungsgleichung für das Alter der Technologie $m(t)$. Nach dieser Sichtweise fällt ein Jahrgang bzw. eine Technologie genau dann aus dem Produktionsprozeß, wenn die Entlohnung gerade so hoch ist wie die Erträge der Technologie. Um beide Interpretationen zu berücksichtigen, kann man argumentieren, daß die Gleichung (1) und die Gleichung (6) zusammen den Lohnsatz w und das Alter der eingesetzten Technologie m bestimmen.

Diese Entscheidung muß als gesellschaftliche Investitionsentscheidung verstanden werden. Das Modell ist somit vollständig beschrieben.

III. Lösung des Modells

Im vorangegangenen Abschnitt wurde eine Putty-Clay Technologie mit den Produktionsfaktoren flexible und unflexible Arbeit modelliert. Während das Arbeitsangebot als exogen angenommen wird, wird die Arbeitsnachfrage über bildungspolitische Entscheidungen und ein Optimierungskalkül bestimmt.

Insgesamt werden in dem Modell sieben Variablen

$$m, \quad \kappa, \quad Y, \quad r, \quad N^d_{2,V}, \quad w, \quad H_V$$

endogen mit den Gleichungen (1) - (7) bestimmt.

Das Modell wird nur für das Steady-State gelöst. Im langfristigen Gleichgewicht gilt:

$$\hat{\lambda} = \frac{\dot{\kappa}}{\kappa} = \frac{\dot{Y}}{Y} = \frac{\dot{H}_V}{H_V} = \frac{\dot{w}}{w} \ ,$$

m, r und $N^d_{2,V}$ sind konstant.[21]

Die Modellstruktur ist gelöst, wenn alle Größen für einen repräsentativen Zeitpunkt $(t = 0)$ bestimmt worden sind.

Ziel ist es, das Alter der eingesetzten Technologie m zu ermitteln, d. h. $m(t) = m$ eindeutig zu identifizieren. Mit der Bestimmung von m erhält man endogen das ökonomische Ausscheidungsalter eines Technologie- und damit eines Humankapitaljahrganges. Ist m bekannt, so folgen die Werte aller anderen Variablen. Insbesondere wird die Höhe der Arbeitslosigkeit durch m bestimmt.

Um das System zu lösen, wird es auf eine Gleichung reduziert, die nur von $m(t)$ abhängig ist.

Nach einigen Umformungen erhält man als implizite Funktion für m[22]

$$(*) \qquad C\frac{\tau}{\alpha}\left(1 - e^{-\hat{\lambda}m}\right) = 1 - e^{-\hat{\lambda}mC},$$

---

21 Es ist $N^d_{2,V}(t) = \frac{H_V(t)}{\kappa(t)}$. Da der Nenner und der Zähler mit der gleichen Rate wachsen, folgt hieraus, daß die Nachfrage nach flexibler Arbeit $N^d_{2,V}$ im Steady-State konstant ist.

22 Für die ausführlichen Rechenschritte siehe *Gries/Jungblut/Meyer* (1996).

mit $C = \frac{1}{\tau} - \frac{1-\alpha}{\alpha}$. In dieser Gleichung ist m nur noch von den Parametern $\hat{\lambda}, \tau$ und α abhängig. Bezeichnet man die linke Seite der Gleichung $(*)$ als $g_1(m)$ und die rechte als $g_2(m)$, so ergibt sich aus den in Abbildung 3 exemplarisch dargestellten Verläufen der Funktionen für $\tau \neq \alpha$ ein eindeutiger positiver Wert m^* als Schnittpunkt der beiden Funktionen.

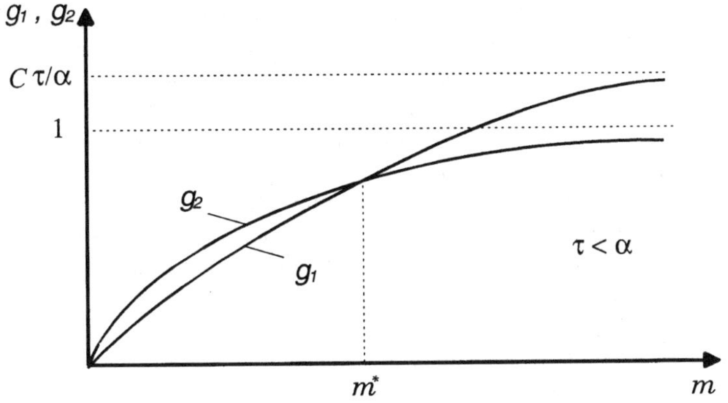

Abb. 3: Als Schnittpunkt der beiden Kurven ergibt sich ein eindeutiger Wert für m.

In Abhängigkeit von m lassen sich die Steady-State Werte der anderen Funktionen berechnen. Es ergibt sich:[23]

Flexible Arbeit:	$N_{2,V}^d = \frac{N_2^s}{m}$
Faktorintensität:	$\kappa_0 = \lambda_{V,0}\left(\tau \frac{1-e^{-\hat{\lambda}m}}{\hat{\lambda}}\right)^{\frac{1}{1-\alpha}}$
Lohnsatz:	$w_0 = \lambda_{V,0}\left(\tau \frac{1-e^{-\hat{\lambda}m}}{\hat{\lambda}}\right)^{\frac{\alpha}{1-\alpha}} e^{-\hat{\lambda}m}$
Quasirente:	$r = \hat{\lambda}\left(\frac{1}{\tau} - \frac{1-\alpha}{\alpha}\right)$
Einkommen:	$Y_0 = \frac{N_2^s}{m} \lambda_{V,0} \tau^{\frac{\alpha}{1-\alpha}} \left(\frac{1-e^{-\hat{\lambda}m}}{\hat{\lambda}}\right)^{\frac{1}{1-\alpha}}$
Humankapitalinvestitionsniveau:	$H_{V,0} = \frac{N_2^s}{m} \lambda_{V,0}\left(\tau \frac{1-e^{-\hat{\lambda}m}}{\hat{\lambda}}\right)^{\frac{1}{1-\alpha}}$

Mit der Bestimmung dieser endogenen Variablen ist das Modell für das Steady-State gelöst. Aussagen über die Anpassungsdynamik sollen an dieser Stelle nicht erfolgen, auch wenn es wünschenswert wäre.

23 Siehe auch hierzu *Gries/Jungblut/Meyer* (1996).

IV. Wirtschaftspolitische Implikationen

Entstehung eines langfristigen stationären Unterbeschäftigungsregimes:

Das wirtschaftspolitisch interessanteste Ergebnis ist die mögliche Entstehung eines Regimes stationärer Unterbeschäftigung. Obwohl das Modell völlige Flexibilität aller Märkte und Preise zuläßt, ergibt sich die Möglichkeit dauerhafter Unterbeschäftigung. Das Unterbeschäftigungsregime läßt sich identifizieren, wenn die Vollbeschäftigungsbedingung für unflexible Arbeit herangezogen wird. Aus dieser Bedingung geht hervor, daß bei Vollbeschäftigung der unflexiblen Arbeit $m = T$ gelten muß. Bei Vollbeschäftigung muß also das im Modell endogen bestimmte Austrittsalter eines Humankapitaljahrgangs m dem exogen vorgegebenen Verrentungsalter T entsprechen. Führen die Modellparameter zu einer endogenen Totalabschreibung des Humankapitaljahrgangs nach $m < T$ Jahren, scheidet der jeweilige Humankapitaljahrgang vor seinem Verrentungsalter aus dem Arbeitsprozeß aus und ist unfreiwillig arbeitslos. Das vor m Jahren gebildete Humankapital wird ökonomisch wertlos. Da die Ausscheidungsbedingung dieses Jahrgangs die Null-Lohn-Bedingung ist, können auch weitere Anpassungsreaktionen über Lohnsenkungen nicht greifen. Der Lohn für unflexible Arbeit ist bereits auf das absolute Minimum gesunken. Die so gefundene Arbeitslosigkeit erklärt damit insbesondere die „Altersarbeitslosigkeit“. Bei flexibel funktionierenden Märkten wären nicht die jungen, in neuer Technologie geschulten Jahrgänge von Arbeitslosigkeit bedroht, sondern vor allem die alten Jahrgänge, die nicht permanent mit der aktuellen Technologie neu ausgestattet wurden. Da Altersarbeitslosigkeit auch in vielen industrialisierten Ländern beobachtbar ist, scheinen die oben dargestellten Überlegungen ein möglicher Erklärungsansatz dieses empirischen Phänomens. In rigiden Arbeitsmärkten, in denen Bestandsschutz der im Produktionsprozeß befindlichen Arbeitskräfte wesentliches Ziel ist, kann dieses Phänomen zu lasten der jüngeren Jahrgänge unter Effizienzeinbußen umverteilt werden.

Wie entsteht dieses Phänomen? Warum führt die volle Flexibilität nicht zu den neoklassischen Standardergebnissen?

In neoklassischen Modellen wird grundsätzlich angenommen, daß die Produktionsfaktoren zu jedem Zeitpunkt gegeneinander substituiert werden können, d. h. es wird grundsätzlich implizit eine Putty-Putty Technologie unterstellt. Im vorliegenden Modell wird der realistischere – und auch analytisch komplexere – Ansatz, nämlich eine Putty-Clay Technologie unterstellt. Hierdurch wird die Unveränderbarkeit der Entscheidungen berücksichtigt. Durch diese Berücksichtigung der Historie ist das Modell in der Lage, Arbeitslosigkeit in einer Steady-State Situation zu erklären. Hieraus ergeben sich weitere Implikationen:

Wirkung des technischen Fortschritts und Implikationen für die Bildungspolitik:

1. Jahrgangskapitalmodelle zeichnen sich – wie oben bereits beschrieben – insbesondere dadurch aus, daß die Wirkung des technischen Fortschritts realistischer

modelliert wird als in neoklassischen Modelltypen. Es gilt also zu überprüfen, welche Wirkung der technische Fortschritt, der im neoklassischen Modell stets nur „segensreich" ist, entfaltet. Hinsichtlich dieses Punktes sind die erzielten Ergebnisse kompatibel mit den stilisierten empirischen Beobachtungen:

Die Wachstumsgeschwindigkeit, die hier – wie im neoklassischen Modell – vom technischen Fortschritt exogen bestimmt wird, wird mit einer Zunahme des technischen Fortschritts steigen. Gleichzeitig wird jedoch auch die Abschreibungsgeschwindigkeit der Humankapitaljahrgänge ansteigen, so daß der jeweilige Jahrgang früher vollständig ökonomisch abgeschrieben ist – also arbeitslos wird – als zuvor. Es gilt[24]

$$\frac{\partial m}{\partial \hat{\lambda}} = -\frac{m}{\hat{\lambda}} \quad < \quad 0\,.$$

Technischer Fortschritt wirkt negativ auf den Arbeitsmarkt. Damit wird anders als in traditionellen Modellen der beobachtbare Rationalisierungseffekt des technischen Fortschritts auf dem Arbeitsmarkt theoretisch erfaßt.

2. Da die Arbeitslosigkeit durch einen Mangel an Humankapitalausstattung im Alter entsteht, muß der Bildungspolitik eine wesentliche Aufgabe zur Vermeidung von Unterbeschäftigung zugewiesen werden. Unterbeschäftigung wäre in diesem Modell nicht entstanden, wenn die unflexible Arbeit an die neuen Technologiejahrgänge angepaßt würde. Die Reichweite der Erstausbildung ist bei Unterbeschäftigung unzureichend, so daß eine berufsbegleitende Fortbildung dieses Problem lösen könnte. Auch die Existenz solcher berufsbegleitender Fortbildungssysteme ist empirisch beobachtbar. In großen Unternehmen existieren Schulungsstätten, in denen die Mitarbeiter permanent mit den neuen technologischen Entwicklungen vertraut gemacht werden. Für kleinere und mittlere Unternehmen hingegen ist der Unterhalt solcher Schulungssysteme nicht tragbar, da Trittbrettfahrermöglichkeiten und Individualrisiken für die Unternehmen bestehen. Die Möglichkeit eines staatlich organisierten permanenten, berufsbegleitenden Schulungssystems, ähnlich wie beim Erstausbildungssystem, ist somit zu diskutieren.

3. Auch eine Strukturveränderung zwischen flexibler und unflexibler Arbeit würde die Arbeitsmarktsituation beeinflussen: Eine Umschichtung zu mehr flexib-

---

24 Mit der Hilfe der Steady-State Werte der anderen Variablen kann man diese komparativ statische Analyse erweitern. Sinkt durch die Zunahme des technischen Fortschritts das ökonomische Verrentungsalter m, so hat dies folgende Konsequenzen: Es ergibt sich unmittelbar, daß die Nachfrage der flexiblen Arbeit $N^d_{2,V}$ und die Quasirente r steigen. Nicht ganz so offensichtlich ist, daß die Niveauwerte für das Verhältnis Humankapital zu flexibler Arbeit κ_0 und der Lohnsatz w_0 sinken. Wie sich die Niveauwerte für das Humankapital $H_{V,0} = \kappa_0 N^d_{2,V}$ und $Y_0 = \frac{1}{\tau} H_{V,0}$ verhalten, kann man allgemein nicht entscheiden. Dies ist entscheidend von Werten für α und τ abhängig.

ler Arbeit – einen Rückgang von N_1^s und einer Zunahme von N_2^s – führt zu einer Verringerung der Arbeitslosigkeit. Es gilt:

$$\frac{\partial m}{\partial N_2^s} = 0\,, \qquad \frac{\partial m}{\partial N_1^s} = 0\,.$$

Dabei bleibt das Ausscheidungsalter der unflexiblen Arbeit unverändert,[25] die Anzahl der betroffenen Arbeitskräfte pro Jahrgang geht jedoch zurück, so daß auf diesem Wege eine Reduktion der Unterbeschäftigung erfolgen kann.

Literatur

Akerlof (1982): „ Labor Contracts as Partial Gift Exchange“, Quarterly Journal of Economics, 97, 543-69.

– (1984): „Gift Exchange and Efficiency Wage Theory: Four Views“, American Economic Review, 74, 79-83.

Akerlof, G. / *Yellen,* J. (1985): „A Near-Rational Model of the Business Cycle with Wage and Price Inertia“, Quarterly Journal of Economics, 100, Supplement, 823-38.

Amable, B. et alt., (1995): „Hysteresis Revisited: A Methodological Approach“, in: Cross, R., (Hrsg.), The Natural Rate of Unemployment: Reflections on 25 Years of the Hypothesis, Cambridge: Cambridge University Press, 153-80.

Azariardis, C. (1975): „Implicit Contracts and Underemployment Equilibria“, Journal of Political Economy, 83, 1183-202.

Benassi, C. / *Chirco,* A. / *Colombo,* C. (1994): The New Keynesian Economics, Cambridge Mass.: Blackwell.

Blanchard, O. J. (1986): „The Wage Price Spiral“, Quarterly Journal of Economics, 101, 543-65.

Blanchard, O. J. / *Summers,* L. H. (1986): „Hysteresis and the European Unemployment Problem“, in: Fischer, S. (Hrsg.), NBER Macroeconomics Annual 1986, Cambridge Mass.: MIT Press, 15-77.

– (1987): „Hysteresis in Unemployment“, European Economic Review, 31, 288-95.

Bliss, C. (1968): „On Putty-Clay“, Review of American Studies 35, 105-32.

Coen, R. M. / *Hickman,* B. G. (1988): „Is European Unemployment Classical or Keynesian?“, American Economic Review 78, 2, Papers and Proceedings, 188-93.

---

25 Obwohl m konstant bleibt, heißt dies nicht, daß die Steady-State Werte der anderen Variablen unverändert bleiben. Die Nachfrage nach flexibler Arbeit $N_{2,V}^d$ steigt, wenn das Angebot der flexiblen Arbeit N_2^s steigt. Hierdurch steigen auch die Steady-State Niveaus des Einkommens Y_0 und des Humankapitals $H_{V,0}$. Die Werte für κ_0, w_0 und r bleiben jedoch unverändert.

Cromb, R. (1993): „A Survey of Recent Econometric Work on the NAIRU", Journal of Economic Studies 20, 1 / 2, 27-51.

Cross, R. (Hrsg.) (1988): Unemployment, Hysteresis and the Natural Rate Hypothesis, Oxford: Basil Blackwell.

Feinstein, C. H. (1972): National Income, Expenditure and Output of the United Kingdom 1855-1965, Cambridge: Cambridge Univ. Press.

Foster, J. / *Wan,* H. (1984): „Involuntary Unemployment as a Principal Agent Equilibrium", American Economic Review, 82, 287-98.

Gries, T. / *Jungblut,* S. / *Meyer,* H. (1996): „Human Capital and Unemployment in a Vintage Growth Model", Working Paper Nr. 9601 International Economics, University of Paderborn.

Gries, T. / *Wigger,* B. / *Hentschel,* C. (1994): „Endogenous Growth and R&D Models – A Critical Appraisal of recent Developments", Jahrbücher für Nationalökonomie und Statistik, 213, (1), 64-84.

Grossman, S. / *Hart,* O. (1981): „Implicit Contracts, Moral Hazard, and Unemployment", American Economic Review, 71, 301-7.

Grossman, G. M. / *Helpman,* E. (1991): Innovation and Growth in the Global Economy, Cambridge Mass: MIT Press.

Hargreaves-Heap, S. P. (1980): „Choosing the Wrong Natural Rate: Accelerating Inflation or Decelerating Employment and Growth", Economic Journal, 90, 611-20.

Johnson, G. E. / *Layard,* R. (1986): „The Natural Rate of Unemployment: Explanation and Policy", in : Ashenfelter, O. / Layard, R. (Hrsg.), Handbook of Labor Economics, Vol. II, Amsterdam: North-Holland, 921-1000.

Layard, R. / *Nickell,* S. (1985): „Unemployment, Real Wages and Aggregate Demand in Europe, Japan and the US", Centre for Labour Economics, London School of Economics Discussion Paper No. 214.

Layard, R. / *Nickell,* S. (1986): „Unemployment in Britain", Economica 53, Supplement, 121-69.

Layard, R. / *Nickell,* S. / *Jackman,* R. (1991): Unemployment: Macroeconomic Performance and the Labour Market, Oxford: Oxford University Press.

Lindbeck, A. / *Snower,* D. J. (1986): „Wage Setting, Unemployment, and Insider-Outsider Relations", American Economic Review, 76, Papers and Proceedings, 235-39.

Lindbeck, A. / *Snower,* D. J. (1988): The Insider-Outsider Theory of Unemployment, Cambridge, Mass.: MIT Press.

Lucas, R. E. Jr. (1988): „On the Mechanics of Development Planing", Journal of Monetary Economics, 22, (1), 3-42.

Mankiw, G. (1985): „Small Menu Costs and large Business Cycles: A Macroeconomic Model of Monopoly", Quarterly Journal of Economics, 100, (2), 529-39.

McDonald, I. M. / *Solow,* R. M. (1981): „Wage Bargaining and Employment", American Economic Review, 71, 896-908.

Mitchell, B. R. (1980): European Historical Statistics: 1750-1975, 2. überarb. Auflage, London: MacMillan.

Nickell, S. (1991): „Unemployment: A Survey", The Economic Journal, 100, 391-439.

OECD (1986): Economic Outlook, Paris.

Phelps, E. (1963): „Substitution, Fixed Proportions, Growth and Distribution", International Economic Review, Vol. 4, 265-88.

Romer, C. (1986): „Spurious Volatility in Historical Unemployment Data", Journal of Political Economy, 94, 1-37.

Romer, P. M. (1986): „Increasing Returns and Long Run-Growth", Journal of Political Economy, 94, (5), 1002-37.

– (1987): „Growth Based on Increasing Returns Due to Specialization", American Economic Review, 77, (2), 56-62.

– (1990): „Endogenous Technological Change", Journal of Political Economy, 98, (5), Supplement, 71-102.

Shapiro, C. / *Stiglitz,* J. E. (1984): „Equilibrium Unemployment as a Worker Discipline Device", American Economic Review, 74, 433-44.

Sneessens, H. / *Drèze,* J. (1986): „A Discussion of Belgian Unemployment Combining Traditional Concepts and Disequilibrium Econometrics", Economica, 53, Supplement, 89-119.

Solow, R. (1985): „Insiders and Outsiders in Wage Determination", Scandinavian Journal of Economics, 87, 411-28.

U.S. Department of Commerce (1973): „Long Term Economic Growth, 1860-1970", Washington D.C.

U.S. Government Printing Office (1989): „Economic Report of the President", Washington D.C.

Weiss, A. (1991): Efficiency Wages: Models of Unemployment, Layoffs, and Wage Dispersion, Oxford: Carledon Press.

Bildungsfinanzierung, Ressourcenausstattung und Produktivitätswachstum

Von *Berthold U. Wigger* und *Robert K. von Weizsäcker*, Mannheim

Zusammenfassung

Der vorliegende Beitrag skizziert ein öffentliches Bildungsprogramm, das dem Unsicherheitsaspekt privater Ausbildungsinvestitionen explizit Rechnung trägt. Es wird ein Argument für Studiengebühren geliefert, das sich am erwarteten Erfolg der Ausbildung orientiert. Die Berücksichtigung von Unsicherheit erlaubt es, einen Zusammenhang zwischen der individuellen Ausbildungswahl, der volkswirtschaftlichen Ressourcenausstattung und dem Produktivitätswachstum herzustellen. Über die Nebenbedingung der zu Bildungszwecken verfügbaren finanziellen Mittel führt die unter Unsicherheit getroffene individuelle Ausbildungsentscheidung zu einer bisher wenig beachteten Abhängigkeit des gesamtwirtschaftlich optimalen Ausmasses der Bildungsinvestitionen sowie des Ertrages der öffentlichen Bildungsfinanzierung sowohl von der Ressourcenverteilung als auch vom Wachstum der betrachteten Ökonomie.

I. Einleitung

Die wirtschaftspolitischen Erfahrungen der Vergangenheit haben gezeigt, daß die Wachstumsrate einer Volkswirtschaft durch makroökonomische Instrumente kaum wirksam zu beeinflussen ist. Folgerichtig sind daher *mikro*ökonomische Aspekte in den Mittelpunkt der wachstumstheoretischen Diskussion gerückt und entsprechend gilt das Augenmerk inzwischen eher angebotsorientierten wirtschaftspolitischen Maßnahmen. Initiiert durch die Beiträge von *Romer* (1986) und *Lucas* (1988) wird dabei in der Ausbildung der Bevölkerung, insbesondere in der Anzahl der Hochschulabsolventen, eines der Schlüsselelemente des Wirtschaftswachstums gesehen.[1] Und so mangelt es auch nicht an Empfehlungen, ausbildungspolitische Maßnahmen einzusetzen, um Wachstumsimpulse auszulösen.

---

1 In der Tat schlagen die meisten neueren wachstumstheoretischen Beiträge in der einen oder anderen Weise eine Brücke zwischen Ausbildung und Wirtschaftswachstum. Zu nennen sind etwa Modelle, die die Entwicklung neuer Produkte, sei es in Form technischer Qualitäts-

Allein die Auffassung freilich, daß die Hochschulbildung wirtschaftliches Wachstum begünstigt, liefert noch kein stichhaltiges Argument für ein öffentliches bildungspolitisches Engagement. Schließlich teilen die meisten Ökonomen etwa die Auffassung, daß von der Kapitalakkumulation bedeutende Wachstumsimpulse ausgehen, ohne daraus die Forderung nach einer staatlichen Akkumulationspolitik abzuleiten. Tatsächlich wird in fast allen modernen Volkswirtschaften eine aktive staatliche Bildungspolitik betrieben. Ökonomisch zu rechtfertigen wäre diese dann, wenn private Initiative allein nicht genügt, einen effizienten Ausbildungsstand sicherzustellen. Konsequenterweise drängt sich daher zunächst die Frage auf, was private Märkte davon abhalten mag, für eine effiziente Anzahl von Hochschulabsolventen zu sorgen.

Das Argument eines öffentlichen Gutes ist kaum heranziehbar. Immerhin ist die Ausbildung an einer Hochschule durch weitgehende Rivalität gekennzeichnet und sie läßt sich darüber hinaus unter Ausschluß bereitstellen. Gelegentlich jedoch wird unterstellt, die Hochschulbildung löse *positive externe Effekte* aus. Inwiefern diese tatsächlich von der Hochschulbildung ausgehen, ist allerdings ungewiß. Das klassische Argument einer erst durch Bildung tragfähigen und stabilen Demokratie ist eher auf die Grundausbildung und damit auf das Schulwesen als auf das Hochschulwesen anzuwenden. Zweifelsohne erweisen Akademiker der Gesellschaft wertvolle Dienste. Sie beziehen aber auch und gerade deshalb vergleichsweise hohe Einkommen. Möglicherweise internalisieren die hohen Einkommen bereits den Wert der akademischen Leistungen.[2] Aber selbst unter der Voraussetzung, daß einzelne Akademikertätigkeiten tatsächlich über ihr Lohndifferential hinausgehende externe Effekte auslösen, dürfte eine Pigou-Internalisierung durch die in der bildungspolitischen Praxis übliche Subventionierung *aller* Hochschüler kaum erreicht werden.

Ein zweites, oft genanntes Argument führt Ausbildungssubventionen auf Unvollkommenheiten des Kapitalmarktes zurück. Durch Ausbildung erworbenes Humankapital ist nicht handelbar, es kann nicht ex ante beliehen werden und taugt daher nicht als Sicherheit für Kredite. In der Tat kann dies zu einer ineffizient geringen Bildungsnachfrage derjenigen führen, die aufgrund von Liquiditätsbeschränkungen nicht imstande sind, eine kostspielige Ausbildung selbst zu finanzieren.[3] Derartige Kreditbeschränkungen legen aber nicht notwendigerweise eine

---

sprünge [siehe z. B. *Segerstrom, Anant* und *Dinopoulos* (1990), *Grossman* und *Helpman* (1991a) und *Aghion* und *Howitt* (1992)] oder in Form einer ansteigenden Produktvielfalt [siehe z. B. *Romer* (1990) und *Grossman* und *Helpman* (1991b)] in den Mittelpunkt des Wachstumsprozesses stellen oder Wachstumsmodelle mit konvexen Technologien [siehe z. B. *Jones* und *Manuelli* (1990) und *Rebelo* (1991)]. Einen ausführlichen Überblick liefern *Barro* und *Sala-i-Martin* (1995). Siehe weiterhin den Übersichtsartikel von *Bodenhöfer* und *Riedel* in diesem Band.

2 Siehe dazu *Rosen* (1995, Kap. 6). Eine kritische Auseinandersetzung mit der These, die Hochschulbildung löse positive externe Effekte aus, findet sich auch bei *Lüdeke* (1996).

3 Ein Großteil der neueren Literatur, die sich mit dem Zusammenhang von Einkommensverteilung und Wirtschaftswachstum befaßt, unterstellt die Existenz solcher Unvollkommen-

Subventionslösung nahe. Öffentlich bereitgestellte Ausbildungskredite sollten hinreichen, eine zu geringe Bildungsnachfrage aufgrund von Kapitalmarktbeschränkungen zu beheben.[4]

Zu bedenken ist indes, daß der individuelle Ausbildungsertrag im allgemeinen *ungewiß* ist. Weder kann ein Individuum mit Sicherheit annehmen, eine Ausbildung überhaupt erfolgreich abzuschließen, noch hat es bei erfolgreichem Abschluß Gewißheit über den späteren Ausbildungsertrag. Öffentlich bereitgestellte Ausbildungskredite, die unabhängig vom Studienerfolg zurückzuzahlen sind, ändern an der individuellen Risikoproblematik prinzipiell gar nichts. Dabei kann das mit einer Ausbildungsinvestition verbundene Risiko für ein einzelnes Individuum gegebenenfalls beträchtlich sein, ohne daß es nennenswerte Möglichkeiten hat, sich dagegen auf privaten Märkten abzusichern. Es ist daher davon auszugehen, daß risikoaverse Individuen nicht die erwarteten Grenzerträge den Grenzkosten der Hochschulbildung angleichen, was sie bei vollen Absicherungsmöglichkeiten zu fairen Konditionen täten, sondern erheblich weniger in ihre Ausbildung investieren.

Für die Gesellschaft insgesamt kommt es auf den durchschnittlichen Ausbildungsertrag aller Hochschüler an. Aus gesamtgesellschaftlicher Sicht sollte daher so viel in die Hochschulbildung investiert werden, daß der durchschnittliche Grenzertrag den Grenzkosten der Ausbildung entspricht. Ein öffentliches Bildungsprogramm etwa, das die Hochschüler *erfolgsabhängig* an den Kosten ihrer Ausbildung beteiligt, mag somit dazu beitragen, daß diese Regel auch individuell umgesetzt wird.

Hierbei ist zu berücksichtigen, daß die Individuen je nach Begabung, Zielstrebigkeit und Flexibilität hinsichtlich unerwarteter Ereignisse differierende Ausbildungsrisiken aufweisen. Dem muß bildungspolitisch Rechnung getragen werden. Realistischerweise besitzt eine Bildungsbehörde kaum Informationen über die Ausbildungseigenschaften einzelner Individuen. Ein effizientes Bildungsprogramm sollte deshalb dafür sorgen, daß die Individuen freiwillig ihre Ausbildungseigenschaften offenbaren und diejenige Ausbildung wählen, die ihrem Ausbildungsrisiko am besten entspricht.

Wir skizzieren in diesem Beitrag ein öffentliches Bildungsprogramm, das dem Unsicherheitsaspekt privater Ausbildung explizit Rechnung trägt. Dabei gehen wir von einer einfachen bildungspolitischen Zielfunktion aus, die darin besteht, eine noch zu definierende Steuerdividende des staatlichen Hochschulwesens zu maximieren. Zunächst leiten wir ein bildungspolitisches Programm unter der Annahme ab, daß die individuellen Ausbildungsrisiken beobachtbar sind. Anschließend unterstellen wir, daß die individuellen Ausbildungsrisiken private Informationen dar-

heiten des Kapitalmarktes. Siehe z. B. die Modelle von *Galor* und *Zeira* (1993), *Perotti* (1993) und *Barham, Boadway, Marchand* und *Pestieau* (1995) sowie den Übersichtsartikel von *Perotti* (1994).

4 Freilich läßt sich argumentieren, daß öffentlich bereitgestellte Ausbildungskredite bereits Zinssubventionen implizieren.

stellen. Wir zeigen, daß die Individuen in einem optimalen Bildungsprogramm einkommensabhängig an den Kosten der Ausbildung beteiligt werden sollten. Damit liefert unser Modell eine Begründung für *erfolgsabhängige Studiengebühren*, wie sie bereits in einigen Ländern erhoben werden.[5]

Die Berücksichtigung von Risikoüberlegungen erlaubt ferner interessante Einblicke in das Wechselspiel zwischen individueller Ausbildungswahl, Ressourcenausstattung und Wachstum. Wir zeigen in diesem Beitrag, daß sowohl das Ausmaß der privaten Bildungsfinanzierung als auch die gesellschaftlichen Vorteile der öffentlichen Bildungsfinanzierung von der Ressourcenausstattung und vom Wachstum der Produktivität abhängen. Die Notwendigkeit einer öffentlichen Bildungsfinanzierung schwindet dort, wo die Individuen aufgrund einer hohen Anfangsausstattung verstärkt bereit sind, Ausbildungsrisiken zu übernehmen. Eine allgemeine Zunahme der Einkommen infolge eines volkswirtschaftlichen Produktivitätswachstums kann zwar auch zu vermehrter privatfinanzierter Bildung führen, dazu bedarf es aber einer mit steigendem Einkommen erheblich stärkeren Zunahme der Risikobereitschaft.

Die weitere Analyse gliedert sich folgendermaßen: In Abschnitt II entwickeln wir das Grundmodell der Ausbildungsentscheidung unter Risiko. In Abschnitt III leiten wir dann die Ausbildungsinvestitionen bei privater und öffentlicher Finanzierung ab; letztere sowohl für den Fall beobachtbarer als auch nicht beobachtbarer Ausbildungseigenschaften der Bildungsempfänger. In Abschnitt IV untersuchen wir die Effekte der Ressourcenausstattung und des Produktivitätswachstums auf die private Bildungsfinanzierung und leiten daraus Konsequenzen für die öffentliche Bildungsfinanzierung ab. In Abschnitt V fassen wir die Ergebnisse zusammen und ziehen einige Schlußfolgerungen.

II. Das Grundmodell

Im weiteren werden wir zwei Typen von Individuen, 1 und 2, betrachten, die jeweils ihre Ausbildungsentscheidung unter Unsicherheit zu treffen haben.[6] Die gewählte Ausbildung ist entweder erfolgreich oder nicht erfolgreich, wobei sich Erfolg und Mißerfolg an der Höhe des verfügbaren Einkommens bemessen.[7] Seien y_i^S und y_i^F die jeweiligen verfügbaren Einkommen im Erfolgs- und im Mißerfolgsfall, und sei π_i die Wahrscheinlichkeit, daß die Ausbildungsinvestition eines Indi-

---

[5] Zu nennen ist hier etwa das 1989 in Australien eingeführte *Higher Education Contribution Scheme*. Ähnliche Verfahren finden auch in einigen US-Bundesstaaten sowie in Großbritannien Anwendung.

[6] Wie in der modernen Entscheidungstheorie üblich [siehe z. B. *Hirshleifer* und *Riley* (1992)], unterscheiden wir in diesem Beitrag nicht zwischen Unsicherheit und Risiko.

[7] Es könnten auch mehr als zwei mögliche Ergebnisse der Ausbildung berücksichtigt werden, um beispielsweise zwischen Studienabbruch, weniger gutem und sehr gutem Studienabschluß zu unterscheiden. Der Wesensgehalt der Ergebnisse bliebe davon aber unberührt.

viduums vom Typ i, $i = 1, 2$, nicht erfolgreich ist, dann lautet der erwartete Nutzen eines Individuums vom Typ i:

$$(1) \qquad Eu_i = \pi_i \, u(y_i^F) + (1 - \pi_i) \, u(y_i^S), \qquad i = 1, 2 \, .$$

Darin sei die von Neumann-Morgenstern-Funktion $u : \mathbf{R}_+ \rightarrow \mathbf{R}$ zweimal stetig differenzierbar mit $u' > 0$, $u'' < 0$ und $u'(x) \rightarrow \infty$, falls $x \rightarrow 0$. Die Individuen sind demnach risikoavers und bestrebt, sowohl im Erfolgs- als auch im Mißerfolgsfall ein positives Einkommen zu realisieren. Im weiteren gelte $\pi_1 > \pi_2$, d. h. Individuen vom Typ 1 haben geringere Erfolgsaussichten hinsichtlich einer Ausbildung als Individuen vom Typ 2.

Führt die Ausbildung nicht zum erwünschten Erfolg, dann sei das verfügbare Einkommen eines Individuums vom Typ i gegeben durch:

$$(2) \qquad y_i^F = x - e_i, \qquad i = 1, 2 \, ,$$

worin e_i die Ausbildungsinvestition eines Individuums vom Typ i ist und x das Einkommen einer unausgebildeten Arbeitskraft. Ein Individuum, das eine Ausbildungsinvestition ohne Erfolg tätigt, verfügt demnach über ein strikt geringeres verfügbares Einkommen als ein Individuum, das eine Ausbildungsinvestition gar nicht erst unternimmt. Führt die Ausbildungsinvestition dagegen zum Erfolg, dann sei das verfügbare Einkommen bestimmt durch:

$$(3) \qquad y_i^S = z(e_i) - e_i, \qquad i = 1, 2.$$

Darin beschreibt die Funktion $z : \mathbf{R}_+ \rightarrow \mathbf{R}_+$ den Ertrag der Ausbildungsinvestition e_i und es gelte: $z(0) = x$, $z' > 0$ und $z'' < 0$, d. h. die Grenzerträge seien positiv, aber abnehmend.

III. Bildungsfinanzierung

1. Private Bildungsfinanzierung

Bei privater Finanzierung der Ausbildung wählt ein Individuum vom Typ i diejenige Investition e_i, die seinen erwarteten Nutzen maximiert:

$$(4) \qquad \bar{e}_i = \operatorname{argmax}\{\pi_i \, u(x - e_i) + (1 - \pi_i) \, u\big(z(e_i) - e_i\big) : e_i \geq 0\}, \qquad i = 1, 2 \, .$$

Unter der Annahme einer inneren Lösung[8] genügt die ex ante optimale Ausbildungsinvestition $\bar{e}_i$ der folgenden Bedingung erster Ordnung:

[8] Unter der zusätzlichen Annahme $z'(e) \rightarrow \infty$ für $e \rightarrow 0$ beispielsweise ist die Lösung stets eine innere.

$$(5) \qquad -\pi_i\, u_i'(\bar{y}_i^F) + (1-\pi_i)\big(z'(\bar{e}_i) - 1\big)\, u_i'(\bar{y}_i^S) = 0, \qquad i = 1,2\,,$$

worin $\bar{y}_i^F$ und $\bar{y}_i^S$ die Einkommen im Falle des Scheiterns und des Erfolgs bei ex ante optimal gewählter Investition $\bar{e}_i$ darstellen. Umformung von Gleichung (5) ergibt:

$$(6) \qquad (1-\pi_i) z'(\bar{e}_i) = 1 + \pi_i\, \frac{u_i'(\bar{y}_i^F) - u_i'(\bar{y}_i^S)}{u_i'(\bar{y}_i^S)} > 1, \qquad i = 1,2\,.$$

Die Individuen gleichen also nicht die erwarteten Grenzerträge der Ausbildung $\big(= (1-\pi_i) z'(e_i)\big)$ den Grenzkosten (=1) an, sondern investieren aufgrund von Risikoerwägungen einen geringeren Betrag in ihre Ausbildung. Umformung von Gleichung (6) führt zu:

$$(7) \qquad \frac{1}{z'(\bar{e}_i) - 1} = \frac{(1-\pi_i)\, u'(\bar{y}_i^S)}{\pi_i\, u'(\bar{y}_i^F)}, \qquad i = 1,2\,.$$

Auf der rechten Seite dieser Gleichung steht die Grenzrate der Substitution des i-ten Individuums zwischen den erwarteten Einkommen im Falle des Scheiterns und des Erfolgs. Sie gibt an, wieviel Einkommen ein Individuum im Mißerfolgsfall herzugeben bereit ist, um eine zusätzliche Einheit Einkommen im Erfolgsfall zu erhalten. Der Ausdruck auf der linken Seite der Gleichung läßt sich als die Grenzrate der Transformation des i-ten Individuums zwischen Einkommen im Falle des Scheiterns und des Erfolgs auffassen.[9] Sie gibt an, wieviel Einkommen ein Individuum im Mißerfolgsfall hergeben muß, um eine zusätzliche Einheit Einkommen im Erfolgsfall zu erhalten. Gleichung (7) besagt demzufolge, daß im individuellen Optimum die marginale Bewertung des Einkommens den individuellen marginalen Kosten des Einkommenserwerbs entspricht, und zwar sowohl im Erfolgs- als auch im Mißerfolgsfall. Wie Abbildung 1 veranschaulicht, wählen Individuen mit geringerem Ausbildungsrisiko, i.e. Individuen vom Typ 2, höhere Ausbildungsinvestitionen, denn ihre Grenzrate der Substitution ist für jede (y^S, y^F)-Kombination größer als die der Individuen mit höherem Ausbildungsrisiko.[10] Die Indifferenzkurve des Individuums 2, I_2, verläuft daher im y^S-y^F-Diagramm an jeder Stelle steiler als die des Individuums 1, I_1. Diese Eigenschaft, die unmittelbar aus den Annahmen des Modells hervorgeht, wird gelegentlich als „single crossing property“ bezeichnet, weil sich bei ihrer Gültigkeit die Indifferenzkurven nur einmal schneiden können. Diese Eigenschaft wird sich bei der Bestimmung des öffentlichen Bildungsprogramms als sehr nützlich erweisen.

---

9 Wird e_i in Gleichung (3) mit Hilfe von Gleichung (2) eliminiert, folgt $y_i^S = z(x - y_i^F) - x + y_i^F$ und Differentiation ergibt: $-dy_i^F/dy_i^S = 1/(z' - 1)$.

10 Der Verlauf der Transformationskurve in Abbildung 1 impliziert übrigens die für die weiteren Ergebnisse nicht notwendige Annahme $z'(e_i) > 1$ für alle $e_i \in [0, x]$.

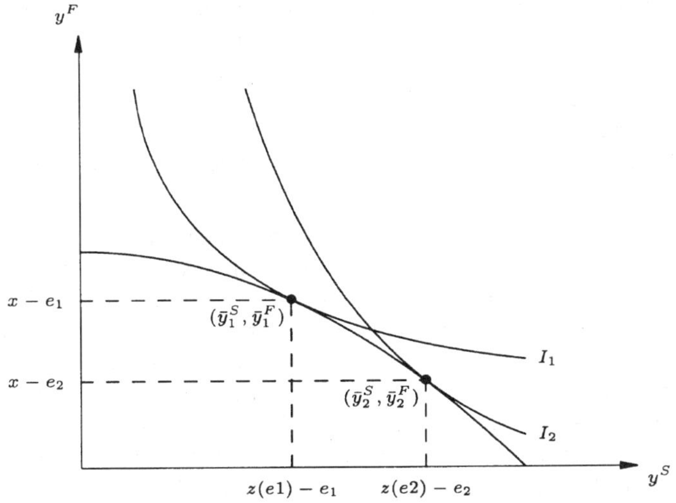

Abbildung 1: Private Bildungsfinanzierung

Bevor wir jedoch zur öffentlichen Bildungsfinanzierung übergehen können, benötigen wir noch ein Maß für die Wertschätzung, die ein Individuum der privaten Bildungsfinanzierung beimißt. Hierzu liegt es nahe, auf das Konzept des sicherheitsäquivalenten Einkommens zurückzugreifen. Unter der Voraussetzung, daß die Ausbildungsinvestition gemäß der in Gleichung (7) angegebenen Beziehung gewählt wird, ist das sicherheitsäquivalente Einkommen $\hat{y}_i$ eines Individuums vom Typ i im vorliegenden Modell implizit definiert durch:

(8) $$u(\hat{y}_i) = \pi_i \, u(\bar{y}_i^F) + (1 - \pi_i) \, u(\bar{y}_i^S), \qquad i = 1, 2 \, .$$

Naheliegenderweise muß ein öffentliches Ausbildungsprogramm einem Individuum vom Typ i mindestens einen Nutzen in Höhe von $u(\hat{y}_i)$ bieten, ansonsten wird es die privatfinanzierte Alternative dem öffentlichen Ausbildungsangebot vorziehen.

2. Öffentliche Bildungsfinanzierung

Regt der Staat die Individuen mit Hilfe bildungspolitischer Maßnahmen dazu an, mehr in ihre Ausbildung zu investieren, als sie es unter einem ausschließlich privaten, von Risikoerwägungen bestimmten Kalkül täten, vermag er gemäß dem Gesetz der großen Zahlen den durchschnittlichen Nettoertrag der Bildungsinvestitionen zu steigern, sofern nur hinreichend viele Individuen eine Ausbildung anstreben, deren Ausbildungsrisiken stochastisch unabhängig voneinander verteilt sind.

In der Literatur wird gelegentlich darauf verwiesen, daß staatliche Bildungsinvestitionen auch für den nichtakademischen Teil der Bevölkerung vorteilhaft sind, wenn die zusätzlichen Steuereinnahmen aus Akademikereinkommen infolge eines staatlichen Engagements in der Bildungsfinanzierung die öffentlich aufgewendeten Bildungskosten übertreffen. Der gesellschaftliche (Steuer-)Ertrag der Bildungsfinanzierung wird dann auch als „Steuerdividende" der öffentlichen Bildungspolitik bezeichnet.[11]

In Anlehnung an die Idee der Steuerdividende gehen wir im weiteren davon aus, daß das Ziel der Bildungspolitik in der Tat darin besteht, den gesellschaftlichen Nettoertrag der Bildungsinvestitionen zu maximieren. Der gesellschaftliche Nettoertrag der Bildungsinvestitionen ist dabei definiert als die Summe der individuellen Erträge der Ausbildung abzüglich der Kosten der Ausbildung sowie derjenigen Einkommen, über die ausgebildete Individuen tatsächlich verfügen. Wir betrachten ein öffentliches Bildungsprogramm, das zwei Ausbildungsgänge anbietet – einen für jeden Ausbildungstyp. Der für ein Individuum vom Typ i konzipierte Ausbildungsgang setzt sich zusammen aus der staatlichen Bildungsinvestition e_i, dem verfügbaren Einkommen im Erfolgsfall y_i^S und dem verfügbaren Einkommen im Mißerfolgsfall y_i^F. Ein öffentliches Bildungsprogramm besteht demnach aus einem Paar von Ausbildungsgängen $\{e_i, y_i^F, y_i^S\}_{i=1,2}$. Sei die Anzahl der zu einer Hochschulausbildung befähigten Individuen gegeben und der Einfachheit halber auf 1 normiert, und sei q der Anteil der Individuen, deren Wahrscheinlichkeit zu scheitern π_1 beträgt, dann ist der gesellschaftliche Nettoertrag der öffentlichen Bildungsinvestitionen gegeben durch:

$$
\begin{aligned}
(9) \qquad T(e_1, e_2, y_1^F, y_2^F, y_1^S, y_2^S) = {} & q\,[\pi_1 x + (1-\pi_1) z(e_1)] \\
& + (1-q)\,[\pi_2 x + (1-\pi_2) z(e_2)] \\
& - q\,[e_1 + \pi_1 y_1^F + (1-\pi_1)\, y_1^S] \\
& - (1-q)\,[e_2 + \pi_2 y_2^F + (1-\pi_2)\, y_2^S].
\end{aligned}
$$

Im weiteren unterstellen wir zunächst, daß die Bildungsbehörde den Ausbildungstyp der einzelnen Individuen kennt. Anschließend betrachten wir den realistischeren Fall, daß die Ausbildungstypen private Informationen darstellen.

a) Bildungsprogramm bei beobachtbaren Ausbildungstypen

Selbst wenn die Bildungsbehörde die Ausbildungseigenschaften jedes einzelnen Individuums beobachten kann, hat sie nicht völlig freie Wahl in der Gestaltung des Programms. Schließlich gehen wir davon aus, daß den Individuen alternativ zur Teilnahme am öffentlichen Bildungssystem eine privatfinanzierte Ausbildung offensteht. Daher muß das öffentliche Bildungsprogramm für die einzelnen Indivi-

---

11 Zum Konzept der Steuerdividende siehe z. B. *Barr* (1993, Kap. 13).

duen mindestens so attraktiv sein wie die privatfinanzierte Alternative. Offenbar nimmt ein Individuum vom Typ i nur dann einen öffentlich angebotenen Ausbildungsgang war, wenn gilt:

$$(10) \qquad \pi_i\, u(y_i^F) + (1-\pi_i)\, u(y_i^S) \geq u(\hat{y}_i), \qquad i = 1,2\,,$$

d. h. wenn ihm die Teilnahme am öffentlichen Bildungsprogramm einen mindestens ebenso hohen Nutzen stiftet wie das Sicherheitsäquivalent der privatfinanzierten Alternative. Diese Beschränkung kann als Rationalitätsbeschränkung bezeichnet werden, da es für ein Individuum rational ist, am öffentlichen Bildungsprogramm teilzunehmen, wenn obige Bedingung erfüllt ist.

Kann die Bildungsbehörde die einzelnen Ausbildungstypen beobachten, hat sie bei der Festlegung des Bildungsprogramms allein die Rationalitätsbeschränkung für jeden Typ zu berücksichtigen. Das optimale Bildungsprogramm, im weiteren BP I, lautet dann:

BP I :

$$\max_{\{e_i, y_i^F, y_i^S\}_{i=1,2}} \quad T(e_1, e_2, y_1^F, y_2^F, y_1^S, y_2^S)\,,$$

unter den Nebenbedingungen:

$$\pi_1\, u(y_1^F) + (1-\pi_1)\, u(y_1^S) \geq u(\hat{y}_1)\,,$$
$$\pi_2\, u(y_2^F) + (1-\pi_2)\, u(y_2^S) \geq u(\hat{y}_2)\,.$$

Die Bedingungen erster Ordnung, denen BP I genügt, sind gegeben durch:

$$(11) \qquad (1-\pi_1)\, z'(e_1) - 1 = 0,$$
$$(12) \qquad q - \lambda\, u'(y_1^F) = 0\,,$$
$$(13) \qquad q - \lambda\, u'(y_1^S) = 0\,,$$
$$(14) \qquad (1-\pi_2)\, z'(e_2) - 1 = 0\,,$$
$$(15) \qquad (1-q) - \mu\, u'(y_2^F) = 0\,,$$
$$(16) \qquad (1-q) - \mu\, u'(y_2^S) = 0\,,$$

worin λ und μ die mit den beiden Rationalitätsbeschränkungen verbundenen, nichtnegativen Lagrangemultiplikatoren sind. Nach einigen Umformungen erhält man:

$$(17) \qquad (1-\pi_1)\, z'(e_1) = 1\,,$$
$$(18) \qquad y_1^F = y_1^S = \hat{y}_1\,,$$
$$(19) \qquad (1-\pi_2)\, z'(e_2) = 1\,,$$
$$(20) \qquad y_2^F = y_2^S = \hat{y}_2\,.$$

Das optimale Bildungsprogramm bei beobachtbaren Ausbildungstypen ist demnach dadurch gekennzeichnet, daß der erwartete Grenzertrag der Ausbildungsinvestition für beide Typen den Grenzkosten gleicht, und daß weiterhin beide Typen im Erfolgs- wie im Mißerfolgsfall ihr jeweiliges Sicherheitsäquivalent erhalten. Das Ausbildungsrisiko wird den Individuen also vollständig abgenommen.

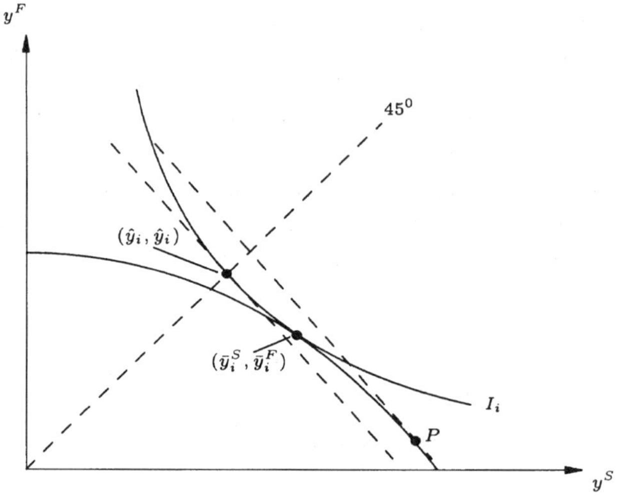

Abbildung 2: BP I

Abbildung 2 veranschaulicht den i-ten Ausbildungsgang des BP I. Nimmt ein Individuum vom Typ i am BP I teil, realisiert es den gleichen Nutzen wie bei privater Bildungsfinanzierung, dargestellt durch die Indiffenzkurve I_i. Da ein Individuum vom Typ i das Einkommen $\hat{y}_i$ im Erfolgs- wie im Mißerfolgsfall erhält, lautet seine Grenzrate der Substitution: $(-dy_i^F/dy_i^S)_{y_i^F=y_i^S=\hat{y}_i} = (1-\pi_i)/\pi_i$. In Abbildung 1 ist diese durch den Anstieg der gestrichelten Tangente an die Indifferenzkurve dargestellt. Die Grenzrate der Transformation im i-ten Studiengang, deren Anstieg durch die gestrichelte Tangente an die Transformationskurve im Punkt P dargestellt ist, lautet ebenfalls: $-dy_i^F/dy_i^S = (1-\pi_i)/\pi_i$.[12] Der Abstand zwischen den beiden parallel zueinander verlaufenden Tangenten mißt den Nettoertrag des i-ten öffentlich angebotenen Ausbildungsgangs – horizontal in Einkommenseinheiten im Erfolgsfall und vertikal in Einkommenseinheiten im Mißerfolgsfall. Offenbar ist der Nettoertrag der öffentlichen Bildungsfinanzierung dann maximal, wenn die Individuen unabhängig vom Erfolg das Sicherheitsäquivalent der privaten Bildungsfinanzierung erhalten.

[12] Dies folgt unter Berücksichtigung von (17) bzw. (19) und Fußnote 9.

b) Bildungsprogramm bei nicht beobachtbaren Ausbildungstypen

In diesem Abschnitt unterstellen wir, daß die Ausbildungseigenschaften der Individuen private Informationen darstellen. Die Bildungsbehörde weiß zwar, daß der Anteil q der ausbildungsfähigen Individuen mit der Wahrscheinlichkeit π_1 und der Anteil $1 - q$ mit der Wahrscheinlichkeit π_2 scheitert, sie kann aber nicht das tatsächliche Ausbildungsrisiko jedes einzelnen Individuums beobachten.

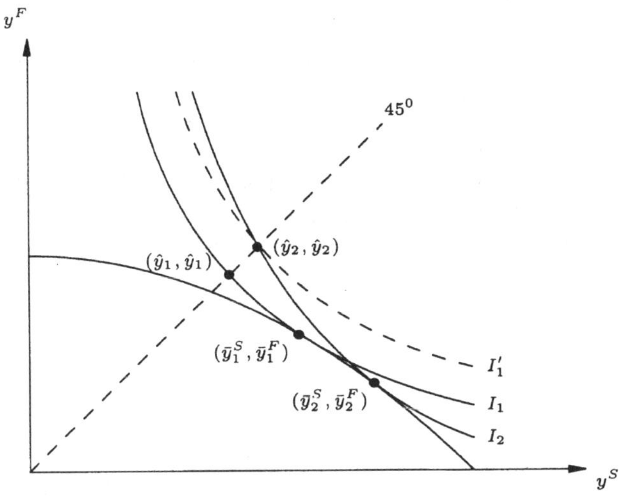

Abbildung 3: Fehlende Anreizverträglichkeit

Wie Abbildung 3 veranschaulicht, ist unter diesen Bedingungen das Programm BP I nicht länger durchsetzbar. Würde die Bildungsbehörde die Ausbildungsgänge des Programms BP I anbieten, nähmen Individuen vom Typ 1 anstelle des für sie gedachten Ausbildungsgangs den für Typ 2 gedachten wahr, um so das Nutzenniveau I_1' $(> I_1)$ zu erreichen. Das Programm BP I ist demnach nicht anreizverträglich, denn es liefert Individuen vom Typ 1 ein Motiv, ihre wahren Ausbildungseigenschaften zu verschleiern. Ein durchsetzbares Bildungsprogramm muß derart gestaltet sein, daß alle Individuen freiwillig ihre Ausbildungseigenschaften offenbaren. Das erfordert die folgenden beiden Anreizverträglichkeitsbeschränkungen:

$$(21) \qquad \pi_i\, u(y_i^F) + (1 - \pi_i)\, u(y_i^S) \geq \pi_i\, u(y_j^F) + (1 - \pi_i)\, u(y_j^S), \quad i = 1, 2,\, j \neq i\,.$$

Abbildung 3 lieferte bereits einen Hinweis darauf, daß die staatliche Wahl des optimalen Bildungsprogramms durch die Bedingung eingeschränkt wird, daß Individuen vom Typ 1, d. h. Individuen mit hohem Ausbildungsrisiko, ihre wahren

Ausbildungseigenschaften offenbaren. Tatsächlich ist allein die Anreizverträglichkeitsbeschränkung für Individuen vom Typ 1 bindend, wie Abbildung 4 veranschaulicht. Da Individuen vom Typ 1 eine höhere Wertschätzung für Einkommen im Mißerfolgsfall haben als Individuen vom Typ 2, muß ihnen ein Bildungsprogramm im Mißerfolgsfall ein mindestens ebenso hohes verfügbares Einkommen bieten wie Individuen vom Typ 2. Das Einkommensbündel (y_1^S, y_1^F) muß daher im y^S-y^F-Diagramm nordwestlich vom Einkommensbündel (y_2^S, y_2^F) liegen. Für jedes Einkommensbündel innerhalb der schraffierten Fläche zwischen den beiden Indifferenzkurven gilt offenbar, daß es Individuen vom Typ 1 dem Bündel (y_2^S, y_2^F) vorziehen, während es Individuen vom Typ 2 minder schätzen. Alle Bildungsprogramme, die Individuen vom Typ 1 ein Bündel innerhalb der schraffierten Fläche und Individuen vom Typ 2 das Bündel (y_2^S, y_2^F) geben, sind demnach anreizverträglich. Ein optimales Bildungsprogramm bietet Individuen vom Typ 1 ein Einkommensbündel, das auf der Indifferenzkurve I_1 liegt, da der Nettoertrag der öffentlichen Bildungsfinanzierung umso höher ist, je weniger Einkommen die Individuen erhalten. Da Individuen vom Typ 2 alle Einkommensbündel, die auf der Indifferenzkurve I_1 nordwestlich von (y_2^S, y_2^F) liegen, strikt minder schätzen als das Bündel (y_2^S, y_2^F), impliziert ein optimales anreizverträgliches Bildungsprogramm:

(22) $$\pi_1\, u(y_1^F) + (1-\pi_1)\, u(y_1^S) = \pi_1\, u(y_2^F) + (1-\pi_1)\, u(y_2^S)\ ,$$

(23) $$\pi_2\, u(y_2^F) + (1-\pi_2)\, u(y_2^S) > \pi_2\, u(y_1^F) + (1-\pi_2)\, u(y_1^S)\ .$$

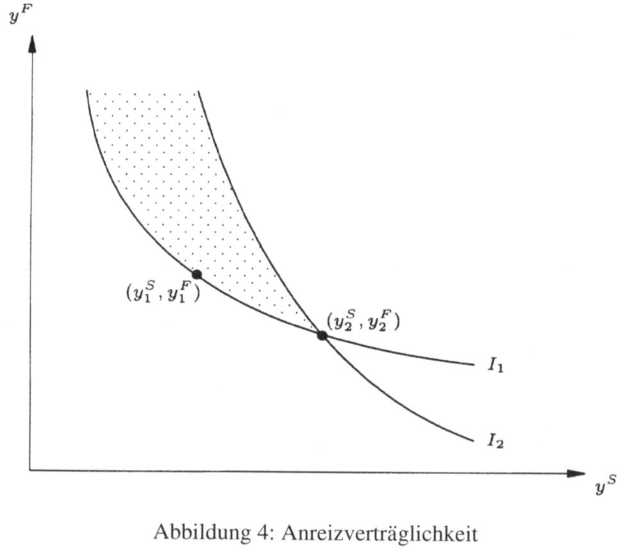

Abbildung 4: Anreizverträglichkeit

Anreizverträglichkeitsprobleme weisen meist die Eigenschaft auf, daß für jeden Individuentyp entweder die Rationalitäts- oder die Anreizverträglichkeitsbeschränkungen binden, nicht aber beide gleichzeitig.[13] Hier ist dies nicht unbedingt der Fall; es ist durchaus möglich, daß auch die Rationalitätsbeschränkung für Individuen vom Typ 1 bindet. Das liegt daran, daß Individuen verschiedener Typen unterschiedliche private Ausbildungsinvestitionen tätigen, wenn sie sich entschließen, nicht am öffentlichen Bildungsprogramm teilzunehmen; ihnen stehen also im allgemeinen unterschiedliche Alternativen offen. Daß deshalb gegebenenfalls beide Rationalitätsbeschränkungen binden, veranschaulicht Abbildung 5. Die Graphik enthält zwei verschiedene anreizverträgliche Bildungsprogramme, von denen das eine die Einkommensbündel $[(y_1^S, y_1^F),\ (y_2^S, y_2^F)]$ und das andere die Einkommensbündel $[(y_1^{S\prime}, y_1^{F\prime}), (y_2^{S\prime}, y_2^{F\prime})]$ beinhaltet. Offenbar binden im ersten Bildungsprogramm beide Rationalitätsbeschränkungen, während im zweiten nur die des Typs 2 bindet. Generell ist nicht auszuschließen, daß in einem optimalen anreizverträglichen Bildungsprogramm tatsächlich beide Rationalitätsbeschränkungen binden.[14]

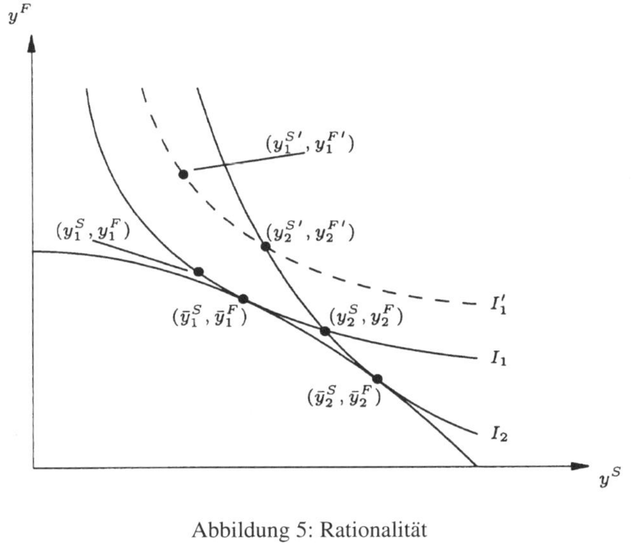

Abbildung 5: Rationalität

Das optimale anreizverträgliche Bildungsprogramm, im weiteren BP II, lautet daher:

---

13 So z. B. das Standardmodell optimaler Versicherungsverträge, vgl. *Kreps* (1990).

14 Dagegen kann man sich leicht vergegenwärtigen, daß nur die Rationalitätsbeschränkung des Typs 2 binden würde, wenn Individuen beider Typen nur eine, gleiche private Alternative offenstünde.

BP II :

$$\max_{\{e_i, y_i^F, y_i^S\}_{i=1,2}} \quad T(e_1, e_2, y_1^F, y_2^F, y_1^S, y_2^S) \ ,$$

unter den Nebenbedingungen :

$$\pi_1\, u(y_1^F) + (1 - \pi_1)\, u(y_1^S) \geq u(\hat{y}_1) \ ,$$
$$\pi_2\, u(y_2^F) + (1 - \pi_2)\, u(y_2^S) \geq u(\hat{y}_2) \ ,$$
$$\pi_1\, u(y_1^F) + (1 - \pi_1)\, u(y_1^S) = \pi_1\, u(y_2^F) + (1 - \pi_1)\, u(y_2^S) \ .$$

Die Bedingungen erster Ordnung, denen BP II genügt, sind gegeben durch:

$$(24) \qquad (1 - \pi_1)\, z'(e_1) - 1 = 0 \ ,$$
$$(25) \qquad q - (\lambda + \nu)\, u'(y_1^F) = 0 \ ,$$
$$(26) \qquad q - (\lambda + \nu)\, u'(y_1^S) = 0 \ ,$$
$$(27) \qquad (1 - \pi_2)\, z'(e_2) - 1 = 0 \ ,$$
$$(28) \qquad (1 - q) - \left(\mu - \nu \frac{\pi_1}{\pi_2}\right) u'(y_2^F) = 0 \ ,$$
$$(29) \qquad (1 - q) - \left(\mu - \nu \frac{1 - \pi_1}{1 - \pi_2}\right) u'(y_2^S) = 0 \ ,$$

worin λ und μ definiert sind wie bisher, und ν der mit der Anreizverträglichkeitsbeschränkung verbundene, nichtnegative Lagarangemultiplikator ist. Nach einigen Umformungen folgt:

$$(30) \qquad (1 - \pi_1)\, z'(e_1) = 1 \ ,$$
$$(31) \qquad y_1^F = y_1^S \geq \hat{y}_1 \ ,$$
$$(32) \qquad (1 - \pi_2)\, z'(e_2) = 1 \ ,$$
$$(33) \qquad y_2^F < \hat{y}_2 < y_2^S \ .$$

Wiederum ist das optimale Bildungsprogramm dadurch charakterisiert, daß der erwartete Grenzertrag der Ausbildungsinvestitionen für beide Typen den Grenzkosten entspricht. Der Informationsstand der Bildungsbehörde berührt also nicht das Ausmaß der optimalen öffentlichen Bildungsinvestitionen. Wie im Falle vollständiger Information sollte Individuen mit hoher Mißerfolgswahrscheinlichkeit das gesamte Ausbildungsrisiko abgenommen werden. Ob sie freilich nur das Sicherheitsäquivalent der privaten Alternative oder ein höheres Einkommen erhalten, hängt davon ab, ob ihre Rationalitätsbeschränkung bindet oder nicht. Individuen mit geringer Mißerfolgswahrscheinlichkeit sollten dagegen am Ausbildungsrisiko beteiligt werden. Dieses Ergebnis ist intuitiv einsehbar: Eine Beteiligung am Ausbildungsrisiko ist für Individuen mit hoher Wahrscheinlichkeit zu scheitern weniger akzeptabel, als für Individuen, deren Wahrscheinlichkeit zu scheitern gering ist. Eine gewisse Risikobeteiligung der Individuen vom Typ 2 hält daher Individuen vom Typ 1 davon ab, ihre Ausbildungseigenschaften zu verschleiern und den für Individuen vom Typ 2 gedachten Ausbildungsgang wahrzunehmen, ohne Individuen vom Typ 2 daran zu hindern, diesen Ausbildungsgang zu akzeptieren. Der Nettoertrag des Programms BP II ist naheliegenderweise geringer als der des BP I, und zwar selbst dann, wenn auch die Rationalitätsbeschränkung für Individuen vom Typ 1 bindet.[15] Werden Individuen vom Typ 2 am Risiko beteiligt, so muß ihnen im Durchschnitt mehr Einkommen gewährt werden als bei einer völligen Übernahme des Risikos durch den Staat. Aufgrund der unterstellten Risikoaversion sind die Individuen sonst nicht zur Teilnahme am Bildungsprogramm zu bewegen.

Als bisheriges Ergebnis kann festgehalten werden, daß die optimale Bildungsfinanzierung durch eine einfache Marginalbeziehung gekennzeichnet ist, die besagt, daß die erwarteten Grenzerträge der Bildungsinvestitionen den Grenzkosten gleichen sollen. Diese Bedingung stellt sich allerdings *nicht* auf dem Wege einer privaten Bildungsfinanzierung ein. Vielmehr *muß sich der Staat am individuellen Ausbildungsrisiko beteiligen*, um diese Bedingung durchzusetzen. Die konkrete Ausgestaltung der öffentlichen Bildungsfinanzierung hängt dabei entscheidend von den staatlichen Informationen über die Ausbildungseigenschaften der einzelnen Individuen ab. *Kann der Staat die Ausbildungseigenschaften beobachten, dann sollte er das Ausbildungsrisiko vollständig übernehmen; kann er sie dagegen nicht beobachten, dann sollten kostenintensivere Ausbildungsgänge eine höhere individuelle Risikobeteiligung beinhalten.*

IV. Ressourcenausstattung und Produktivitätswachstum

Die bisherige Analyse hat die Frage unberücksichtigt gelassen, inwiefern die finanzielle Ausgangssituation eines Individuums, die beispielsweise durch den Besitz von Vermögen oder durch Zuwendungen Dritter gekennzeichnet sein mag, Einfluß auf die private Bildungsentscheidung nimmt. Immerhin ist es vorstellbar, daß die Risikoerwägungen eines Individuums tatsächlich davon berührt werden, ob es die Bildungskosten allein aus zustandsabhängigem, d. h. vom Ausbildungserfolg abhängigem Einkommen tragen muß, oder ob es über weitere Ressourcen zur Ausbildungsfinanzierung verfügt. Darüber hinaus mag natürlich die Höhe des im jeweiligen Zustand realisierbaren Einkommens auch die private Bildungsentscheidung beeinflussen; ein Zusammenhang, der insbesondere dann interessant wird, wenn man sich vor Augen hält, daß die Einkommen von ausgebildeten wie von unausgebildeten Arbeitskräften infolge von Produktivitätssteigerungen in der Vergangenheit kontinuierlich gestiegen sind. Beiden Fragen gehen wir in diesem Abschnitt nach. Zunächst untersuchen wir den Zusammenhang zwischen zustandsun-

[15] Freilich ist der Nettoertrag auch in diesem Fall nichtnegativ, denn das öffentliche Bildungsprogramm $\{\bar{e}_i, \bar{y}_i^F, \bar{y}_i^S\}_{i=1,2}$, also dasjenige Programm, das die privat gewählten Ausbildungsgänge und die entsprechenden zustandsabhängigen Einkommen anbietet, ist anreizverträglich und impliziert einen Nettoertrag von Null.

abhängigen Finanzierungsquellen und privater Bildungsfinanzierung, anschließend betrachten wir den Einfluß eines allgemeinen Einkommenswachstums. Der Einfachheit halber nehmen wir an dieser Stelle an, daß alle Individuen die gleichen Ausbildungseigenschaften haben, es gelte also $\pi_i = \pi$. Die zustandsunabhängige Finanzierungsquelle sei im weiteren eine gegebene Anfangsausstattung, über die ein Individuum in Höhe von a verfüge. Die zustandsabhängigen Budgets eines Individuums lauten dann:

$$y^F = a + x - e \,, \tag{34}$$

$$y^S = a + z(e) - e \,; \tag{35}$$

y^F und y^S bezeichnen jetzt also nicht mehr Einkommen, sondern die in einem Zustand verfügbaren Ressourcen eines Individuums. Die Bildungsinvestition bei privater Finanzierung ist bestimmt durch:

$$\bar{e} = \text{argmax}\{\pi\, u(a + x - e) + (1 - \pi)\, u(a + z(e) - e) : e \geq 0\} \,. \tag{36}$$

Sei die optimale Lösung wiederum eine innere, dann lautet die Bedingung erster Ordnung:

$$\Omega(\bar{e}, a) = -\pi\, u'(a + x - \bar{e}) + (1 - \pi)(z'(\bar{e}) - 1)\, u'(a + z(\bar{e}) - \bar{e}) = 0 \,. \tag{37}$$

Diese Bedingung definiert implizit eine Funktion $\bar{e} = \bar{e}(a)$, sie liefert uns also einen Zusammenhang zwischen der optimalen Bildungsinvestition eines Individuums und der Höhe seiner Anfangsausstattung. Unter Berücksichtigung des Satzes über implizite Funktionen folgt:

$$\frac{d\bar{e}}{da} = -\frac{-\pi u''(a + x - \bar{e}) + (1 - \pi)(z'(\bar{e}) - 1)u''(a + z(\bar{e}) - e)}{\partial\Omega/\partial\bar{e}} \,. \tag{38}$$

Ersetzt man $z'(\bar{e}) - 1$ mit Hilfe der Gleichung (37), so ergibt sich nach einigen Umformungen:

$$\frac{d\bar{e}}{da} = \Big[A\big(a + x - \bar{e}\big) - A\big(a + z(\bar{e}) - \bar{e}\big)\Big] \underbrace{\frac{\pi u'(a + x - \bar{e})}{-\partial\Omega/\partial\bar{e}}}_{>0} \,, \tag{39}$$

mit

$$A(y) = -\frac{u''(y)}{u'(y)} \,.$$

Darin ist $A(y)$ ein Maß für die absolute Risikoaversion eines Individuums.[16] Da $\bar{e}$ die optimale private Bildungsinvestition darstellt, ist der Ausdruck $\partial\Omega/\partial\bar{e}$ negativ, der zweite Ausdruck auf der rechten Seite von Gleichung (39) also positiv, so daß folgt:

---

16 Siehe z. B. *Gravelle* und *Rees* (1992, Kap. 19).

(40) $$\frac{d\bar{e}}{da} \gtreqless 0 \Leftrightarrow A(a + x - \bar{e}) \gtreqless A(a + z(\bar{e}) - e) .$$

Da $x < z(e)$ für alle $e > 0$, können wir festhalten, daß ein Individuum dann mit höherer Anfangsausstattung eine höhere Ausbildungsinvestition tätigt, wenn seine absolute Risikoaversion mit zunehmenden verfügbaren Ressourcen fällt. Vor dem Hintergrund des in der öffentlichen Bildungsdiskussion gelegentlich genannten verteilungspolitisch motivierten Arguments, Aufgabe der Bildungspolitik sei es, Angehörigen einkommensschwacher Gruppen den Zugang zur Hochschule zu erleichtern oder gar erst zu eröffnen, gewinnt dieses Ergebnis an Gewicht: Tatsächlich impliziert das vorliegende Modell, daß die *Bildungsnachfrage mit zunehmenden verfügbaren Ressourcen steigt, solange die absolute Risikoaversion fällt.* Angesichts der Ergebnisse des letzten Abschnitts bedeutet dies, daß die *Bildungsnachfrage derjenigen Bevölkerungsgruppen, die sich am unteren Ende der Ressourcenverteilung befinden, am stärksten vom gesellschaftlich wünschenswerten Niveau abweicht.* Interessanterweise erhalten wir damit eine Verbindung zwischen der Verteilung der zustandsunabhängigen Anfangsausstattungen und dem Ertrag der öffentlichen Bildungsfinanzierung. Die individuelle Bildungsnachfrage hängt ja von der Höhe der Anfangsausstattung ab, so daß die private Bildungsnachfrage insgesamt und damit auch der durch ein öffentliches Bildungsprogramm erzielbare Nettoertrag durch die Verteilung der Anfangsausstattungen mitbestimmt wird.

Wenn höhere Anfangsausstattungen zu höheren Bildungsinvestitionen führen, gilt das gleiche dann auch für höhere verfügbare Einkommen infolge von Steigerungen der volkswirtschaftlichen Produktivität? Tatsächlich könnte man die Variable a in den Gleichungen (34) und (35) ja auch als eine zeitabhängige Einkommenskomponente interpretieren, mit y^F und y^S als den zeitabhängigen Zustandseinkommen. Dann müßte die private Bildungsnachfrage aufgrund von Produktivitätssteigerungen im Laufe der Zeit ständig zunehmen und ein öffentliches Bildungsprogramm würde sich schließlich erübrigen. Eine solche Interpretation würde freilich unter anderem implizieren, daß die relativen Bildungskosten immer geringer würden. Unterstellt man dagegen, daß die Bildungskosten ebenfalls einem zeitlichen Trend folgen, ist die oben skizzierte Analogie nicht so offensichtlich. Angenommen, die Ausbildungskosten unterliegen dem gleichen zeitlichen Trend wie die Einkommen[17], dann lassen sich die zustandsabhängigen Budgets folgendermaßen darstellen:

(41) $$y^F = \tau \cdot (x - e) ,$$

(42) $$y^S = \tau \cdot (z(e) - e) ,$$

worin der Faktor τ das Ausmaß der volkswirtschaftlichen Produktivität angibt. Die optimale private Bildungsinvestition ist dann gegeben durch:

---

17 Dies sollte beispielsweise dann der Fall sein, wenn die Ausbildungskosten insbesondere auf den Einsatz von Lehrkräften zurückzuführen sind.

(43) $$\bar{e} = \operatorname{argmax}\,\{\pi\, u(\tau(x-e)) + (1-\pi)\, u(\tau(z(e)-e)) : e \geq 0\}\,,$$

und die Bedingung erster Ordnung lautet:

(44) $$\Omega(\bar{e},\tau) = -\pi\, u'(\tau(x-\bar{e})) + (1-\pi)(z'(\bar{e})-1)\, u'(\tau(z(\bar{e})-\bar{e})) = 0\,.$$

Die gleiche Vorgehensweise wie vorhin führt dann zu:

(45) $$\frac{d\bar{e}}{d\tau} \gtreqless 0 \Leftrightarrow R(\tau(x-\bar{e})) \gtreqless R(\tau(z(\bar{e})-\bar{e})),$$

mit

$$R(y) = -\frac{u''(y)}{u'(y)}y$$

als einem Maß für die relative Risikoaversion.[18] Unter den getroffenen Annahmen führt eine Zunahme der Produktivität also dann zu einer höheren Bildungsnachfrage, wenn die *relative* Risikoaversion der Individuen mit steigendem Einkommen fällt. Die Bedingung dafür, daß das allgemeine Einkommenswachstum zu einer höheren Bildungsnachfrage führt, ist demnach erheblich einschränkender als die Bedingung dafür, daß eine Zunahme der Anfangsausstattungen denselben Effekt hat.[19]

Zusammenfassend kann festgehalten werden, daß die private Bildungsnachfrage im allgemeinen positiv von der Höhe der zustandsungebundenen Anfangsausstattungen abhängt. Unter Berücksichtigung der Ergebnisse des vorangegangenen Abschnitts resultiert daraus eine geringere Rolle für die öffentliche Bildungsfinanzierung im Falle steigender zustandsungebundener Finanzierungsmöglichkeiten. Freilich hängen das Ausmaß und die gesellschaftlichen Vorteile der öffentlichen Bildungsfinanzierung nicht nur von der Höhe der Anfangsausstattungen im Aggregat, sondern auch von deren Verteilung ab. Daneben kann zwar auch das Produktivitätswachstum zu vermehrter privatfinanzierter Bildung führen. Eine allgemeine Einkommenszunahme infolge einer Steigerung der volkswirtschaftlichen Produktivität erfordert jedoch einen erheblich stärkeren Negativeffekt höherer Einkommen auf die Risikoaversion.

V. Zusammenfassung und Schlußfolgerungen

Unter der Voraussetzung, daß die individuelle Ausbildungsentscheidung Risikoüberlegungen einschließt, haben wir uns in diesem Beitrag mit den Eigenschaf-

---

18 Siehe wiederum *Gravelle* und *Rees* (1992, Kap. 19).

19 Die üblichen Nutzenfunktionen vom Cobb-Douglas- und vom CES-Typ implizieren z. B. eine konstante relative Risikoaversion.

ten der privaten Bildungsfinanzierung befaßt und eine bildungspolitische Rolle für den Staat abgeleitet. Die gesellschaftlichen Vorteile einer öffentlichen Bildungsfinanzierung haben in unserem Modellrahmen ihre Ursache in einem Fehlen von Märkten, auf denen Auszubildende, im besonderen Hochschüler, ihre individuellen Ausbildungsrisiken absichern können. Ein öffentliches Bildungsprogramm sollte deshalb Merkmale einer Versicherung gegen Ausbildungsrisiken aufweisen. Konkret könnte das beispielsweise heißen, daß Studiengebühren erfolgsabhängig gestaltet werden. Eine völlige staatliche Übernahme des Ausbildungsrisikos empfiehlt sich indes nicht. Die individuelle Beteiligung am Ausbildungsrisiko sollte vielmehr an den Kosten der jeweiligen Ausbildung orientiert werden: Kostenintensive Studiengänge sollten eine vergleichsweise hohe individuelle Beteiligung einfordern. Dadurch wäre sichergestellt, daß nur diejenigen eine solche Ausbildung wahrnehmen, die sich aufgrund einer geringen Mißerfolgswahrscheinlichkeit besonders dazu eignen.

Die Rolle der öffentlichen Bildungsfinanzierung ist freilich in den Kontext der individuellen Einkommens- und Vermögenssituation zu stellen. Bei abnehmender absoluter Risikoaversion verliert sie ihre Bedeutung dort, wo aufgrund eines ausreichenden finanziellen Hintergrundes ohnehin Ausbildungsrisiken in einem gesellschaftlich wünschenswerten Ausmaß eingegangen werden. Insofern gewinnt das gelegentlich vorgebrachte Argument, öffentliche Bildungsprogramme dienen dazu, Angehörigen einkommensschwacher Gruppen den Zugang zu einer Hochschulausbildung zu ermöglichen, an Substanz: Tatsächlich muß bei abnehmender absoluter Risikoaversion erwartet werden, daß Angehörige einkommensschwacher Gruppen bei gleicher Begabung weniger in ihre Ausbildung investieren als Angehörige einkommensstarker Gruppen.

Einkommenszuwächse infolge von Produktivitätssteigerungen können zwar auch die Rolle der staatlichen Bildungsfinanzierung mindern, dazu bedarf es aber eines deutlich stärkeren Einkommenseffekts auf die Risikoaversion. Insofern ist die Vermutung, das allgemeine Einkommenswachstum könne bereits zu einer Stimulierung der privaten Bildungsnachfrage führen, eher skeptisch zu beurteilen.

Abschließend sei der Vollständigkeit halber darauf hingewiesen, daß die vorliegende Analyse naturgemäß viele wesentliche Aspekte der Ausbildungswahl vernachlässigt hat. Einen Punkt, der unberücksichtigt blieb, möchten wir an dieser Stelle besonders erwähnen: Wir haben nicht erörtert, inwiefern die Übernahme des Ausbildungsrisikos durch den Staat den Individuen etwas von dem Anreiz nimmt, im Studium erfolgreich zu sein; *moral hazard* blieb mit anderen Worten außen vor. Die Empfehlung, Studiengebühren erfolgsabhängig zu gestalten, erfährt dadurch natürlich eine weitere Einschränkung: Es muß nicht nur so viel Risiko bei den Individuen verbleiben, daß sie den richtigen Studiengang wählen; der Anreiz, erfolgsorientiert zu studieren, darf ebenfalls nicht verschüttet werden.

Literatur

Aghion, P. / Howitt, P. (1992): „A Model of Growth Through Creative Destruction"; Econometrica, 60, 323-351.

Barham, V. / *Boadway,* R. / *Marchand, M. / Pestieau, P.* (1995): „Education and the Poverty Trap"; European Economic Review, 39, 1257-1275.

Barr, N. (1993): The Economics of the Welfare State; 2. Auflage, Oxford: Oxford University Press.

Barro, R. E. / *Sala-i-Martin,* X. (1995): Economic Growth; New York: McGraw-Hill.

Bodenhöfer, H.-J. / *Riedel,* M. (1996): „Bildung und Wirtschaftswachstum – Alte und neue Ansätze"; mimeo.

Galor, O. / *Zeira,* J. (1993): „Income Distribution and Macroeconomics"; Review of Economic Studies, 60, 35-52.

Gravelle, H. / *Rees,* R. (1992): Microeconomics; 2. Auflage, London: Longman.

Grossman, G. M. / *Helpman,* E. (1991a): „Quality Ladders in the Theory of Growth"; Review of Economic Studies, 58, 43-61.

– (1991b): „Trade, Knowledge Spillovers, and Growth"; European Economic Review, 35, 517-526.

Hirshleifer, J. / *Riley,* J. G. (1992): The Analytics of Uncertainty and Information; Cambridge: Cambridge University Press.

Jones, L. E. / *Manuelli,* R. (1990): „A Convex Model of Equilibrium Growth: Theory and Policy Implications"; Journal of Political Economy, 98, 1008-1038.

Kreps, D. M. (1990): A Course in Microeconomic Theory; New York: Harvester Wheatsheaf.

Lucas, R. E. (1988): „On the Mechanics of Economic Development"; Journal of Monetary Economics, 22, 3-42.

Lüdeke, R. (1996): „Gesellschaftliche Erträge als Rechtfertigung der heutigen Bildungs- und Hochschulfinanzierung? Die Zerstörung einer Illusion"; Beitrag zum Zweiten Hochschulforum, Kiel/Kronshagen, 8. Mai 1996.

Perotti, R. (1993): „Political Equilibrium, Income Distribution, and Growth"; Review of Economic Studies, 60, 755-776.

– (1994): „Income Distribution and Investment"; European Economic Review, 38, 827-835.

Rebelo, S. (1991): „Long-Run Policy Analysis and Long Run Growth"; Journal of Political Economy, 99, 500-521.

Romer, P. M. (1986): „Increasing Returns and Long-Run Growth"; Journal of Political Economy, 94, 1002-1037.

– (1990): „Endogenous Technological Change"; Journal of Political Economy, 94, 71-102.

Rosen, H. S. (1995): Public Finance; 4. Auflage, Homewood, Ill.: Irwin.

Segerstrom, P. S. / *Anant,* T. C. A. / *Dinopoulos,* E. (1990): „A Schumpeterian Model of the Prduct Life Cycle"; American Economic Review, 80, 1077-1091.